社会参加をめざす日本語教育

社会に関わる、つながる、働きかける

佐藤慎司
熊谷由理　編

ひつじ書房

目次

はじめに　日本語教育で社会参加をめざすとは

　　　　　　　　　　　　　　　　　　　　熊谷由理・佐藤慎司　　iii

第1部　カタカナ・プロジェクト ——————————— 1

第1章　クリティカル・リテラシーの育成に向けて：
　　　　カタカナ・プロジェクト実践概要　　　熊谷由理　　3

第2章　「カタカナは外国語の借用語を書く時に使う」と
　　　　教えることについての一考察：
　　　　カタカナ・プロジェクトと社会批判　　ドーア根理子　　19

第3章　ペダゴジーのポリティクスと学習者の能動性、創造性：
　　　　カタカナ・プロジェクト分析
　　　　　　　　　　　　　　　深井美由紀・佐藤慎司　　43

第4章　批判的考察力・ことばの創造的使用の育成をめざして：
　　　　今後のカタカナ・プロジェクトへの提案
　　　　　　　　　　　　　　　熊谷由理・佐藤慎司　　59

第2部　ブログ・プロジェクト ——————————— 73

第5章　文化概念を取り込んだ活動：ブログ・プロジェクト実践概要
　　　　　　　　　　　　佐藤慎司・深井美由紀・中澤一亮　　75

第6章　重層的公共圏群への参入をめざして：
　　　　「教室の外へ出て行く」日本語教育実践を考える
　　　　　　　　　　　　　　　　　　　　本林響子　　103

第7章　「言語学習」という「統治のレジーム」の逆襲：
　　　　日本語教育におけるブログ活動とその可能性
　　　　　　　　　　　　　　　　　ドーア根理子　127

第8章　確かな現実把握を踏まえた自律的学習者の育成をめざして：
　　　　今後のブログ・プロジェクトへの提案
　　　　　　　　　　　佐藤慎司・深井美由紀・中澤一亮　161

第3部　ポッドキャスト・プロジェクト ——————— 173

第9章　社会と関わる日本語教育をめざして：
　　　　ポッドキャスト・プロジェクト実践概要
　　　　　　　　　　　　　　　深井美由紀・佐藤慎司　175

第10章　学習者の自律性を高める授業活動：
　　　　ポッドキャスト利用の分析　　中澤一亮・岩﨑典子　207

第11章　日本語教育でのマルチモーダルリテラシー育成への可能性：
　　　　日本語初級ポッドキャスト・プロジェクト分析
　　　　　　　　　　　　　　　熊谷由理・深井美由紀　241

第12章　マルチモーダルリテラシーの育成と
　　　　　　コミュニティー・社会との関わりをめざして：
　　　　今後のポッドキャスト・プロジェクトへの提案
　　　　　　　　　　　深井美由紀・佐藤慎司・熊谷由理　261

おわりに　3つの実践を振り返って：
　　　　社会参加をめざす日本語教育の未来へ向けて
　　　　　　　　　　　　　　　　佐藤慎司・熊谷由理　277

参考文献　　　　　　　　　　　　　　　　　　　　　289
索引　　　　　　　　　　　　　　　　　　　　　　　303

はじめに　日本語教育で社会参加をめざすとは

熊谷由理・佐藤慎司

　本書は、外国語教育、特に外国語[1]としての日本語教育の現状を社会文化的・批判的視点から捉え直し、それによって明らかになる様々な問題点を乗り越えるためにどのような試みが可能なのかを、日本語教室で行なった実践を通して考えることを目的として企画された。序章にあたる本章では、まず、本書で紹介する実践の背景にある日本語教育[2]の現状を社会文化的・批判的視点から見直し、その問題点を提示する。そして、そのような問題点を克服するためにはどうしたらいいのかを考えるにあたり「社会参加をめざす日本語教育」という指針を提案する。最後に、本書の概要・構成を提示するとともに、本書に関わった執筆者を紹介する。

1　外国語教育／日本語教育の現状における問題点

　本節では、本書で取り上げる3つの実践がどのような状況の中で生まれたのかを理解するために、現行の(外国語としての)日本語教育の問題点を3つ取り上げる。まず、第1に、日本語教育がめざす目標、基準としての「日本人の話す正しい日本語」という概念を問題視したい。1990年代のコミュニカティブ・アプローチの台頭以来、コミュニケーションを重視する外国語教育が一般的になっている。それは、外国語教育としての日本語教育においても同様であり、その最終目標として、日本人とのコミュニケーションを円滑に行うために日本人と同等の言語能力を身につけるということが設定されることが多い。では、その「日本人」とはどんな人のことを指し、「日本人

と同等の言語能力」とはどのような能力を指すのだろうか。このような目標には、「ネイティブ・スピーカー」(以下「ネイティブ」)とそのネイティブが使う「正しいことば」という概念が根底にあり (e.g., Byram 1997, Davies 1991, 2003, Kramsch 1997)、言語教育現場の様々な側面には、理想のネイティブが使うとされる１つの正しいことばが学習の指標、あるいは、モデルとして掲げられる。その結果、学習者は「ネイティブのように」言語を使用できるようになることをめざすのである。

しかし、近年、この「ネイティブが話す１つの正しい日本語」という考え方は、社会言語学、批判的応用言語学、言語人類学などの分野から問題視され、その再考を迫られている (e.g., 野呂・山下 2001, Doerr 2009c)。ひとことで「ネイティブ」と言っても、そこには多様性が存在し(世代、地域、性別、教育レベル、社会・経済的立場など)、その様々な人々が使う多様な日本語が存在するという事実、さらに、ことばというものは時代の流れとともに常に変化し続けるといった現実が指摘され始めたのである。それに従って、ことばの多様性、流動性を日本語教育の現場において反映させる必要性も訴え始められている (久保田 2008, 佐藤・ドーア 2008, Doerr & Kumagai 2009, Kubota 2003, Kumagai 2007)。

第２に、外国語／日本語教育においての教師や教科書が持つ役割や力の問題があげられる。一般的に、教師や教科書は言語や文化に関する知識を学習者に提示し教授する役割を持つと考えられている。そして、教師はそれらの知識を学習者が習得するための練習を計画・実施し、その知識がどのくらい学習者の身についているかを判断する者でもあると考えられている。この場合、学習者は教師によって成績をつけられる者であり、教師の評価は絶対的なものとなる[3]。つまり、教育現場においての教師や教科書の持つ力というのは、非常に大きいわけである。特に、外国語教室において、教師がその言語のネイティブである場合、教師の持つ力は、ネイティブ-ノンネイティブ間での力関係、教師-学生間での力関係と、二重のものとなる。そのような状況において、教師と学生の間には一方向的な力関係が構築され、学生は受け身的な立場におかれることが多い。カリキュラム、授業計画、教室内で

の練習、宿題・課題の全てを教師が計画・実施し、学習者はそれに従っていればよいとされ、学習者自身の興味や個人的な学習目的が授業の内容や過程に組み込まれることはあまりないようである (Kumagai 2007, Tollefson 1995)。こういった一連の流れの中、日本語教育も含む外国語教育の現場では最近まで、学生らの自主的な学習の機会や主体性、自律性というものをあまり重要視してこなかったことは問題であろう。そして、学習者の主体性、自律性を育成していくためには、個人の興味や目的、様々なニーズを学習の場に取り入れていくことが必須となる。

　第3の問題は、学習という概念の捉え方に関する問題である。従来、学習とは個人が知識を蓄積していくことであると捉えられていた (そのような考え方は、「銀行型教育」と呼ばれ批判されてきている。詳しくは、Freire 1970)。しかし、近年、学習とは、知識、個人とそれを取り巻く環境が、お互いに影響を与え合う中で起こる個人の変化の過程であると考えられ始めている (Lave & Wenger 1991)。後者のような、社会文化的アプローチに則った学習観では、学習者は、知識の受け皿として見なされるのではなく、社会(コミュニティー)で他者との相互行為に参加する存在、つまり、社会の中で問題解決を図り、自己や他者を評価しながら変化していく存在として捉えられている。したがって、このような社会文化的アプローチの学習観を外国語学習の活動に取り入れるには、学習言語が実際に使われている場で様々な人々とやり取りを体験することが大切なのである。

　また、上記のような社会文化的アプローチでは、知識というもの自体が、個人とその環境との関係性の中で変化していくものであると捉えられる。つまり、知識とは、全ての人にとって、また全ての状況において真理といえる1つの普遍的、固定的なものがあるのではなく、それぞれのおかれる状況や関係性の中で変化するものであると考えられている。したがって、教師は、今までのように、いわゆる「正統」「正しい」とされる知識(例えば「標準語」)にのみ焦点を当て、文学作品などを鑑賞・批評させるというだけでは、学習者が実際に日々接触する多様なテキストを読み解くために必要な知識を得たり、知識の創造自体に関わっていくための支援をしているとは言えな

い。教師は、周囲に氾濫している情報をどのように学習の場に取捨選択して取り込んでいったらいいのか、そして、多様化したツールを使って学習者が対面の会話の場だけでなく、オンライン上といったバーチャルな場（人工的・仮想的な空間）でのやりとりとりに参加していくためにはどんな支援をしたらいいのかといった問題も真剣に考える必要がある。

　以上のような問題点を克服するためには、日本語教育における目標や学習の焦点、教師と学習者の役割、そして、知識・情報に対する姿勢の見直しをする必要がある。従来の日本語教育の現場では、狭義の意味での言語を学び習得することに焦点がおかれ、「その言葉をつかって何がしたいのか」、「1人の日本語話者としてどんなことができるのか」といったことを学習者が模索できるような環境を作ることにはあまり注意が払われてこなかった。何のために学習者たちが日本語を学んでいるのかという問いへの具体的な答えはもちろんそれぞれ異なるだろう。しかし、多くの場合、その根底には程度の差こそあれ、直接的、あるいは、間接的に、日本語を使って社会と関わるという目的があるのではないだろうか。

　しかし、現行の日本語教育では、社会との関わり、社会への参加を強調するような活動はあまりない。筆者らは外国語教育において重要なことは、言語や文化の知識・規範を学びながらも、それに縛られるのではなく積極的に社会に関わっていくことで、知識の創造に参加・貢献し、規範にも影響を与え変革していけることができるような柔軟性と創造性、そして、批判的な視野をもった学習者を育成していくことであると考える。また、その過程においては、教師自身「教える」という立場にとどまるのではなく、自ら積極的に社会と関わりを持ち、知識の創造、規範の変革に参加することで、学習者と共に「学び合う」という姿勢が必要であろう。そして、「日本人」に少しでも近づくことを目標とし、日本人とのコミュニケーションのみを言語使用の場として想定した指導をするのではなく、ネイティブ、ノンネイティブにかかわらず様々な日本語使用者とのコミュニケーションの場を念頭に、バイリンガル、あるいは、マルチリンガルである学習者自身の持つ豊富なリソースを有効的に利用できるような指導法・学習法を開発していくことが大切な

課題である(Doerr & Kumagai 2009)。本書では、以上のような考え方を具現化するための日本語教育の指針として「社会参加をめざす日本語教育」というアプローチを提案したい。

本書で紹介する3つの実践は、それぞれの教師が上記のような日本語教育の問題点に対処するため個々に試みた実践である。実践を行った教師は、「社会との関わり」、「社会参加をめざす」とはどういうことなのかについてそれぞれが持つ漠然とした考えを出発点として実践を計画・実行した。その段階においては包括的な外国語教育での「社会参加」の意味やそれを可能にする様々な側面までをはっきりと考慮・認識していたわけではない。しかし、本編集本の作成の過程において、一つ一つの実践を別の(実践と関わりのない)教師／研究者の目を通し、様々な学際的な視点から分析するという協働作業を行う中で[4]、また、本書がめざす外国語教育の趣旨に興味を示し支援してくださった出版社の方との対話の中から、本書で提案する「社会参加をめざす日本語教育」の指針というものがより明らかになってきたといういきさつがある。

次節では、そのような過程を経て打ち立てられてきた筆者らの提案する社会参加をめざす日本語教育とは一体どのようなものなのかを具体的に説明する。

2　社会参加をめざす日本語教育

2.1　「社会参加」とは？

社会参加をめざす日本語教育とは、実際にどういうことを意図しているのかを明らかにするにあたり、まず、ここでいう「社会」という用語について説明をしておく必要があるだろう。本書で意図する「社会」とは、日本社会、国際社会といった包括的な全体社会を始め、もっと小さなコミュニティー、あるいはグループといった自然発生的、および人為的な集団や仲間もその形態として捉えている。このような「社会」の定義を前提に、この本における「社会参加」[5]を、次のように定義する。

> 自分の既に属しているコミュニティー、あるいは、属したいと考えるコミュニティーに自分から積極的に働きかける。具体的には
> ・コミュニティーのルール(約束事、慣習、考え方、行動パターンなど)を学び、
> ・それらを単に通例として受け入れるのではなく、批判的に考察する。そして、
> ・説得したり説得されたりしながら、いいと思うものは受け継ぎ、変えたほうがいいと思うことは変えて行くための努力をし、
> メンバーの1人として責任を担うこと。

　では、そのために外国語教育では、どんなことができるのだろうか。以下、2.2節では、どのような活動を計画することで、社会参加をめざす外国語教育が可能になるのか、2.3節では、活動上の留意点について具体的に述べる。そして、2.4節では、そのような活動を行うにあたり、教師に課せられる役割は何なのか考えてみたい。

2.2　外国語教育における社会参加をめざす活動とは？

　外国語教育という文脈の中で社会参加をめざす教室活動／学習活動を計画するにあたり、以下の5つの点に留意する必要があると筆者らは考える。

① 内容を重視する活動

　一般的に(特に米国大学レベルでの)外国語教育の現場では、初・中級レベルでの「言語のクラス」、上級以降での「内容のクラス」といった暗黙の分担のようなものが存在する。しかし、多くの外国語教育者／研究者たちは、言語学習と内容学習との間に存在する溝について懸念を示し、その溝を埋めることが大きな課題であるとしている (e.g., Byrnes & Maxim 2004, Kern 2004, Kramsh 1993)。そんな中、最近では内容重視の言語教育(Content-Based Language Learning)の試みが注目を浴び始めている。ドリルやパターン練習を通して文法、語彙、談話構成といった「言語」の要素の学習にのみ

焦点を置くのではなく、ことばを学習すると同時にそのことばを使って様々な内容、トピックやテーマについて学習できるような活動を積極的に取り入れていこうという試みである (Brinton, Snow & Wesche 1989)。社会参加をめざす活動では、「言語の学習」「内容の学習」といった二項対立的な考え方を乗り越え、両者を包括的に統合した言語教育を提唱する。

② 学習者個人の興味を尊重する活動

　学習者は、様々な動機や目的、興味をもって外国語の学習を始める。その多様な目的や興味を尊重し、反映させた教育を行うには、1つの決まりきったカリキュラムで対応することはできない。また、個人教授でない限り、全ての学習者の興味に完全にそったカリキュラムを構成することは不可能である。しかし、個人プロジェクトやグループプロジェクトのようにトピックや内容に柔軟性がある活動をカリキュラムに組み込み、学習者が自分の興味のあることについて調べ、それについて自分の意見や考えを他者へと発信し共有していけるような場を設定することは十分可能であり、かつ、学習者の社会参加という観点からみても重要である ("Project-based language learning"、例えば Beckett & Miller 2006)。個人プロジェクトを行う際は、どのようなトピックについてどういう形で社会参加をするのかを教師が勝手に決めて押し付けるのではなく、学習者が自らの興味をもとに選ぶという点に留意する必要がある。

③ 多様性を理解する活動

　「社会」は(たとえ、それが同様の興味や目的を共有するグループであっても)、多様な価値観、様々な考え方や意見、物事に対するユニークな視点をもった人々から成り立っている。その中で、1人のメンバーとして生きていくには、グループ内に存在する多様性を認め、尊重することが大切である。そして、その違いそのものについて、どんな視点や立場の差によってそのような違いが生じるのか、どのような違いが重要で、どのような違いはさほど重要ではないのか、といったことを考え、お互いを理解する機会を持つこと

が大切である (Janks 2010, Nieto 2004)。多様性を理解し重視するという活動は、必然的に規範や慣習、当然視されている物の見方を疑問視するという側面もともなう。例えば、地方差、年齢差、性差、教育レベルの差といった要因によって様々な日本語を話す人がいることを理解することは、規範としての「標準語」が上手に話せるかどうかで判断される日本語教育のありかたへの疑問へと繋がるであろうし、「日本では／日本人は...である」といった固定的、紋切り型的な考え方や描写は、そこに存在する多様性を全く無視していることは一目瞭然だからである。そのような多様性に対する理解は、どうしたら、自分と「異なる」相手を理解することができるのか、また、相手に自分のことを理解してもらえるのか、どうしたら自分と「異なる」相手を異端として排除するのではなく、共に協力し合ってよりよい社会づくりのために行動していくことができるのかといった問いについて考えることを奨励し、能動的で有意義な社会参加をしていく上で必要な基本的な心構えを養うことを可能にする。

④　文脈を重視する活動

　私たちは、日常的に狭義の「言語」だけでなく様々な要素(顔の表情、身振り手振り、声の大きさや調子、文字のフォントや色の選択、スペースの利用など)を駆使してコミュニケーションを行っている。特に、昨今のテクノロジーのめざましい発達は、次々と新しいタイプのコミュニケーション・ツールの出現をもたらし、結果として、より多様化、複雑化したコミュニケーションの形態を可能にしている。そのような状況の中で、以前にも増してマルチモード(multimodal)の要素がコミュニケーションのあり方に果たす役割は計り知れないものとなってきている (Kress 2000)。しかしながら、外国語教室では、ともすれば言語的な要素だけを取り出して練習を行い、その習得に焦点が偏りがちである。もちろん、言語要素の習得が大切であることに疑いの余地はないが、コミュニケーションの多層性(様々な要素を駆使して行うコミュニケーションの形態)を再確認するとともに、ある文脈(たとえば、スピーチ、手紙、チャットなど)に最も適したコミュニケーションスタ

イルやその他の要素の使い方を考え模索していくことは、社会参加する際の実際のコミュニケーションにおいては欠かせないものである。したがって、そのような活動を学習活動に積極的に取り入れていくことは非常に重要である。

⑤ 学習者の自己実現を支援する活動

　本来、学習とは一生涯つづく長期にわたる過程であり、一定の学習内容をこなし勉強したからといって終了するものではない。また、それは、自分自身の目的を達成する、つまり、自己実現のためにそれぞれが主体的におこなうべきものであり、教師や教室活動というのはそのための支援にすぎないと、筆者らは考えている。学習者が教室の外に巣立ち、教師の手助けなしで自主的に学習をつづけ、社会に参加していけるような指導をするには、学習者自身が自らの言語学習の短期的、長期的な目標を設定した上で、「言語を使って何がしたいのか」、「どんな言語使用者になりたいのか」、「何のために誰とコミュニケーションするのか」などの自己実現を果たす手助けとなるような問いを考える機会やステップを組み込んだ活動を計画することが重要である。マルチリテラシーズ（multiliteracies）という教育理念を打ち出したニューロンドングループの中心的人物であるコープとカランジス（Cope & Kalantzis 2009, Kalantzis & Cope 2008）は、言語教育の究極的な目標は、学習者が経験したことのない形式や種類のテキストに初めて遭遇した時に、それを読み解くために必要な手がかりを探すストラテジーを培うための学習経験を積み重ねることであると主張している。つまり、不慣れな状況のなかでも積極的にコミュニケーションを行い、自らの成功と失敗を通して学んでいくことができるような学習者を育てていくことが大切であると述べている。筆者らは、そのような考えに賛同し、自己実現が他者の存在なしではあり得ないということを前提とし、自己実現をめざす学習は、それを可能にするための社会（コミュニティー）との関わり、つまり、社会への参加が必要であると考えている。

2.3　社会参加をめざす活動の様々な側面：活動上の留意点[6]

　前節で述べた社会参加をめざす活動を実現させるためには、活動の中に以下のような側面を取り込むことが重要であると筆者らは考えている。

(a) 実際に用いられている言語に触れる

　外国語学習者の対象言語との接触は、(特に初期の場合)教科書で扱われることばと教師が授業で使うことばが主であるため、言語面(語彙、表現、スピーチレベル、など)、言語の使用場面と内容面、どちらにおいても非常に限られたもの、コントロールされたものになりがちである。もちろん、難易度を考慮して体系的に学習項目を紹介・導入し、言語を学んでいくことの必要性は否定できない。しかし、「教師」という相手との言語の練習や使用は特種なものであるし、また、教師が「正しい」と考える日本語のみに触れるため、学習者の教室での言語経験と日本語話者が実際に使う日本語との間にずれが生じてしまうこともある。したがって、早い時期から実際に「社会」で使われている言語に触れることが重要である。特に、その言語が日常的に使われていない環境(例えば、アメリカ)で学習している場合は、テクノロジーの発展によって可能になった様々な形態や目的の言語使用の場(ブログ、ウェブサイト、ビデオ、ポッドキャストなど)や言語の種類を経験できるような機会を積極的に授業に取り込むことで、「生きた」言語にふれる機会を与えることもとても有意義である。これは、2.2節で明示した③「多様性を理解する活動」に呼応している。

(b) 言語の使用、内容などを分析する

　実際の言語がどんな場面で、どのような形態で、どのように使われているのかを様々な場(対面の場やバーチャルなインターネット上の場など)で経験する中で、いろいろな語彙や文法(視点によって異なる言葉や文型の選択)、語彙の種類(和語、漢語、外来語など)、文字使い(ひらがな、カタカナ、漢字、ローマ字)、その他の選択が存在することに気付くことができる。そして、書き手／話し手が意図する意味と言葉の選択の関係などを分析、考察す

る場を持つことで、言葉使いに対する鋭敏な感覚を養っていくことが可能になる。これは、①「内容を重視する活動」、④「文脈を重視する活動」に関連している。

　積極的に社会に参加していくためには、巷に氾濫する多種多様な情報を全て鵜呑みにするのではなく、テキスト制作者の意図を読み取り、その信憑性を判断していく力、また、その情報をいかに利用し、自分自身がどのように新たな情報の生産に関わっていくのかを決断する力が必要となる。そのためには、批判的視野をもって情報を分析し、世の中を読み解く力を培うことが大切である (e.g., Fairclough 1992, Freire 1970, Janks 2010, Luke 1995)[7]。このような能力を第一言語だけではなく外国語でも伸ばすことは、学習者が学習言語で書かれたテキストに対して非力を感じ、「過剰な敬意の念[8]」を抱いてしまうという傾向 (Wallace 2003, Zinkgraf 2003) から学習者を解放する (つまり、外国語使用者であるがために置かれてしまう「弱者」の立場から解放する) という点で、意義のあることだと言える。

(c) 様々な人と意見交換をする

　学習者にとって、学習言語のネイティブ、ノン・ネイティブを問わず、教師やクラスメート以外の様々な人との意見交換を通して、通じることの喜びや意思疎通の難しさを経験することはとても有意義であり、よい動機付けにもなる。また、一方的、ひとりよがりな発話ではなく、自分の言いたいことを相手にわかってもらえるためにはどうしたらいいのか、相手の意見がよくわからない時にはどのような交渉が必要なのか、意見のあわない人とはどうやったらお互いに歩み寄りができるのかといった人間関係づくりの基礎とも言える意思伝達、他者理解の能力を培う場を数多く経験することは、社会参加をめざす上でも重要である。もちろん、学習者は自分の第一言語では既にそのような経験は積んできているだろう。それを敢えてここで強調する理由は、外国語学習の授業では、一般的に言語の形式 (正しい、正しくない) に焦点が置かれ、内容や伝え方については従属的に扱われることが多いため、学習者が学習言語を意思伝達手段として意識できる機会やそのための実践の場

が少ないからである。このポイントは、①「内容を重視する活動」、③「多様性を理解する活動」、④「文脈を重視する活動」に関係する。

(d) 多様な理解、解釈が存在することを確認する

　自分の意見を述べると同時に他の人の色々な意見や考えに触れることで、1つの物事に対しても多様な理解や解釈が存在することを認識できる。そして、その様々な考え方を尊重するとともに、異なった意見と対峙することで自分自身の考えを内省し、より深めることができるはずである。多様性を理解することの重要性については、③「多様性を理解する活動」でも述べた通りである。

(e) 言語の規範と実際の使用を比べ、規範の恣意性・信憑性などについて考える

　実際に使われている様々な言語に触れることで、ことばの多様性や流動性について敏感になることができる。そして、それを規範と比べることで、規範というものの恣意性や信憑性について批判的に考察できるような力、つまり、クリティカル・リテラシー (e. g., Janks 2010, Kumagai 2007, Luke 1995, 久保田 1996) を養うことができる。さらに、規範についてだけでなく、当然だと信じられている様々なことを「本当に当然なのか」、「全ての人にとって当然なのか」、「誰にとって当然なのか」といった疑問を投げかけ、深く考えることで、クリティカルな視点を培っていくことができる。このポイントは、2.2 節でも議論した通り、③「多様性を理解する活動」の別側面であるといえる。

(f) 実際に言語を使って、創造的に社会に関わる

　もちろん規範を理解することは重要であるが、それに縛られるのではなく、ことばを創造的にも使っていけるような機会を持つことも大切である。創造的にことばを使うというのは、時として規範を逸脱することも必要になる。その際は、どこまでが受け手に「創造的」と判断してもらえるのか、どこからは「誤り」として扱われるのかといった、規範と創造性のバランスを

計りながら、新たなことばの使い方を開拓していくことが必要である。昨今の越境文学作家（多和田葉子、リービ英雄、シリン・ネザマフィ、楊逸など）の隆盛からもわかるように、ある言語で創作活動をする（創造的な言語活動をする）というのは、その言語を母語とする者の持つ特権ではない。また、アメリカでは、ごく最近、トランスリンガル・アプローチ（Horner, et. al. 2011）という大学でのライティングの教授法が注目を浴び始めている。これは、外国語学習者／複言語使用者であるがゆえに可能な多言語の能力を有効にライティングに活かそうという考えである。その背景には、「モノリンガル（一言語だけを話す人、monolingual）」を標準／基準とするような世界観に挑戦するという意味合いもある。教師は、そのような新しい教育の試みも視野にいれながら、学習者が創造的に社会に関わる機会を奨励していく必要がある。

　創造的に自己を表現することで社会に関わるということを考えた時、テクノロジーの存在を無視することはできない。現在では、一個人が様々なテクノロジーを使って自分が興味を持つコミュニティーへ参加するといった機会が、従来では考えられないほど開かれてきている。また、個人のメディアに対する役割は、単なる「視聴者」という立場から「利用者」へと、また、一方的に「伝達」されてきていた情報は利用者によって「選択」されるようになり、受動的な受け手という立場から能動的な情報の利用者・制作者へと変化してきている。そのような現状の中では、自己をどのように表現するかという鋭敏な感覚を養うことが必要となってきている。外国語教室においてもテクノロジーの利点欠点をしっかり把握した上で、学習者の自己表現やコミュニティーの構築、社会参加を支援するために、それらをうまく利用していくことが重要である。これは、②「学習者の興味を尊重する活動」、そして、⑤「学習者の自己実現を支援する活動」の一環であると考える。

　上で取り上げた(a)から(f)は、そのどれも社会参加をする上での重要な一側面である。したがって、我々は、(a)から(f)の側面はみな同様に大切であり、ある１つの側面が他より重要であるというような考え方はしていない。

また、手順として(a)から(f)の順に段階を踏んで行われなければならないわけではなく、繰り返したり、行ったり来たりしながら進んで行く過程であると、筆者らは考えている。さらに、ある活動の目的や方法によっては、全項目を網羅することは不可能かもしれないが、いろいろな側面から見た社会参加を取り入れるためには、カリキュラムを総合的に見て、全体としてバランス良くすべてのポイントが盛り込まれていることが望ましいと考える。

社会参加をめざす言語教育が究極的に強調したいことは、言語を学ぶ・使うということは、本質的に、社会的な営みであるということ。ことばをつかって自分自身を表現するためには、自己に対峙する他者が必要であるということ。そして、社会の存在を抜きにした言語使用は意味がないということ。また、自己実現を可能にするためには、それを実行する場、そしてそれを認めてもらう場としての社会(コミュニティー)が必要であるということ。さらに、その社会でメンバーの一人として生きていくためには、よりよい社会づくりを担う責任があり、それはつまり社会参加をしていくということである。

以上のような社会参加をめざした外国語教育は、学習者を「ネイティブ」への途上にある「不完全」な言語使用者という弱い立場に置くのではなく、社会(コミュニティー)の責任ある一員として扱うため、本章のはじめに第1の問題点として挙げた「ネイティブ」をモデルとした言語教育を超えることを可能にする。また、学習者は「ネイティブ」がよしとする規範や慣習に単に従うのではなく、どんなことが社会(コミュニティー)にとってのよいことなのかを考えながら、よいことは継承し変えた方がいいと思うことについては変えていくための機会を持つことを奨励されるため、第2の問題点である教師と学習者間の絶対的な力関係を崩し、規範や慣習に対する批判的視野を伸ばしていくことができる。そして、内容と文脈を重んじ、多様性を支持し、学習者自身の目標にそって自己実現をめざす外国語教育は、第3の問題点で挙げた学習のあり方、知識の捉え方についても、その変革をせまる第一歩となるはずである。

2.4 社会参加をめざす活動での教師の役割とは?

　社会参加をめざす活動を実践するにあたり、教師はどのような役割を担う必要があるのだろうか。まず、学校という社会的な組織の中で教育に携わる者の場合、いわゆる伝統的に教師に課せられた、学習者に学ぶべき必要な知識を与える「知識伝達者」としての役割、また、成績をつけるという「絶対評価者」としての役割を避けて通ることはできない。

　しかし、学習内容や方向性(カリキュラム)は、教師が一方的に決め、主導権を占有するのではなく、学習者とできる範囲で共有し、学習者との対話／コミュニケーションを通して、課題の趣旨や目的、手順や形式の意図などについて意思疎通を行うことは可能であり、また重要である。また、学習者一人ひとりの興味や目的を尊重し、なるべくそれらが活かせるような課題を与え、彼(女)らの目的達成のための手助けをする「支援者」としての役割も非常に重要である。そして、教師には、教室(学習)コミュニティーの一員として活動に参加し、学習過程での喜びや悩みを共に経験し、考え、学ぶという「教室コミュニティー(教室活動)の一参加者」という役割もある。

　社会参加を考える際、日常生活で日々行われる自己評価、ピア評価を無視することはできない。私達は、毎日の生活において他者とのやりとりを通して、相手を理解したり共感したりすることで、いい人間関係を築いたり、時には否定的に相手を判断しその後の関係を断ち切ったりといった行動をしているのである。そこには、「評価」という意識はないかもしれないが、どうしたら言いたいことがうまく伝わるのかを模索するために自分の言語行動を振り返ったり(自己評価)、相手を理解するためにその人の言動に対して質問を投げかけたり、フィードバックを返したりすること(ピア評価)は、広い意味での評価活動にほかならない。他者の存在なしには社会は存在せず、評価活動を通して他者を(肯定的であれ否定的であれ)理解することなしには、有意義な社会参加はありえないのである。従って、社会参加をめざす活動では、相互自己評価(自己評価とピア評価)というアセスメントの形式が鍵となる。教師も教室(学習)コミュニティーの一員である以上、「絶対評価者」(成績をつける人)という役割の他にも「一評価者」として、コメントを提供し

たり意見をのべたりするという役割も担うことになる。

3 本書の概要

　本書は、3つの実践（カタカナ・プロジェクト、ブログ・プロジェクト、ポッドキャスト・プロジェクト）をそれぞれ軸とする3部から構成されている。第1部で紹介するカタカナ・プロジェクトは、学習者が実社会の中で使われていることば、特に文字（カタカナ）に注意を払い、その使用例を収集、分析し、テキスト作成者の文字使いの意図や効果を考えることで、日本語の教科書で説明される表記法の規範を批判的に見直すこと、ひいては、テキストに対する批判的な見方を養うことを目的として行われた実践である。第2部で紹介するブログ・プロジェクトは、通常、教室という閉ざされた空間の中で、教師と学習者間で交わされる作文のやりとりやコミュニケーションを、ブログというインターネット上のツール（ウェブ上の日記のようなもの）を使うことで、学習者が教室の外、社会に対してメッセージを発信し、他者（教室外の様々な人々）とのやりとりを行うことめざした実践である。第3部で紹介するポッドキャスト・プロジェクトは、ポッドキャスト（インターネットを使った動画・音声の配信）という媒体を利用して、学習者が日本語を創造的に使い独自のインターネットラジオ／テレビ番組を作成し、それをブログ上に掲載することで外部の者も視聴できるように、つまり、社会へ向けてメッセージを発信すること試みた実践である。

　以上3つの実践に共通する目的として、社会参加をめざす第一歩として社会との関わりを持つことを目標にしたという点があげられる。カタカナ・プロジェクトは、言語活動のうち「読む」という受容的（receptive）な側面に焦点を置き、教科書や教師が準備したテキストではなく、実社会の中に存在する「ことばを読むことで世界を読む」（Freire & Macedo 1987）ということをめざした。一方、ブログ・プロジェクトとポッドキャスト・プロジェクトは、広義な意味でのテキストを「書く」、ことばだけではなくそれ以外のモード（フォント、色、写真、音楽など）を利用して作成するという産出的

(productive)な側面に重きを置き、学習者自身のメッセージを発信することで社会との関わりを持つことを実行した。後者2つの実践は、特に新しいテクノロジーを取り入れたという点でも、「いま」を生きる学習者たちの実生活に基づいた試みであるとも言える。

　3つの実践は、アメリカと台湾の大学の日本語教室で実践されたもので、実践者は自らの教育理念、そして、実践の目的に即した理論を基に、プロジェクトを計画、実行した。それぞれの部は、実践報告の章、そして、その実践を実践者の用いた理論とは別の理論を使って分析した2つの章、さらに、分析して明らかになったことを鑑みた上での今後の実践への示唆を目的とする章の全4章からなる。本書の特徴は、単に実践を報告するのではなく、その実践を全く別の視点や様々な人文社会科学分野の理論を用い、直接実践に関わっていない者も批判的に分析や考察を行い、その実践の問題点を考えたという点にある。そうすることで、日頃あまり行われることのない異分野の教師／研究者間の「対話」を重要視し、学際的な協働思考の実践を試みた。最終章では、3つの実践を本章で述べた社会参加という観点からさらに振りかえり、社会参加をめざす日本語の未来を考察することで、本書のまとめとする。

　ここで、本書の執筆に携わった者の紹介[9]をしたい。まず、本書の発起人、そして、編者の1人である佐藤慎司(さとうしんじ)は、マサチューセッツ大学アマースト校アジア言語学部で修士課程に在籍中、ティーチングアシスタントとして日本語教育に携わり、修士号取得後、ハーバード大学、ミドルベリー大学サマースクールなどで教鞭をとった。その際、言語教育における文化という概念に興味を持つようになり、コロンビア大学ティーチャーズカレッジで「人類学と教育」プログラムの博士課程に進学した。その後、「日本」「文化」「学習」「習得」「教育」といった様々な自明の概念を批判的に捉えるようになり、博士論文では、国家制度の中におけることばの教育、保育所でのことばの保育に関する実践を批判的エスノグラフィーの視点で分析を行った。現在は、コロンビア大学東アジア言語文化学部にて講師を務め

ている。言語教育における文化の取り扱いから生まれた問題意識、関心は現在では多岐にわたる。「文化」の動態性・多様性と言語教育、学習者の多様性・創造性・能動性と言語教育、教師の権力と評価の関係、異文化コミュニケーション研究におけるネイティブ・スピーカーとノンネイティブ・スピーカーの関係の見直しなどがその例で、研究活動だけでなく、自ら日本語教育において実践も行っている。

　もう1人の編者である熊谷由理（くまがいゆり）は、マサチューセッツ大学アマースト校、国際教育／リテラシー教育の修士課程に在籍中、"World Englishes"（「英語」を複数形で示すことで、国際語としての英語のもたらす抑圧的な力や、英語の多様性、地域によるバラエティーの正当性を訴える）という概念に出会い、それ以来、ことばの多様性、標準・規範の恣意性・政治性、言説と権力の相互構築関係などに関心を持ち続けている。修士号取得後、日本語講師として働くかたわら、同大学院教育学部「言語・リテラシー・文化」博士課程に進学し、クリティカル・ペダゴジー、批判的応用言語学、クリティカル・リテラシーの観点から外国語教育についての研究・考察を始めた。博士論文では、日本語教室におけるリテラシー活動についてエスノグラフィー研究調査を行い、外国語教育におけるクリティカル・リテラシーの可能性についての考察を行った。博士号取得後も引き続き、外国語教育でのクリティカル・リテラシーの有用性、必要性を、現在の勤務地であるスミス大学での自らの日本語教育活動や、他大学の教師・研究仲間との協働プロジェクトを通して、研究し続けている。その他に、外国語教育の現場における教師・教科書の役割、語学教育・教師に関する様々な言説（teacher discourses）、教室内での教師–学習者間の相互行為などを批判的ディスコース分析の手法で研究している。

　岩﨑典子（いわさきのりこ）（10章）は、同志社大学英文科卒業後、京都日本語学校、ECC外語学院などで非常勤講師として日本語・英語教育に携わり、外国語教育について研究し実践に生かすためオレゴン州ポートランド州立大学に留学した。地元のコンコルディア大学で日本語を教えながらTESOLの修士課程を終了した後、ワシントン州ワシントン大学で日本語の

講師を務めた。その後、アリゾナ大学学際博士課程「第二言語習得と外国語教育」に進学した。博士論文では心理言語学（言語文産出のプロセスや心理語彙の研究）の理論や実験方法を第二言語習得研究に応用して第二言語習得過程の理解に役立てようとした。博士号取得後にはマサチューセッツ大学（アマースト）やカリフォルニア大学（デービス）で日本語のプログラムのコーディネーターを勤めるなどして、日本語、日本語学、日本語教育を教えた。マサチューセッツ大学で本書の編者（熊谷由理）の博士論文選考員をしたことをきっかけにクリティカル・リテラシーに関心を持ち始め、近年は言語イデオロギーや社会文化理論にも関心を持ち、留学を通しての日本語習得や読解教育についての研究を行っている。現在ロンドン大学東洋アフリカ研究学院にて言語教育専門家として、アジア・アフリカ・中近東の言語教育の教材開発や習得研究にも関心を持ち、大学院生の指導をしている。

　ドーア根理子（ドーアねりこ）（2章、7章）は、慶應大学文学部社会学専攻で文化人類学を勉強し、アオテアロア／ニュージーランドでの先住民マオリとイギリスとのワイタンギ条約締結150周年記念の行事の分析（学士論文）、マオリの社会構造の分析（修士論文）をした。慶応大学博士課程に入学後、アメリカ、コーネル大学の博士課程に進学し、博士論文ではアオテアロア／ニュージーランドの中学／高校でのマオリ語／英語のバイリンガル教育の文化社会的影響を、言語教育と文化観、アイデンティティ形成、ナショナリズムなどの関係を中心に分析した。コーネル大学で文化人類学の博士号を取得後、この理論的焦点を基にしつつ、フィールドを変えて、アメリカのコミュニティカレッジ（2年制の大学）における移民の英語教育の調査研究、そしてアメリカにおける日本からの駐在員子弟、あるいはアメリカに移住した日本人を親に持つ子供達のための週末のみの日本語学校などの研究を同校の校長でありリーハイ大学の言語学者リー李里と共同調査研究した。駐在員子弟を対象とした補習校と、永住する生徒を対象とした継承語としての日本語教室の2つの教室での活動を民俗誌的に分析比較する事により、言語教育での異なる統制の仕方がいかに生徒のアイデンティティ形成、「日本人」観、文化を継承していくということについての考えに影響するかを調査分析してい

る。現在はアメリカからの大学生の海外留学における「日常生活の中でのイマージョン学習」について文化人類学的調査を始めている。これらの民俗誌的研究の他に、ネイティブ・スピーカーという概念についての考察や、標準化、無知の力、「間違える」ということについて等の考察研究も重ねている。

　中澤一亮（なかざわかずあき）（5章、8章、10章）は、獨協大学外国語学部英語学科で英語専攻／日本語教育副専攻し、卒業後は、Japanese Language Exchange (JALEX) を通してアメリカワシントン州の高校で2年間日本語ティーチングアシスタントを経験した。その後、パデュー大学大学院に進学し、言語学学部大学院博士課程において、第二言語作文における教師添削が日本語学習者の作文能力に与える効果を研究した。その時の作文に関する研究を通じて、教師1人が読者という授業の中での作文課題に疑問を抱き、実際の読者とコミュニケーションできる機会を与えるために、ブログを授業に活用し始める。それにともなって、ブログを使った読解作文授業で学習者が実際にどのように読者とコミュニケーションを行っているのかやブログに記事を書くことでどのように学習者の日本語が変化していくのかなどの研究も始めた。また、WikiやYouTubeといった他のWeb 2.0ツールの教育的効果や、日本語教師のためのコンピュータリテラシー、外国語としての英語教育（EFL）の環境での多読（extensive reading）やwriting centerの効果などにも興味を持ち研究を続けている。現在は、台湾、元智大学人文学部応用外国語学科助教授。日本語教育学会主催「日本語教師のためのOn-line IT講座〜活用編〜」の講師も務める。

　深井美由紀（ふかいみゆき）（3章、5章、8章、9章、11章、12章）は、大学で日本語教育を専攻し、卒業後、インディアナ大学教育学部大学院に進学した。博士論文では、アメリカの日本語学習ナショナルスタンダーズの実現において、インターネットが果たしうる役割を研究した。この研究で、学習者がインターネットを利用して自主的に日本語学習に参加する姿を見て、教師が学習者に一方的に知識を与えるという典型的な日本語教育における教師・学習者間の関係に疑問を持ち始める。そして、もっと学習者が自分の日

本語学習に積極的に関わること、日本語を使って教室外の他者と関わっていく方法を模索し始める。そこで、ブログやポッドキャストなどのテクノロジーのコミュニケーション機能を活用して、学習者が日本語を教室外で創造的に使い、他者との相互交流に参加する活動を取り入れ、その研究を開始した。また、テクノロジーの発達によって巷にあふれる情報を批判的に取捨選択する必要があるという観点から、クリティカル・リテラシーやメディア・リテラシーの理論を使った教室活動の導入にも積極的に取り組み、研究を続けている。

　本林響子（もとばやしきょうこ）（6章）は、お茶の水女子大学で日本文学・日本語学を専攻していた際、文部科学省インターンシップをきっかけとして日本語教育の分野に関心を持ち始める。卒業後、同大学大学院で海外帰国生のバイリンガリズムの研究を、カナダ、トロント大学オンタリオ教育研究所で日本の各種バイリンガル政策についての比較研究を行い、それぞれ修士号を取得した。現在はトロント大学博士課程で日本の海外日本語普及政策とその外交上の位置づけについて博士論文を執筆中。国家からみた当該政策の外交上の位置づけと、政策遂行に関わる個人の経験の双方に焦点を当て、その中で構成・再構成される地政学的概念（「日本（人／語）」「日系（人）」等）を中心に分析している。研究活動において問い続けているテーマは「社会の中の個人、個人の中の社会」であり、とりわけそこで「言語」が果たす役割に着目している。すなわち、社会が個人を形作るとともに各個人が社会を形作るというダイナミックな往還関係に惹かれ、その中で言語が社会的・心理的に果たす役割について考えている。現在はこのテーマについて、人の（物理的・心理的）国際移動との関わりから研究を進めているが、インターネットによる時間・空間認知の変化もこれに関わる事象の1つと捉え、関心を持って分析を行っている。

　以上、執筆者紹介からもわかるように、本書作成に関わった者は、それぞれの専門領域、研究分野や興味、現在おかれている教育活動や研究活動の現場の状況など、いろいろな面において異なった背景を持っている。しかし、

日頃の教育・研究活動の根底には、現行の日本語教育のあり方、教師の役割に対しての疑問があり、外国語教育、そして、教育とは何をめざすべきなのかを模索しつづけているという点で共鳴している。だからこそ、それぞれの学問分野の枠を超えて対話をすることで、見方の異なる外国語／日本語学習の機会についてあらたなビジョンを読者に提供できるのではないかと考えた。そのような過程を経て、ここに1冊の本としてまとまった本書が読者の方々にとっての外国語／日本語教育に関する何らかのアイデアや思考の糧となれば幸いである。

最後になるが、発案から完成まで4年にわたる歳月を辛抱強く見守り、数々のやりとりを通して我々のアイデアや考え方に様々な問いかけをしてくださったひつじ書房社長兼編集長の松本功氏、海老澤絵莉氏には大変お世話になった。この場を借りてお礼を申し上げたい。

注
1 「外国語」という用語をつかったが、第二言語としての日本語教育(つまり、日本での日本語教育)も含む。
2 本書の執筆に携わった執筆者らの主な活動現場は、北米(アメリカ、カナダ)だが、日本、台湾、ヨーロッパでの日本語教育にも関わっている者もいる。ひとことで「日本語教育」といっても、それが行われている国や地域、教育、学習の形態(学校教育なのか、地域での生活に基づいたものなのか、成人対象なのか、子供対象なのか、など)によって様々である。本書で日本語教育の現状を考える際、基本的には執筆者らの経験の範疇にある学校教育(特に大学レベル)での外国語としての日本語教育を念頭においている。
3 現行の外国語／日本語教育での評価のあり方を批判的に捉え、新しい評価のあり方を考察するとともに、その実践例をまとめたものに、佐藤・熊谷(2010)「アセスメントと日本語教育:新しい評価の理論とその実践」(くろしお出版)がある。
4 本書の作成をきっかけとして、筆者らはより包括的な「社会参加」をめざした活動を計画、実践してきている。詳しくは「社会参加をめざす日本語教育:実践編」(準備中)にて紹介するが、その実践の1つである「社会問題プロジェクト」は、日本語学習者が自分の興味のある社会問題解決のために実際に行動を起こすというプロジェクトである。その構想の発端には本書にも関わった人類学者ドーア根理子氏との対話が

5 「社会参加」と聞いて、例えば、何らかの社会的／政治的な問題を世間に知らせるためにデモ活動を行うといった社会運動的な行動をイメージすることも多い。もちろん、そういった社会や組織の現状の問題点を訴え改善のために努力するような活動は、社会参加の1つの形態ではあるが、本書で言うところの「社会参加」の主旨はあくまでも教育機関に携わる教師に託された任務の範疇にある活動の提唱である。例えば、自分の興味のある問題について情報を集め、それについてよく考え、自分の意見や考えを自分の身近な人を始め様々な人に広く知ってもらうといった形で、その問題の解決や改善のために行動を起こすといったことである。その際に、教師が自分の政治観や道徳観を学習者に押しつけたり、そのための活動に煽動したりすべきでないことは言うまでもない。

6 ここで取り上げる項目は、社会参加をめざす言語教育の実践を計画するにあたり考えるべき側面をなるべく具体的に示し、説明したものである。ともすればチェックリストのように捉えられる危険を孕んではいるが、あくまでも筆者らの意図は、この項目のいくつを網羅していれば社会参加をめざした言語教育と言えるのかといった単純なものではないことを明記しておきたい。

7 学習の文脈は変わるが、PISA（OECD 生徒の学習到達度調査）では、読解力の定義として「自らの目標を達成し、自らの知識と可能性を発達させ、効果的に社会に参加するために、書かれたテキストを理解し、利用し、熟考する能力」としており、ここでも社会に参加するためのテキストの理解能力の必要性を唱っている。

8 ここでは、"overly deferential stance"(Wallace 2003) と "reverential attitude"(Zinkgraf 2003)を「過剰な敬意の念」と訳した。

9 編者以降の執筆者の紹介の順は、五十音順である。

第1部　カタカナ・プロジェクト

第 1 章　クリティカル・リテラシーの育成に向けて：
カタカナ・プロジェクト[1] 実践概要

熊谷由理

「どうして、これを書いた人はここでカタカナを使いましたか。
日本語で言っても、外国人のことばにはカタカナを使いますか。」

1　はじめに

　筆者がエスノグラフィー研究を行っていたアメリカの大学の日本語2年生のコースの授業中に、1人の学生が冒頭の質問を教師に投げかけた。この授業では、日本の大学で発行された留学生通信にホスト・マザーが投稿したエッセイを教材として使っていたのだが、その投稿記事では、ホームステイしていたアメリカ人留学生の発話が全てカタカナで表記されていたのである（「イテキマス」「ダイジョーブ」「織田信長ガ攻メタトコロ」）。日本語を外国語として学習する際、たいていの場合、教科書では「カタカナは外来語を表記するために使う」と説明されており、日本語を学ぶ学生たちにとって、「カタカナ＝外来語」というルールは守らなければならない「規範」となっている。そのような規範がやぶられている一般の日本人によって書かれたテキストを目にして、学生の疑問、そして好奇心がこの質問へと導いたのであろう。上の学生の質問の根底にあるのは、外国人の発したことばはたとえそれが日本語であっても、日本人の日本語とは区別され、異なった表記をされるのかという疑問であり、また、問題提起でもある。このテキスト上のカタカナ使いは、いわゆる「規範」から逸脱しているだけでなく、意識的にせよ無意識的にせよ、外国人の日本語発話に対する書き手のある種の偏見を顕著

に表しているからである。

　このように、学生から予期せぬ問題提起があった際、教師はどのように対応するのだろうか。筆者が観察を行っていたクラスの担当教師は、クラス全体に対して「どうでしょう、みなさん。どういう時だと思いますか」と質問を繰り返した。すると、ある学生が「ゾーイ（留学生の名前）は、日本語が上手じゃありませんから正しく言えません」と理由を述べた。その後も教師は同様の質問を繰り返したが、結局、それ以外には学生から何の意見も出なかったため、教師は「この場合は、書いたお母さんに聞かないとわかりませんけど、たぶん外国人ですから正しい発音とか言い方じゃありません。発音がちょっと日本人と違うっていうのがあると思います」とまとめることで、学生の疑問への対応を終えた。ここで、担当教師は、学生の質問に対応はしているものの、より深い話し合いを持つことはあえてしなかった。

　教師には、決められた時間内で、やるべきことを終了するという任務があり、そのために毎日の学習・練習項目の計画をたてている。その教案を時間内で終えるためには、学生からの質問や反発に常に真剣に対応する時間はないというのも現実である。また、学生の発する質問やコメントが全て時間を割いて話し合う価値があるのかという問題もある。しかし、教師のみが主導権を握っている教室活動では、学習者は教師の指示に従い、提示された情報や知識を受け取り、与えられた作業をこなせばよいことになる。その結果、主体性、自律性といった教室外で必要な自分の目的のために自分のことばで他者に働きかける力を伸ばすことはできないだろう。問題発見解決を中心とした日本語教育を奨励する細川（2004）は、学生の提起した問題に真剣に対応し対話を持つことの必要性を訴えている。さらに、久保田（1996）は、外国語学習においていわゆる基本技能とされる4技能（話す、聞く、読む、書く）に加え「批判的[2]読み書き教育」（クリティカル・リテラシー）の重要性も議論している。

　本章の目的は、筆者がアメリカの大学の日本語カリキュラムにクリティカル・リテラシーを培うために組み込んだカタカナ・プロジェクトの実践を紹介することである。以下では、まず、カタカナ・プロジェクトの理論的背景

を説明するために、従来の外国語／日本語学習においての読み書き教育の特徴と問題点をまとめ、クリティカル・リテラシーの視点から読み書き教育を再考する。そして、カタカナ・プロジェクトの実践概要を説明し、その成果を報告する。

2 外国語／日本語教育における「読み書き（リテラシー）教育」

2.1 従来の読み書き教育

　外国語の学習・習得を考える上で、「読む」「書く」という作業はどのように位置づけられているのだろうか。一般に「読む」ことの目的は（特に初・中級の段階で）、文字と音の関係、語彙・表現の習得、そして、文法、文章構成などを理解、習得するための手段とみなされている。つまり、読み物は「言語のデータ」（Alderson 1984）として扱われ、学習者はそのデータを解析することで言語を学習すると考えられている。従って、読みの授業では、読み物の逐語的な理解がなされたと教師が判断した時点で、目標が達成されたとみなされる（Wallace 2003, 小川 2006）。この「理解」は、たいていの場合、学習者が教科書や教師の与える内容理解のための質問に対して、教師の期待通り（あるいは、教科書作成者が事前に設定した通り）の答えができたかどうかによって判断される。これは、テキストには１つの「正しい」解釈があるという前提に基づいている（Alderson 1984, Wallace 2003, 小川 2006）。また、「書く」ことの主な目的は、学習者がどの程度、文字や文法などを理解したのかを教師に対して提示することにあり、教師が学習者の理解度を判断するための道具としての役割性が強い。つまり、文字や語彙、そして文法を「正しく」使って書くことができれば、たいていの場合、その学習目標が達成されたと考えられる。従って、学習者が書いたものの内容は、しばしば従属的に扱われがちである（Scott 1996, Wallace 2003）。

　以上のような外国語教育の現状には、教師や教科書が絶対的に正しいという前提を保持し、また、学習者を常に受動的立場に置き、彼／彼女らの主体

性を損なうという問題点がある。更に、読み物についての内容理解確認のための質疑応答や、個人的な感想を述べるといった機械的な作業は、教室内でのやりとりを単なる「ことばの練習」(Alderson 1984)を目的とした人工的なものにしてしまう。もちろん、学生の中には読み物の内容や提示された情報に対して批判的な意見や反論を述べる者もいる。特に、アメリカのリベラルアーツカレッジでは、第1の教育目的として批判的思考能力の育成を掲げている(鈴木 2006)。しかし、批判的思考によって触発された学生の意見がどのように授業に影響を及ぼすかは教師の教育理念に大きく左右され、一般的には、学生の意見は取り上げられることなく、聞き流されてしまうことが多いというのが現状のようである(Kumagai 2007)。また、学生側も過去の外国語学習の経験で言語学習と批判的思考というものは関係づけられてこなかったという「社会化された慣習(socialized practice)」に根強い影響を受けている(Bloome & Willett 1991)。さらに、外国語教育の場合においての、ことばを話せる者と話せない者という力関係も係わり、教師・学生間のヒエラルキーは、それを崩すことへの教師と学生両者からの抵抗が見られる。前述の、学生が発した意見を聞き流すという教師の行動も教室内ヒエラルキーの再確認、再生産の一翼を担っていると言える。従って、教師が授業の内容、流れ、方向性についての主導権を握り、学習者はそれに従うというパターンが保たれるのである。

2.2 クリティカル・リテラシー

　上記のような従来の読み書き教育の現状に対応するものとして、リテラシー、特にクリティカル・リテラシーの概念が示唆に富んでいる。リテラシーの概念はどの理論に基づくかによって様々な定義・解釈があるが、本章では社会文化的理論、特にニュー・リテラシー・スタディーズ、そして批判的言語教育の理論にのっとり、リテラシーとは「テキストについて、また、テキストを通して、意味を創造、解釈するための社会文化的な営みであり、テキストに内包されている価値観、前提、イデオロギーといったものも批判的に読み解く能力である」と定義する(Kern 2000, Kramsch 1989)。ここで

うテキストとは文字を媒体とするものだけでなく、視覚的情報（例えば、色使い、絵や写真、レイアウトなど）も意味構築の一部として含む（Kress 2000, 門倉 2007）。さらにクリティカル・リテラシーでは、上の定義に加え、「ことばによって構築され、行使される権力（power）」への理解・認識を養うことも目的とする（Gee 1990, Pennycook 2000, Street 1995）。

　北米やオーストラリアなどで唱道されているクリティカル・リテラシーは、第一言語としての英語教育の場で実践されている教育アプローチで、具体的な理念・目的としては、テキスト上の様々な側面を批判的に分析する、テキストの多様な解釈を奨励する、ことばと世の中に内在するイデオロギーや価値観の相互構築関係を認識する、当然視されている情報や知識を批判的に考察する、ことばを自分の興味・目的のために創造的・主体的に使う、「読み書き」という社会文化活動に協働的に参加することで社会に対して働きかける、などがあげられる（e.g., Gee 1990, Pennycook 2000, Street 1995）。

　クリティカル・リテラシーの父とも言える識字教育者パウロ・フレイレは、「読むこと」とは文字だけでなく社会を読むことであり、「書くこと」とは文字を書くことだけでなく自分のことばを使って社会に働きかけることであると言う（Freire & Macedo 1987, 筆者訳）。フレイレの理論・実践は、第一言語教育の場で開発されてきたものであるが、これを外国語教育という文脈に置き換えると、学習者は、外国語を通してクリティカル・リテラシーを培うことで、第一言語とはまた別の視野・世界観を基に、自分たちのまわりの世界を批判的に認識できるようになり、究極的には、そのことばを自己実現と社会改善のために使えるようになることをめざすのである（久保田 1996）。

　日本語教育では、その可能性や意義についての研究はいくつか出ては来ているものの、まだ始まったばかりである。例えば、アンドラハーノフ（2007）は、一般的にマスメディアの分析・批判を対象として行われてきているメディア・リテラシーを「ことば」そのものもメディアであるいう立場を取ることで、その教育的意義をクリティカル・リテラシーとして再定義するという理論的な試みを報告している。また、三代（2006）は、韓国の外国語高校

の生徒たちが、自分らにとって身近な「学校」という世界を批判的に分析し考察するレポートを書くことで、問題を提起し解決していく力を身につけることを目標とした実践を報告している。さらに、小川 (2006) は、日本語教室での学習の一環として学習者がクラスメートの作文に複数回にわたり批判的にコメントをすることで、協働の社会としての教室へ主体的に参加することを奨励し、読み書きの作業を相互的な活動とする実践を報告している。そして、Iwasaki & Kumagai (2008)、Kumagai & Iwasaki (2011) では、日本語上級、新聞・雑誌購読コースのカリキュラムをクリティカル・リテラシー (Kern 2000, Wallace 2003) の理念をもとに設計・実施し、その過程においての教師の内省の分析、また、コース終了後に行った学習者とのインタビューを分析することで、教師側・学習者側双方からのクリティカル・リテラシーの日本語教育における意義や可能性について報告している。熊谷・深井 (2009) では、「知識の源」とされている教科書の読み物を学生自ら集めて来た情報を基に批判的な視点から読み、後輩となる学習者のために協働で書きかえるという創造的な言語の使用に焦点をおいた実践の報告をしている。

　ここで、先に紹介した担当教師の対応の問題点をクリティカル・リテラシーの視点から、2つあげたい。1つは、「規範」からの逸脱についての話し合いが全くなされなかったことである。単に「外国人で日本人と発音や言い方が違うから」というのは、カタカナ表記の「規範」を破ったことを正当化する理由にはならない。「なぜ、ある人の発音が日本人と違う場合にカタカナで表記してもいいのか」「どんな時、誰が、どのように、規範を破ってもいいのか」というような疑問に対する話し合いをすることで、「規範」と呼ばれているものの不安定さや曖昧さを理解する機会が提供できたはずである。

　もう1つは、異なった文字を使うことの意図や効果についての話し合いがなされなかったことである。文字を始め、テキスト上に現れる全ての選択は、作者によって意図的になされた行為である。しかし、その点は、従来の日本語教育ではあまり問題とされていない。「違う文字を使うことでどんな異なった印象や効果をもたらすことができるのか」「どうして筆者はゾーイ

のアクセントを視覚的に表現したのか」「どのような社会文化的、政治的な背景や信条が暗示されているのか」などについて話し合うことで、一般的には些細だと思われがちな文字の選択に対しての学生の敏感さも養うことができるのである。

　以上のような経験を踏まえ、筆者自身が受け持つ大学の日本語3年生のコースで本章で紹介するカタカナ・プロジェクトを実施した。

3　カタカナ・プロジェクト

3.1　実践を行ったコース

　本章で紹介するカタカナ・プロジェクトは、米国東部の某私立女子大学の日本語3年生2007年秋学期のコースで行われたものである。このコースを受講していた学生は、大学での1年目、2年目のコースを履修して来た者、また、高校において数年間日本語を学習し、2年生レベルのコースから、あるいは、本コース(つまり、3年生レベルのコース)から、大学での日本語学習を始めた者であった。いずれにせよ、学習者全員が初級の教科書を使って基本文法の学習を終え、本コースの前半1ヶ月半ほどにおいて、2年生後半のコースからひきついだ中級の読み物中心の教科書も終了し(ニューアプローチ中級日本語「基礎編」)、いわゆる生教材と呼ばれる読み物(短編小説、新聞・雑誌記事、エッセイ)を使っての学習を始めて間もなくの段階でカタカナ・プロジェクトを行った。

　表1に、コースを受講した11名の学生(全員女性)の背景を示す。プライバシー保護のため名前は仮名を使っている。

表1　学生の背景概要

名前	学年	エスニシティー／国籍	実践時点での日本語学習年数	日本滞在歴 有／無
アリソン	4年	アフリカ系アメリカ人	高校で3年間、大学で2年間	無
サンドラ	4年	ヨーロッパ系アメリカ人	大学で2年間	有（3カ月）
ジェーン	3年	中国系アメリカ人	大学で2年間	無
イン	3年	中国人	大学で2年間	無
キャシー	2年	ヨーロッパ系アメリカ人	独学で3年間、家庭教師と2年間、大学で2年間	無
メーガン	2年	ヨーロッパ系アメリカ人	高校で4年間、大学で2年間	有（2週間）
ハイジ	2年	ヨーロッパ系アメリカ人	高校で4年間、大学で2年間	有（1年間）
ソイヨン	2年	韓国人	大学で2年間	無
ジニー	2年	韓国人	高校で3年間、大学で2年間	有（2週間）
ケイト	1年	韓国系アメリカ人	高校で3年間	有（2週間）
デニー	1年	ヨーロッパ系アメリカ人	高校で2年間	有（1年間）

3.2　カタカナ・プロジェクトの目的・手順

　まず、カタカナ・プロジェクトの具体的な目的として、以下の4つを設定した。

a) （教科書の）規範を疑ってみる。本当に「カタカナ＝外来語」なのかを検証する。
b) 同じことばでも違う文字を使うことで、違った意味やニュアンスをつくりだすことができることを理解し、「なぜその文字で書かれているのか」という疑問をもつ姿勢の大切さを培う。

c) 文字使いの選択という「些細な」ことで様々な意味の構築が意図的にされていることに気づく。
d) 上記 c と関連して、書き手としては、どのような文字を使うかによって様々な意味の構築ができることを理解する。

　これらの目的は、事前に学生に伝えたのではなく、プロジェクトの終わりに学生たちが調べて来たこと、気づいたことを話し合う中で確認したものである。
　カタカナ・プロジェクトの手順は以下の表の通りである。

表2　カタカナ・プロジェクト実践の手順

2007年 秋学期	授業内活動（1コマ＝70分）	授業外活動
10週目	「ホスト・マザーからの手紙」を読み、内容の確認をする。 プリント：「リサーチの前に」(資料1、p. 16)の項目について話し合う。	
10～ 12週目		実際のカタカナの用例を集める。
12週目	集めた用例をクラスに持ち寄る。グループで用例について話し合い、その結果をまとめてクラスで発表する。	クラスで話し合った結果を用例とともにきれいにまとめ、冊子を作る。
13週目		感想文「カタカナ・プロジェクトをして思ったこと」提出。

　まず、カタカナ・プロジェクトを行うにあたり、本章冒頭にて紹介したホストファミリーからのテキストを用いて授業を行った。本実践に参加した学生が、筆者が観察したクラスの学生（2年生）と違う点は、まず、学習歴が長いため語学レベルが高いということがある。それに加え、学生全員がこれまでに日本の雑誌やまんがを読んだ経験があり、教室外で実際の日本語にかなり触れているということもあげられる。そのため、今まで文字がどのように使い分けられているかということはあまり意識してはいなかったものの、カタカナが外来語以外に使われるということには既に気づいていた。とはいえ、

アメリカ人留学生の発話がカタカナ・漢字混ざりで表記されていることには、驚きを示し、冒頭の学生と同様の質問が出た。そこで、その理由として考えられることやそれを読んで受ける印象についての話し合いの機会をもった。

ホスト・マザーのエッセイでのカタカナ使用について、数人の学生は「とても嫌な感じがする」という意見を述べたのに対して、他の学生は「別に嫌じゃない。英語っぽくってかっこいい」、そして、「発音が下手だから仕方ない」というような感想があげられた。これらの学生の異なった解釈・印象については、最後の節で今一度触れたい。

プロジェクトの具体的な手順を説明するためのプリントを作成、配布した（資料1、p. 16）。プリントからも分かるように、プロジェクトは「リサーチの前に」、「リサーチする」、「リサーチの後で」という3段階をへて行った。まず、プロジェクトの準備として、①日本語を習い始めた時、カタカナの使用法についてどのように習ったか、②それ以外のカタカナの用法を見たことがあるか、それは、どのような場面で見たのか、③違う文字で書かれた同じことばを見てどんな違った印象をもつか、という点についての簡単な話し合いをもった(70分授業1コマ)。

次に、学生は、2週間かけて日本の新聞、雑誌、まんが、インターネットなどからカタカナの使われている部分をコピーしたり、印刷したりして集めるという「リサーチ」を行った。2週間後の授業では、3～4人のグループに分かれ、各自が持ち寄ったカタカナのことばをカテゴリー（どのようなことばがカタカナで書かれることがあるのか）に分類し、カタカナ表記になっている理由、受ける印象について話し合い、その話し合いの結果をグループごとに模造紙にまとめた（30分程度）。そして、その模造紙を教室に貼り、それをもとにグループ発表を行った（20分程度）。グループ発表の後、クラス全体で、カタカナ使用についてわかったこと、感じたことなどを今一度話し合った（20分程度）。

学生が持ち寄ったカタカナのことばは、新聞、雑誌、まんが、インターネットの他に、日本の文具、商品カタログ、お菓子のパッケージ、日本のDVDのカバーやCDの歌詞カード、映画のポスター、さらには宮沢賢治の詩など、様々なジャンルから集められていた。

第1章 クリティカル・リテラシーの育成に向けて 13

学生が集めたカタカナ使用の例1
（［メモ帳］美しいおやじセレ部長（株）クーリア）

学生が集めたカタカナ使用の例2
（「バイオハザードⅢ」［ポスター］ソニー・ピクチャーズ・エンタテインメント（2007））

雨ニモマケズ
風ニモマケズ
雪ニモ夏ノ暑サニモマケヌ…

学生が集めたカタカナ使用の例 3
(「雨ニモマケズ」宮沢賢治)

　カタカナ使用のカテゴリーとして以下のような項目があげられた。

- 外来語(和製英語を含む)
- 固有名詞(地名、人名、組織名、団体名、題名など)
- 動物や植物などの名前
- 符号(プラス、マイナスなど)や単位の記号など
- 擬音語、擬態語、擬声語(まんがなどの効果音)
- 外国語(日本人の話すカタカナ英語、例えば「サンキュー」、を含む)
- 外国人の日本語
- 若者ことばなどに見られる短縮語
- 人称代名詞(ボク、アタシ、オレなど)

　カタカナ表記になっている理由や印象についての話し合いの際、その目的は、何が正しい意見・答えなのかということではなく、日本語の表記に対して興味を持ち、分析することの大切さを体験することであるということを学生に強調し、日本語だけで複雑な考えを述べられない場合は英語の使用も可とした。教師の方からは特に英語使用の程度についての指示は与えなかったが、結果として、学生は日本語では表現できない単語を英語で補うという方法で話し合いに参加していた。英語は適宜教師が日本語に訳し、黒板に提示した。その話し合いの結果はカテゴリーと同様に模造紙にまとめた。学生のあげたカタカナ使用の理由・印象は以下の通りである。

- 強調のことば／ことばを目立たせる

・新しいことば
・「モダン」な印象
・「かっこいい」感じ
・軽い(light-hearted)感じ
・距離(distance)をつくる
・皮肉な感じ(ある小説のなかで娘があまり好きでない父親を名前＋サンで呼んでいることについて)
・差別的な印象(日本人(の日本語)と違うということを強調している)
・漢字が読めない人でも読める

さらに、クラス全体で話し合ったことをもとに、カタカナ表記についてわかったことを例文とともにまとめ、クラスで冊子を作った。最後に、締めくくりとして、カタカナ・プロジェクトに対しての感想文を宿題として書き、1週間後に提出した。

4　カタカナ・プロジェクトの分析へ向けて

　本実践では、授業中のやりとりを録音・文字化したもの、それぞれの学生の収集したカタカナのことばのリスト、および、授業での話し合いの際に作成したグループのポスター(模造紙)、クラスで作成した結果報告の冊子、実践後に宿題として書いた感想文(「カタカナ・プロジェクトをして考えたこと」)、さらに、実践終了後に行った電子メールでの追跡インタビューを、今後の実践のための資料、反省材料として収集した。本章に続く2章と3章では、上記資料の一部を異なった理論の切り口から分析することで、カタカナ・プロジェクトの意義や可能性、また改善点について、より深い考察を行う。

　まず、2章(ドーア)では、文化人類学的な視点から「差異化」のポリティクスを理論的枠組として、「カタカナは一般的に外国語からの借用語を表すのに使われる」という日本語教育における言説について考察する。カタカナ

には様々な差異化の機能があるにもかかわらず、なぜ教科書では「外来語」への使用が強調されるのか、そうすることでどのような「日本対非日本」という図式が構築されるのかという点を、カタカナの歴史的な使用法の変遷を概観するとともに、学生のプロジェクトへの感想文の分析を通して考察する。3章（深井・佐藤）では、社会文化的アプローチの学習理論をもとに能動性、創造性という概念をキーワードとしてカタカナ・プロジェクトを分析する。本実践に参加した学生がカタカナの多様な使い方に気づいたという点は本章で明示できた。深井・佐藤は、果たしてその学生の「気づき」が学生自身の実際の言語活動に活かさているのかという点を調査するために、本実践に参加した学習者がカタカナ・プロジェクト以降に課題として書いた作文、感想文、創作作文などを集め、電子メールでの追跡インタビューとともに、それらをデータとして分析することで、カタカナ・プロジェクトの次の段階、つまり、学生の能動的、創造的な言語使用について考察する。

そして、この部のまとめである4章では、実践担当者の内省と2章、3章での分析・考察を基に、カタカナ・プロジェクトの今後への提案を試みる。

資料1

カタカナ・ミニ・リサーチ・プロジェクト

カタカナがいつ、どんな目的で、使われているのかを調べてみる。

リサーチの前に

①カタカナは、どんなことばに使われると日本語のクラスで習いましたか。

②上の使い方以外にカタカナが使われているのを見たことがありますか。それは、どんな時ですか。

③下のことばは全部同じことばです。違う文字を使うとどんな違う効果があると思いますか。あなただったら、どれを使いますか。なぜですか。

　　　　マンガ　　　　まんが　　　　漫画　　　　manga
　　　　ニホンゴ　　　にほんご　　　日本語　　　nihongo

リサーチする

①インターネットのサイト、雑誌、新聞、本、まんが、CD の歌詞の紙など、いろいろなところから実際に使われているカタカナのことばの例を集めてください。

　　・最低、15 個集めること。
　　・違うリソース（resource）から集めること。
　　・タイプの違う（と思う）ものをなるべくたくさん集めること。
　　・どのようにそのことばが使われているのか（context）がわかるようにページをコピーするか、ノートに書くかすること。
　　・どこから取ったことばかわかるように source をメモすること。

②クラスで、そのことばの意味、カタカナの使われ方の種類についてグループで話し合います。そして、それをクラスに発表してもらいます。

リサーチの後で

カタカナの使われ方をリサーチして分かったこと（思ったこと）、リサーチの感想を作文に書いて提出。

注

1　本章は、熊谷(2009)で報告されている実践の一部を加筆・修正したものである。
2　英語の critical (クリティカル) ということばを日本語に訳す際、なかなか適当な用語がない。通常、critical は、「批判的」と訳されるが、英語の critical と日本語の批判的とでは、意味合いに違いがある。例えば、大辞林(第2版)で「批判」ということばをひくと、その定義の1つとして「誤っている点やよくない点を指摘し、あげつらうこと」とあり、日本語の「批判的」ということばは、往々にして否定的な印象を与えがちである。英語でクリティカル(critical)と言った場合、"she is critical." (彼女は非難がましい)といった否定的な使い方ももちろんあるが、critical thinking、critical pedagogy、critical literacy といった文脈で使われる場合、否定的な意味合いはない。本章で、「クリティカル」「批判的」と使う時、それは、当然とされていることを疑問視し、その根底にある前提、価値観などを考察し、ものごとの改善をめざす態度や視点を指す。

第2章 「カタカナは外国語の借用語を書く時に使う」と教えることについての一考察：

カタカナ・プロジェクトと社会批判

ドーア根理子

1 カタカナの教え方

　カタカナは外国語からの借用語に使うという説明は、日本語教育ではよく耳にする説明の仕方である。だが、カタカナの使用法についてそう説明することの意味、影響などについてはあまり考えられてこなかったように思う。本章では、当然視されがちなこのカタカナの説明の仕方を、熊谷の行ったカタカナ・プロジェクトをきっかけに、一歩離れて考え直してみたい。

　日本語の教科書そしてそれを使った教室では、「カタカナは外国語からの借用語に使う」という説明がされていることが多い。例えば、カタカナ・プロジェクトを行った熊谷の教える大学で使っている初級日本語教科書『げんき』(vol.1 & 2; 1999)には、「カタカナは普通、外国語からの借用語 (loanwords)や外国の名前 (foreign names)に使う[1]」(vol.1, p.28)と書いてある。他の教科書には、下に紹介するように、それ以外のカタカナの使い方を説明するものもあるが、全体的には、カタカナは外国語からの借用語に使われるというのが多い。例えば、『Japanese for Everyone』という教科書には「カタカナは中国語以外の日本語でない言葉から借りた単語や名前に使う[2]」(p.14)、『Communicating in Japanese』では、「カタカナは西洋の言語から借りて来た単語と英語で言う斜字体と似た使い方に限られている[3]」(p.44)、『ようこそ』では、「一般的にはカタカナは外国語からの借用語、擬音語、筆者の強調したいことに使われる。植物や動物の名前もカタカナで書かれることがよくある[4]」(p.56)、『なかま』では「カタカナはケーキのように日本語で

ない言語から借りられた言葉や、ワンワン等音を表す言葉に主に使われる[5]」(p.2)と書いてある。この様に、教科書によって多少違うが、学生の何人かが「カタカナは外国語からの借用語に使う」と習ったとカタカナ・プロジェクト後の課題の感想文に書いており、また、本章が分析するカタカナ・プロジェクトを行った熊谷の教える大学で使っている『げんき』はそう説明しているので、ここでは「カタカナは外国語からの借用語に使う」という説明を、日本語教育でよくある説明の仕方として取り上げて考える。

　1章で紹介されたように熊谷は、カタカナについてすでに習って来た中級クラス（日本語3年生、5・6学期目）の学生に、実際に使われているカタカナの使い方を調べさせるプロジェクトを行った。このように「外国語からの借用語に使う」と決めつけずにカタカナの使い方について調べさせるような方法から、学生は何を学んだのだろうか。本章では、熊谷の行った中級日本語のクラスの2007年秋学期のデータを元に、特にカタカナの使い方についてくわしく書いている4人の学生に注目して、その感想文を分析し、これからの課題を考えていく。

　本章では、まず、学校教育と権力関係についての先行研究を紹介した後で、カタカナ・プロジェクトについて学生が書いた感想文を紹介、分析し、外国語からの借用語にカタカナを使うと教えることの意味を分析する。

2　学校教育と権力関係

　教育学では、学校教育は社会での地位向上の機会を皆に平等に与える、つまり平等化の制度だという見方と、社会的地位の格差を維持する制度だという見方がある。平等化の制度とみる見方は、学校に行く機会は皆同じなので、学校についていけない場合はその人の努力が足りない、あるいは、学校で成功するために必要な様々な態度や考え方に欠けている(Deutsch 1967)とする見方である。逆に、地位格差をとどめるとする見方は、学校で教える知識はその社会で強い立場にある人々の常識をもとにしているため、そういう人々の子供に有利であり、弱い立場にある人々は学校で成功しにくくなると

する。だが、この過程は「皆に平等に地位向上の機会を与える」という建前によって見えにくくされ、地位格差は存在し続けるという (ブルデュー・パスロン 1991)。最近では、学校は、地位格差等の権力構造をただ維持するのではなく、権力構造を巡っての闘争の場であるとする見方が増えて来ている (Giroux 2001, Apple 2001)。そこでは、教師、そして学生がいまある権力構造を変えていく可能性があると考えられている (Doerr 2009a, 2009b, Freeman 1998, Heller 2003, Ladson-Billings 1994)。

　熊谷のカタカナ・プロジェクトは、この最近の立場にたち、教師や学生は今ある権力構造を批判し挑戦していく必要があるとしている。そして、学校制度の重要な一部である教科書を批判的に読むことを教師が先導し、学生たちが様々なカタカナの使われ方を調査し、それぞれがどういう印象を生み出すかを分析していくというプロジェクトである。本章では、教科書に見られる視点に学生たちがいかに気づき、それを分析しているかという方向からこの実践の意義とこれからの可能性について考えていく。

3　学生の気づきと分析

　熊谷の行ったカタカナ・プロジェクトでは、宿題として集め持ち寄ったカタカナの例について学生が3人ずつのグループで話し合い、どんなカテゴリーに分けられるか考え、模造紙にカテゴリーの名前、カタカナ言葉の例、カタカナになっている理由などを書き、その後その模造紙を使ってグループ発表をした。また、学生はそれぞれこのプロジェクトの後に感想文を書いた。

　この節では、4人の学生の感想文を、その学生の日本語学習の背景などとともに紹介し[6]、それぞれの学生が、カタカナの使い方として教科書で教えられた「外国語からの借用語」以外にもカタカナが使われることに気づき、それをどのように解釈しているかについて考察する。

3.1　サンドラ

　サンドラは東アジア研究専攻の大学4年生でヨーロッパ系アメリカ人で

ある。英語が第一言語で、その他にスペイン語、フランス語、ドイツ語、中国語を勉強したことがある。大学に入ってから日本語を始めたが、一夏日本のアメリカ領事館でインターンとして働いたこともある。サンドラはカタカナ・プロジェクトで課題とされた感想文に次の様に書いている。

> カタカナの使い方はちょっと不思議そうですね。確かに外来語、擬態語等はカタカナで書いている、たまにひらがなも書いていることがあります。その上によくひらがなで書いている日本語の言葉はたまにかたかなで書いています。そんなことを習うと、さまざまな質問が出しました。例えば、外来語、擬態語などのはカタカナで書いていることに限られなかったら、いつカタカナを使いましょうか。それに、いつひらがなを使うほうがいいですか。普通な日本語の言葉もいつ、どうしてカタカナで書いていますか。

> 外来語はカタカナで書いていることはやはり驚くべきじゃありません。たばこという言葉以外、外来語はほとんどカタカナで書いています。しかし、たばこというのは本当にわかりにくいと思います。一方たばこはたぶん昔の時から日本でありますから、日本語のような言葉になったでしょう。ですけれども、ほかの日本で昔の時からある物はたいていカタカナで書いています。たばこは日本の文化に簡単に採用されたほど好きでしたか。でも、たばこの歴史についてあまり知りませんが、本当にもともと日本の国内の作物ですか。しかし、英語でもともとの昔の外来語は英語のようになった言葉も多いです。たばこの説明はたぶんその英語のことに似ているだろうと思います。

ここで、サンドラはカタカナの使用の仕方の恣意性を指摘している。つまり、同じ単語がカタカナで書いてあったりそうでなかったりすること、そしてそれは筆者次第、その状況次第だということである。そして、日本語学習者としては、ではどのようにカタカナを使っていけばいいのかという疑問を

投げかけている。その恣意性を表す例として、「たばこ」をあげているが、たばこは外国から来た言葉なのになぜカタカナで書かれていないのかを自分なりに考え、昔からあるから（だが、他にも昔からあってもカタカナで書かれている例があるといって自分で否定）、または「日本の文化に採用されたほど好き」だからだという。そして、英語でも英語の一部となった「外来語」があるという。このサンドラの指摘は、カタカナが「日本固有」な言葉と「外来語」を質の違うものと見なしその差を強調していく（差異化する）ことを示している。カタカナを使うかどうかで、その単語、そしてその意味するものが「日本」のものかどうかが明らかになるのだ。ここでは、カタカナを使うかどうかで、たばこを外来語とみるか否かという読み手の受け取り方を予測した対話的（バフチン 2001）な筆者のものの書き方、そしてその裏に存在するその単語に対しての筆者の理解、見方、主張が見えてくるという側面をサンドラが理解していることがわかる。

　　擬態語や擬音語もよくカタカナで書いていますけど、たまにひらがなでも書いています。そして、どんな時にどっちの書き方ほうがいいですか。実際は漫画を読むと、ひらがなで書いている擬態語はまるで静かな感じがあります。それで、カタカナで書いているのはひらがなに比べてなんとなくもっと明確でうるさい感じのようです。

　　カタカナの明確ことなので、よく広告で使われます。カタカナの明確とおかげで、人目を引くことだけでなく、普通の日本語の言葉に新しい感じもあげます。動物や植物もたまにカタカナでかいています。動物や植物は漢字の書き方もありますけど、化学的の時にカタカナは使われます。

ここでは、サンドラはカタカナの差異化する役割を概念化せずにそれぞれ例で表している。筆者がひらがなカタカナかを選ぶことによって、擬態語や擬音語の音のうるささの度合いを差異化することが出来る、また、ひらが

なかカタカナを使うかどうか選ぶことによって、何が重要であり何が重要でないかを差異化させることも出来るということをサンドラの観察は示している。カタカナを使うことによって、動物や植物の名前であること、そして科学的な話なのかお伽噺(とぎばなし)なのかというような場面も区別され、差異化されているのである。

3.2　アリソン

　アリソンは、東アジア言語を専攻している大学4年生で、アフリカ系アメリカ人、第一言語は英語である。日本語の他にスペイン語、フランス語も学習した。高校で3年間日本語を学び、大学では1年生から日本語をとっている。アリソンは以下のように感想文に書いている。

> カタカナのプロジェクトをした時、たくさん習いました。プロジェクトをしたの前に、カタカナはアノモノピアだけだと思いました。今、カタカナがたくさん使う方がわかります。オノモノピアはカタカナとひらがなと書くのが出来ます。でも、ひらがなで書くのオノモノピアとカタカナで書くのオノモノピアは違います。カタカナでオノモノピアを書くと、ひどい音と言う意味です。カタカナのレターは箱のようだから、カタカナで書くのオノモノピアはひどい音があります。

　アリソンもここでカタカナが音を差異化(「ひどい音」とそうでない音)できることをいっている。

> よく、読みがなはひらがなで書きます。でも、時々、カタカナも読みがなです。中国の名前や所の時、読みがなはカタカナで書きます。中国の漢字は同じ漢字だけど、言葉は違う音があるからカタカナで書きます。それから、中国は外国語だから、読みがなはカタカナになります。他の外国語はカタカナで書いています。外国人はマンガで話す時、カタカナを使います。日本人の日本語と外国人の日本語は違う音があるですか

ら。時々、ロボットが話している時、カタカナも使います。ロボットの日本語と日本人の日本語は違いますからです。

　ここでアリソンは、中国の漢字のふりがながカタカナになっていることを見つけ、そこでカタカナが「日本」と「外国」の差異化をしていることを指摘する。中国の場合は漢字が同じなので、全てカタカナにせず、漢字を書いてふりがなだけをカタカナにするとする。だが、中国語からの借用語は「外来語」とはいわれず漢語とされる。そのようなことについて一歩進めて考察していくと、日本語の教科書の視点についてより深く考えていけるだろう。このことは、カタカナ・プロジェクトへの提案として詳しく後で考察する。

　また、アリソンは漫画の中では外国人やロボットの言ったことはカタカナで書かれていると指摘している。外国人の発音は日本人の発音と違うので、カタカナは「日本人らしくない」話し方を目立たせるという解釈だ。つまり、どの人のどのような話し方が「日本人らしく」ないかという筆者の差異化の判断が見えてくる例だ。ロボットの発音については「日本人らしさ」というより「人間らしさ」についての差異化を表し、何と比較しているかによって意味合いが変わっていくカタカナの差異化の恣意性も表している。だが、どうして外国人の日本語を目立たせなければならないのか、それはどういう社会的背景から起こっていることなのかというような分析には及んでいない。このような方向に議論を向けていく可能性、そしてその意義についても後で考察する。

3.3　ハイジ

　3章（深井・佐藤）でも紹介するが、ハイジは、大学2年生で、東アジア言語を専攻しているヨーロッパ系のアメリカ人である。第一言語は英語で、日本には、高校1年生の時2週間、高校3年と4年の時に10ヶ月留学し、大学1年生の時には2週間滞在している。大学での日本語学習は2年生レベルから始めた。ハイジは、感想文の中で次のように書いている。

初めて日本語を読むことを習った時カタカナは外国から来た言葉に使われていると教われました。でももっと日本語を上手になって少しで日本の漫画や雑誌を読めるようになりました。それで気づいていることがありました。外来語より他の場合にはカタカナを使われています。でもどんな理由とかなぜ別々の違う場合にカタカナが使われているかどうか知りませんでした。ところで、このカタカナ・ミニ・プロジェクトをしいろいろなことが分かりました。

まず、漫画にたくさん別のカタカナの使われ方を見つけました。よく漫画のキャラクターの言った文の後に同じカタカナの文字が多くて書いてあります。例えばキャラクターが「決めたあアァ?!」と言いました。このテクニックの理由ははっきり言い方を読者に表せて強調するためと思います。キャラクターの声を聞こえないから漫画が聞こえるように書いてあります。そのとおりに音響効果もカタカナです。

ここで、ハイジはカタカナは音を表す、聞こえるように書くと指摘している。これは、他の何人かの学生も指摘したことであるが、では、ひらがなでは聞こえた通りに書いていないのだろうか。擬音語にカタカナを使うため、そのように感じたのだろうか。カタカナは音を表す様に書くということは、歴史的に考えると、江戸時代の歌舞伎の台本でも、「仰聞られた通りを立帰って言いやれサ」「皆様良ふ御出でたなア」「合点じゃわいなア」(Tsugami 2001, pp. 76–77) というように書かれていたのと非常に似ている。当時は能などと比べて俗なものとされていた歌舞伎と、現代の漫画が、どのようにつながっているか、また、話し言葉の書き方の（表面的なもののみかも知れないが）連続性は興味深い問題である。差異化の問題に戻ると、文章のうち一部をカタカナにすることによって、口調の違いを表現するのを可能にする（佐竹 2004, p. 32）のがカタカナなのであろう。

そして、違う場合にはカタカナは違う雰囲気ができています。リサーチ

した時男子のファッシン雑誌を見ました。よくひらがなと漢字よりカタカナのほうがありました。もちろんファッションについてたくさん外来語があるけどそれ以上にカタカナの使われ方はカッコイイ雰囲気をできているために雑誌にあると思います。一方女子のファッション雑誌には違う感じがしていると思います。女子の場合にはカタカナがかわいい雰囲気を作るために書いてあります。だからカタカナの雰囲気が場合に頼ります。

　ここでハイジは、違いの内容は何であってもよいという恣意性を指摘している。男性向けのファッション雑誌では「カッコイイ雰囲気」を出すため、女性向けの雑誌では「かわいい雰囲気」を作るためにカタカナが使われているというのである。要は漢字やひらがなで書くのと違った雰囲気がかもし出されればいいのであり、状況によってそのかもし出す雰囲気が変わってくるということだ。

　日本語のアルファベットの中でカタカナだけじゃなくて雰囲気があります。漢字とひらがなの雰囲気も異なります。たいていひらがなは子供らしい感じがしています。そして漢字は大人になると習う文字だからまじめな感じがしています。したがって、あんまり子供の話やめじめのことはカタカナに書いてないと思います。

ここで、差異化されているのは「まじめな感じ」を与える漢字、あるいは「子供らしい感じ」を与えるひらがなと、それとは違う（「カッコイイ」あるいは「かわいい」）感じを与えるカタカナによって書かれた単語だ。

　最後に雑誌の広告にも外来語じゃないカタカナがあります。日本語でもカタカナに書いている理由はなんでしょうか。カタカナは他の文字から目立つから広告に一番大事なことがカタカナにあると思います。だから読者が広告を見ると「ヤスイ」とか「タダ」という言葉を最初に目で見

つけます。

サンドラが書いているように、重要であることばとそうでない言葉の差異化の例もハイジはあげている。そして、以下のようにプロジェクトを振り返っている。

> どんな時にどんな字を使われることはいろいろの意味や雰囲気があるので面白いです。このプロジェクトをした前にいつカタカナを使う理由をあんまり考えませんでした。だから今からカタカナの言葉を読むと「なぜこれはカタカナに書いてある。。。」と知りたいと思います。

3.4 ジニー

ジニーは大学2年生で専攻は未定である。韓国出身で、第一言語は韓国語である。日本語の他に英語も話す。ニュージーランドの高校で日本語を3年間勉強し、大学では2年生のレベルからスタートした。ジニーの感想文は次のように書かれている。

> 今までの日本語のクラスではカタカナは外国語の言葉を書くことだけにしか使わなかった。でも外国語の言葉を書くことの使い方以上にカタカナが使われているのを見たことがある。漫画や雑誌や新聞や本や看板やアドで見える。時々漢字の単語がカタカナで書いてあるしひらがなの単語がカタカナで書いてあるし、カタカナを使わなくてもいい場合だ。

ここでジニーも、ある種類の単語（「外来語」など）が常にカタカナで書かれるという教科書の説明と異なって、状況によって漢字や、ひらがな、カタカナで書かれることがあることを指摘している。

> カタカナは外来語を書く時に使う。英語だけではなくヨロッパの色々な外国語とアジアの色々な外国語で使って例はアメリカとアルバイトとキ

ムチとラーメンだ。日本語英語もカタカナで書く。日本語英語は日本人が作った外国語の単語だ。例はドイツ語からきたアルバイトを日本の若い人々がバイトということだ。日本語英語は時々外国人には分かりにくいだけど日本人にはもっとかっこいい感じがある。感嘆詞を表現するとカタカナでかく葉言い方をきょうちょうして効果的だ。

　ここで注意したいのは、ジニーが「外来語」と「外国語」を同じものとして扱っていることである。そして、その両方に、英語やそれ以外のヨーロッパやアジアの言葉を含め、皆、カタカナで書けるとしていることだ。「餃子」が漢字で書かれたりカタカナで書かれたりすること、「杏仁豆腐」や「明太子」は漢字で書かれることが多いなど、例外が多い中国や韓国の単語については触れていない。この点については後でもう一度考察する。

　日本語英語については、「外国人には分かりにくいだけど日本人にはもっとかっこいい感じがある」と、ブラジ＝カチル（Kachru 1997）同様、その日本語の中での効果に注目している。そして、そのような「かっこいい」言い方とそうでない言い方の差異化や、強調される言葉とそうでないものとの差異化などをあげている。

ある単語をカタカナで書くと他のひらがなと漢字と違ってもっと読みやすくてめにつくらしい。動物を書くとカタカナで書くのが普通だ。理由は動物は子供たちの本から出ることが多くて子供たちにはカタカナが感じ漢字よりやすくて簡単でカタカナで書いている。例はザルヒツジだ。看板を作る時に店の名前をカタカナでかくことがある。これは感じ［漢字］が読みにくい人々のためだ。事業には広報はほとんど一番大切なことだ。広報をよくしたいとみんなに会社の名前を知らせること野一つの方法はあの名前をカタカナで書くのだ。漫画では効果音とオノマトピアがカタカナで書いていることが多くて例はあぁッとこそこそだ。

　ここでは、読みやすさのためにカタカナを使うとジニーはしているが、こ

れは逆に読者が漢字を読める人かどうか、つまり教育があるかどうかの差異化をカタカナの使用によってしているとも言えるだろう。

4 カタカナ・プロジェクトの感想文から出てくる疑問点の考察

　日本語の教科書にのっているカタカナについての説明を、カタカナ・プロジェクトをした学生たちの集めたカタカナの使用例をもとに考えてみると、2つの疑問がわく。まず、数多くあるカタカナの使用例がある中で、日本語の教科書がカタカナは「外国語からの借用語に使う」[7]ということを強調するのはなぜでありどういう結果を招くかという疑問である。そして、「外国語」と「外来語」という概念が日本語教科書の中で曖昧になっていることは、どういう結果を招くことになるのだろうかという疑問である。次に、この2つの点について考える。

4.1 強調される差異とそうでない差異

　学生たちの探して来た例から、カタカナの使い方は恣意的であり、書かれているものを様々に差異化していることがわかる。日本のものとそうでないもの(サンドラ)、静かな音やうるさい／ひどい音(サンドラ、アリソン)、科学的なものやそうでないもの(サンドラ)、日本人の発音とそうでない発音(アリソン)、はっきりした音とそうでない音(ハイジ)、かっこいいあるいはかわいい雰囲気と普通の雰囲気(ハイジ)、子供らしいあるいは真面目な雰囲気とそうでない雰囲気(ハイジ、ジニー)、重要なものとそうでないもの(ハイジ、ジニー)、教育のある人とそうでない人(ジニー)をカタカナは差異化している。つまり、学生たちは「カタカナは普通、外国語からの借用語や外国の名前に使う」という教科書の説明とは違うカタカナの使い方[8]に気づいたのだ。このような気づきに学生たちを持っていくことは、カタカナ・プロジェクトの意義の1つである。この節では、ではなぜある種の差異化の仕方(「日本語」と「外来語／外国語」)のみ教科書で取り上げられているのかと

いうことに注目してみたい。

　その前に、まず歴史的に見ると、カタカナが様々な差異を示すために使われるようになってからかなりの月日を経ているということがわかる。もともとカタカナは、8世紀に漢文で書かれた仏教の経典や書物を僧や学者が日本語に直して音読する時の補助として書物の空白の部分にメモ的に書き入れる訓点と呼ばれるものから始まった。現代でも漢文を読む時の脇に小さく書かれているのはカタカナであるが、それと同様に、当時も教師が漢文を読むのを聞いた生徒が自分で手元の漢文の脇に印を付け、後で自分1人でも読めるようにした自分用の覚え書きのようなものが訓点である。そのため、どのような字を訓点として使うかは人によって異なり、訓点の中には、現在のひらがなに似ているものもあった (Seeley 2000)。11世紀になると、漢文を読む時の補助としてのメモ用の他に、簡単な覚え書きや、公式文書の下書きなどを書く時にカタカナは使われるようになり、カタカナの標準化も進んだ。鎌倉時代になると辞書や説話、軍紀物にもカタカナが使われるようになり、室町時代には、武士や農民も、ひらがなの他にカタカナを使うようになったという (Tsugami 2001)。

　江戸時代になると、3つの表記の仕方は、ジャンルごとにその使われ方が異なっていたようだ。例えば、学問の書や歴史などを書く時に使われた漢字のみの文章、漢文や経文を日本語に翻訳したものや、学問の書物、メモ、下書きなどを書く時に学者や僧侶により使われた漢字とカタカナの混ざった文章、そして、女性や平民によって使われた漢字とひらがなの混ざった文章という様にである (馬淵 1996, Tsugami 2001)。

　明治時代になると、カタカナの方がひらがなよりも線がまっすぐで書きやすいという理由から、小学校ではじめに文字を習う時にはカタカナが教えられた。また、法律、科学、翻訳された本、公式の文書などは全て漢字とカタカナで書かれていた。人によって同じ音に違うカタカナやひらがなが当てられていることがままあったため、1900年に明治政府はひらがなやカタカナの統一をはかったが、学校の外では統一されないままであった (秋田 1977, Tsugami 2001)。

明治期には、西洋から多くの言葉が入り込んだが、そのような「外国語からの借用語」には即カタカナが使われた訳ではなかった。その当時の日本に存在しなかった言葉の書き方としては、以下のような6つの方法があった（Seeley 2000）。

1) 中国の古典や仏典を中国語に訳した既存の語でうまくあてはまるものを日本語に取り入れるという方法。例：「教養」「国会」「国語」
2) 中国で西洋の概念が中国語に翻訳されたものをそのまま借りてくるという方法。例：「数学」「電気」
3) 日本で既に使っている漢字の意味をもとに新しい単語を作り出すという方法。例：「美」の美しいという意味と「学」の学問という意味をあわせて、aestheticsを「美学」と直す。
（その結果、同じ言葉の日本語の訳としていくつかの単語が共存することになった。例：religionは、宗教、教門、教法、宗旨、神教などと訳される。）
4) 西洋の言葉の音をカタカナで書き、その後に日本語の訳を括弧に入れるという方法。例：「フリートレード（自由商売）」、「ミニストル（大臣）」
5) 西洋の言葉の音をそのまま漢字で書き直す方法。例：「倶楽部」、「欧羅巴」
6) 西洋の言葉の意味を取って漢字を当てたものに、アルファベットでふりがなをふるという方法。例：「真理」と漢字で書いて、そこにtruthとアルファベットでふりがなをふる。

　第4と第5の方法が後にカタカナを使うもとになっていると言える。つまり、「西洋」から入った言葉は様々な形で日本語に入り込み、その中の一部のみが「外来語」として印づけられ、後にカタカナで書かれるようになったのである。
　また、カタカナは外来語のみに使われた訳ではなかった。明治の近代化の流れの中で、漢字の難しさが問題となって、漢字廃止や、ローマ字のみ使用

第 2 章 「カタカナは外国語の借用語を書く時に使う」と教えることについての一考察 33

ということが叫ばれるようになり、難しい漢字はカタカナで書かれるようになった (Seeley 2000)。また、1945 年の当用漢字表が出されると、そこに入れられなかった漢字は新聞や出版物ではカタカナで書かれるようになったが、当用漢字表の統制が届かないような、人々が日常手書きするような場面では当用漢字でない漢字もそのまま使われた。やがて、1970 年代に当用漢字への統制が緩まり、1981 年の常用漢字表が出ると、今までカタカナで書かれていた言葉も漢字で書かれたり、漢字とひらがなの混ざった形で書かれたりした (Tsugami 2001)。つまり、漢字で書くべき部分をひらがなと区別するためにもカタカナが使われていたのである[9]。

このようなカタカナの歴史からもわかるように、カタカナは様々なものを差異化する道具として使われてきたと言える。異なる機能、書いている人の階級、ジャンル、ある種の西洋からの借用語、漢字で書けない文字、当用漢字に含まれていない文字と、差異化されるものは様々である。学生たちが観察し見つけて来たものは、まさにこのような恣意的なカタカナの差異化の機能 (正確に言えば、3 つの書記法があるということの機能) を示すものである。

このようにカタカナは書かれたものを様々に差異化するのだが、それを日本語教育で一般的に、「カタカナは外国語からの借用語に使う」という場合、それはどういう結果をもたらしているのだろうか。カタカナは日本語教育の初めの方で紹介され習うため、用途の説明の仕方が簡単になってしまうという事情もある。だが、簡単な説明をする時も、カタカナは差異化の道具であり、様々な状況で使えるものだという所から始めて、よく使う方法としてある種の外来語や擬音語などの表記があるという風に説明することも出来る。これから日本語を学んでいくうちに様々なカタカナの使い方に出会うだろうという様に説明することも可能である。だが、そういう説明の仕方は、もちろん教師がそのような説明を補う可能性はあるが、私が見た日本語教科書に関して言えば、あまり一般的なことではないようだ。

多くのカタカナの使用法がある中で、カタカナは「外国語の借用語」を書く時に使うとすることの予期せぬ結果について、ここで 2 つあげて考えてみたい。まず第 1 は、カタカナは恣意的に使用されるということを無視し、

学生がそのようにカタカナを使う可能性をなくしてしまうということである。アリソンやジニーが指摘する様に、中国語から来た言葉も最近はカタカナで書かれたり、漢字で書かれたりする。そしてサンドラが指摘する様に「外来語」でも漢字で書かれたりカタカナで書かれたりする。そして、4人の学生がそれぞれ分析しているように、書き手が様々な雰囲気をかもし出す目的でカタカナを使うことがある。それにもかかわらず、「カタカナは外国語からの借用語を表記するのに使う」と説明することは、そのような書き手の意図、そして書き手にそのような表現の自由が与えられているということを無視し、学生がこれから書いてくものの幅を狭めていくことにもなる。そのような説明の仕方を疑問視するカタカナ・プロジェクトは、本書の3章（深井・佐藤）にあるように、学生の書くものの幅を広げるという意義がある。

　第2に、このような説明の仕方は「日本対外国」という枠組みを強調してしまう。多くのものの中からある種のものだけが選ばれてカテゴリーが作られる状況を分析するのに有効なのが、レイ＝マクダーモットとエルベ＝バレン（McDermott & Varenne 1995）の理論的枠組みである。マクダーモットとバレンは、アメリカ合衆国の教育制度でマイノリティーが「成功」をおさめる率が白人に比べて低いという現実を、学校文化の基礎となっている白人中流階級の文化とマイノリティーの文化との違い（後者が劣っているという見方、あるいはただ単に異なるという見方）から説明しようとする枠組みに疑問を投げかけた。そして代わりに、マイノリティーと白人を「異文化」であると区別する、その違いに「気づかざるを得ない」状況自体に焦点を当てる。つまり、人々の間の多くの「違い」（例えば、仕事に関する意識の違い、政府に関する見方の違いなど）のうち、なぜある種の違いのみが意味を持ってくるのかという問いを出発点にするのである。例えば、耳の聞こえない人は、耳が聞こえないということが目立ってしまう状況（コミュニケーションが口頭でのみ行われるなど、耳が聞こえないと不自由である様々な状況）が存在することによって「身体障害者」とされていくのであり、全ての人が手話でコミュニケーションをするような社会であれば、耳が聞こえるか否かは

意味のある「違い」ではなくなり、「不自由」な状態を生み出すものではなくなるのである。こう考えると、何が評価されランク付けされるべき正統な知識であり、それがどの言語を使って評価されるべきなのかなどを多数派がコントロールする教育制度内で、マイノリティーの学生が「異質者」として構築されていくと捉えられる。そのような、ある種の「違い」を目立たせる状況自体に焦点を当て、差異化の過程を分析するというのがマクダーモットとバレンの理論的枠組みである。

　このような理論的枠組みからみると、カタカナ・プロジェクトに参加した学生たちが探して来た様にカタカナは様々な場面で様々なものを差異化しているにもかかわらず、日本語教育の教科書は「外国語からの借用語」のみを強調しているということは、その日本語教育の説明の仕方が日本とある種の外国の差異、区別を目立たせ強調する状況を作っているといえるだろう。カタカナ・プロジェクトをより広い社会批判につなげていくには、日本と外国の区別を強調する状況が日本語教育の他の視点(例えば、Kubota 2004, 熊谷 2008a)とどう関連しているか、学生は実際それを日本語学習の中でどう感じているか、それによってどういう結果が導かれているのか、どうしたらそのような視点を批判的に見ていけるか等々を学生と共に考えていく必要があると思う。

4.2 「外国語」と「外来語」の曖昧な扱われ方を巡って

　第2の疑問点は、日本語の教科書に現れるカタカナの使用法の説明の中での「外国語の借用語」という概念と「外来語」の概念のずれはどのような結果を招くのかということだ。サンドラは外来語の例としてたばこをあげているが、アリソンとハイジは「外国語」という言葉を使い、アリソンは「外国語」としてカタカナを使うものに中国語を含めている。ジニーは、クラスでは「外来語」を習ったとしているが、他では「外国語」という言葉を使い、その中にキムチやラーメンなど、韓国語や中国語からの借用語を含めている。また、日本語の教科書の、『Japanese for Everyone』では、カタカナを使う単語は「中国語以外の日本語でない言葉から借りた単語や名前」、そし

て『Communicating in Japanese』では「西洋の言語から借りて来た単語」という風にいわゆる「外来語」的な説明をしているが、『げんき』や『ようこそ』では「外国語」という言葉を使い、『なかま』は「日本語でない言語」としていて、教科書によって「外来語」と「外国語」の区別は曖昧である。この曖昧さについて、少し考察してみたい。

「外国語」というと日本語以外の言語を指すのが普通であり、学生たちもそのように使っていると思われるが、「外来語」は西洋からの言語にとどまる狭い意味で使われることが多い。陣内（2007）は外来語を「カタカナで書かれる西洋外来語のこと」(p.3)と定義し、和語、漢語、外来語という3つのカテゴリーで日本語の語彙を考察している。これは、「日本語」対「外国語」の二項対立と大きく異なる。アリソンやジニーが「外国語」からの言葉として考察している中国語からの借用語や韓国語からの借用語は、陣内の定義だと「外来語」ではなく「漢語」に入ってしまうのである。この章では、このずれが、日本語の教科書を作った人々による英語の翻訳のずれなのか、学生の側の解釈のずれなのか、あるいは教師の側のずれなのかという問題よりも、日本語教育の中でそういうずれが起きて曖昧になっているという風に大枠で見る方が重要だと考える。

「外国語」からの借用語についての理論はあまりないが、「外来語」についての研究は数多くある。だが社会言語学的研究では、外来語の表記法（カタカナで書くかひらがなで書くか）よりも、その単語自体に焦点を当てた研究が多い。例えば、「ニーズ」という言い方をするか「必要性」という言い方をするかということである。これは、単語をひらがなで書くかカタカナで書くかということよりも、和語／漢語を使うか、外来語を使うかという対比であり、外来語は常にカタカナで書くということが前提となっている。つまり、キムチ、明太子、たばこ、ラーメンを漢語とするか外来語とするかは問題とされていず、むしろ曖昧なままなのである。このため、外来語研究では、ある概念を伝える時にどの表記法を使うかで雰囲気が変わってくるということを前提にした雰囲気の操作ではなく、意味が分かるか否かということに焦点が当たっている（陣内 2007）。

政府の言語政策においても、和語、漢語、外来語という3つのカテゴリーで日本語の語彙は考えられていることが多い。言語政策では、外来語は最近まであまり重視されてこなかったが[10]、例えば、1997年に当時の小泉純一郎厚生大臣の指示で厚生省内に設けられた「用語適正化委員会」から出された「厚生省作成文書におけるカタカナ語利用の適正化について」という通達を見てみよう。この通達は、分かりにくい外来語を減らす使用基準を作ることが目的で厚生省の各部局や社会保険庁に出されたものだが、公文書、パンフレット、報告書など厚生省が作成する文書が国民一般に幅広く理解を得るために、(1)和語や漢語に言い換えるべきカタカナ語(「ケアプラン」を「介護サービス計画」にするなど)は言い換えること、(2)言い換えが難しい場合には日本語で説明してからカタカナを使う(「廃止と新設(スクラップアンドビルド)」など)こと、(3)定着しているのでそのまま使っていいカタカナ語(「サービス」、「リハビリ」など)はそのまま使うことを勧めている[11]。また、2002年7月より国立国語研究所に「外来語委員会」が設けられ、日本社会に氾濫する外来語を検討し、必要であれば適切な言い換え語を提案するという試みが始められている(陣内2007)。つまり、政府の言語政策はカタカナで書かれた外来語の意味が国民の多くに分かるかに焦点がおいてあり、分からない場合は和語あるいは漢語に置き換えるという言い方からも、和語と漢語(理解しやすいもの)が外来語(理解しにくいもの)の反対の極におかれているといえる。

ここで、日本語の教科書に一般に見られる説明の仕方、「カタカナは外国語からの借用語を表記するのに使う」の中の「外国語」という概念と「外来語」という概念のずれを考えてみよう。「カタカナは外国語の借用語に使う」という説明は、いわゆる漢語といわれる中国あるいは韓国から来た言葉でカタカナで書かれていない単語の存在を無視することになる。また、和語、漢語、外来語という日本語のものの分類の仕方を無視することになる。それは、東アジアから来た言葉と西洋から来た言葉を別のものとして区別し上下関係を作ってきた歴史を隠し、そこに潜む問題を無視することにもなる。本章では、カタカナ・プロジェクトのこれからの提案として、その点

を、日本と他の国との関係に関するより広い社会関係にも結びつけ、それを学生たちと批判的に考察していくことを勧めたい。次節ではそのことについてもう少し丁寧に考えてみる。

5 カタカナ・プロジェクトの意義と可能性

　学生の感想文から、熊谷のカタカナ・プロジェクトは教科書の説明にあわないカタカナの使われ方に学生たちの注意を促すという重要な効果があったと言える。たとえ今まで外国語からの借用語以外にカタカナが使われていることに気づいていても、それがどうしてなのかはこのプロジェクトをするまでは考察するまでにはいたらなかったとしている（ハイジ、ジニー）ことからも、熊谷のプロジェクトの意義が窺える。自らカタカナの使用法を見つけ出して、どうしてカタカナがそこで使われているかを考えることによって、カタカナは「外国語からの借用語」を書く時に使うという単語と表記法の固定的な関係を示す教科書の説明とは逆に、そこには筆者の意図が含まれていて、筆者そして場面によって同じ単語がカタカナで書かれたり、漢字やひらがなで書かれることがあるという意識的な差異化の過程が明らかになる。そういう意味で、熊谷のカタカナ・プロジェクトは、カタカナの差異化の道具としての役割を明らかにする手助けをしている。

　だが、カタカナ・プロジェクトに参加した学生たちは、そこから一歩進んで「ではなぜ、教科書ではカタカナの使い方として外国語の借用語が強調されているのか」「それがどのような結果を招くか」ということについての考察には及んでいない。そのような考察を授業ですることを、この章は勧めたい。そのような考察は、教科書の説明の仕方のもとにある視点を批判的に考えて、より広い社会批判をしていくことにもつながる。つまり、教科書に代表される日本語教育でのカタカナの説明とは違った方法でカタカナが使えるということ、また、「外国語からの借用語」と「（西洋からの）外来語」という概念のずれについて考えることは、日本と非日本の差異化の過程について考えることでもある。例えば、日本人でない人の発話をカタカナで表記する

という気づきは、そういう人の日本での扱われ方に目を向け、日本で生活する外国人や移民への扱い方を批判的に考察していくきっかけとなるだろう。マルチカルチュラリズムが謳われ（大久保 2008, 髙藤 2008）、移民の日本への同化を強調する一方でそのような移民を「日本人になりきれない人」として差異化することは、ホミ＝ババ（bhabha 1994）の指摘するような植民地主義的な抑圧の構図と重なる。また、「外来語」と「外国語」の関係を曖昧にすることは西洋でない外国の存在を無視することにつながるということを学生たちと話し合うよい機会である。あるいは、和語、漢語、外来語という区別のもととなった、西洋に「追いつけ追い越せ」という風潮の中で日本以外のアジアを植民地化の対象として捉えた明治、その後の帝国主義時代の諸外国との関係、そして今につながるその根強い世界観を批判的に考察していくきっかけになるだろう。

　熊谷のプロジェクトは、教科書によく見られる「カタカナは外国語からの借用語」という説明の仕方を離れ、読者としての受け止め方を考えることから、カタカナを使用した筆者の意図、筆者が想像する読者の感性、そして他の読者の受け止め方を学生が考えていく機会を与えた。本章では特に、教科書の記述ではいかに日本のもの／日本以外のものという差異化が強調されているか、そしていかにその差異化がなされているかに注目して、カタカナ・プロジェクトを日本語教育で前提となっている視点と結びつけて考えることを提案した。それは、「日本文化」という枠組みからいったん出て、「日本文化」と「外来／外国の文化」という「文化」差の構築の過程を理解することである。そのような理解の仕方は、その「文化差」が差別や不平等な人々の扱いにつながっていく場合はその過程を疑問視することにつながる。その意味で、熊谷のカタカナ・プロジェクトは、「日本」という概念の再構築への挑戦の一歩と言える。このようにプロジェクトの目的を、言語教育そのものを俯瞰する視点を持ち、ひいては日本における移民の位置や日本の他国との関係を深く考えていける学生を育てることとするためには、本章で見たように学生と共にもう一歩分析を進めていくことが重要になってくるだろう。

注

1. 以下に教科書の原文を示す。以下、注5まで同じ。
   "*Katakana* is normally used for writing loanwords and foreign names."
2. "Katakana is generally reserved for words and names borrowed from other languages, excepting Chinese."
3. "The use of katakana is limited to writing loan words from the West and to serving as "italics" in Japanese."
4. "Generally speaking, the use of katakana is restricted to loanwords, onomatopoeic (sound effect) words, and words the writer wishes to emphasize. Plant and animal names are also often written in katakana."
5. "Katakana is used mainly for words from other languages, such as keeki (cakes), and words for sounds, such as wanwan (the Japanese word for bow-wow)."
6. 学生の感想文は「文法的誤り」などを修正せずそのままの形で引用してある。また、プライバシーを守るため名前は全て仮名を使う。
7. 「外国語からの借用語」という概念自体は、実は言語学的に問題がある。言語とはもともと流動的で、言語学的には境界線のはっきりした個体としては扱えられないものだからである。いわゆる「日本語」とされるものにも多様な方言や階級による違い（山の手言葉、べらんめえ調など）、書き言葉と話し言葉の違いが存在すること、そして「言葉の借用」というのは歴史上常に起こるものだということを考えると、「日本語」という枠組みは日本国という共同体を想像してから作り上げられる概念であり、国家が義務教育を通して共通語／標準語を強制して教えなければあり得ないものなのである。つまり、個体として言語を捉えることは国民国家のイデオロギーの視点からものを見ているのである（酒井1996、佐藤・ドーア2008、Calvet 1998、Doerr 2009c）。
8. 「カタカナ」という単語自体、外来語ではないのだがカタカナで書かれていることが多い（グーグルで「カタカナ語」という単語を検索すると、カタカナ表記の場合は5,990,000件、漢字表記の場合は239,000件、検索結果が表示される）。日本語の教科書でも「片仮名」ではなく「カタカナ」と表記されている。本書では通例にあわせて「カタカナ」と表記する。
9. 一方、明治時代には公式の文書は漢字とカタカナで書かれていたが、明治後期になると、徐々に漢字とひらがなの文書が増え、第二次世界大戦後には、漢字とカタカナによって書かれた文書はほとんど漢字とひらがなによって書かれるようになった。
10. 戦前、戦後の国語審議会が、漢字政策、かな政策、ローマ字政策に関する建議を続々と発表する中で、外来語については1954年に、そして37年後の1991年にその表記法に触れられたのみであった。つまり、1954年「外来語の表記について」が出され、その後は1991年にやっと「外来語の表記」を答申し、内閣告示、内閣訓令として通達し、「官報」が告示されたということである。この「外来語の表記」は表記のよりどころを示したもので強制力は弱く、専門分野や個人、固有名詞には及ばず、また過去に行われた表記も許容するという緩やかなものである。新しい特徴は、新たな表記

(ファ、フェ、ディなど)が「言文一致」をめざして認知されたことである。最近は、コミュニケーションを円滑に行うという目的で政府が外来語を取り上げている。本文で述べるように、1997年の「厚生省作成文書におけるカタカナ語利用の適正化について」という通達は、公文書、パンフレット、報告書など厚生省が作成する文書では、国民一般に幅広く理解を得るため出来るだけ分かりやすい用語を使用することを指示している。そして文化庁の国語審議会(第22期)の出した2000年の「国際社会に対応する日本語の在り方」と題した答申では、外来語の問題点として、(1)日本語によるコミュニケーションを阻害し、社会的な情報の共有を妨げるおそれがある。(2)世代間コミュニケーションの障害となる。(3)日本語の表現をあいまいにする。(4)外国人の日本語理解の障害となる。(5)日本人の外国語習得の障害となる、を挙げている(陣内2007)。

11 また、文化庁の国語審議会(第22期)が2000年に出した「国際社会に対応する日本語の在り方」という答申では、(あ)定着している外来語(スポーツ、ストレスなど)についてはそのまま使用、(い)定着が十分でなく日本語に言い換えた方が分かりやすいもの(イノベーションを革新とするなど)は言い換え、(う)定着が十分でないが分かりやすい言い換え語が無いもの(アイデンティティ、バリアフリーなど)は必要に応じて注釈をつけるなど分かりやすくなるよう工夫するとしている(陣内2007)。

第3章　ペダゴジーのポリティクスと学習者の能動性、創造性：
カタカナ・プロジェクト分析

深井美由紀・佐藤慎司

1　はじめに

　様々な理論において、学校における学習者は知識を受け取るだけの受身的な存在であり、教師は知識を伝え、その伝えた知識が学習者に定着しているか測定する者であると長い間考えられてきた (Sfard 1998, Wells 1999)。しかし、最近の人文科学の理論では、学習者は、知識を受け取るだけの受身的な存在であるだけではなく、同時に、能動的な、創造性のある存在であるとも考えられている。そこでは、外国語(日本語)学習者は学んでいる言語を使って、積極的に周囲の環境や他者と交流しながら自らを、そして周囲を変えていく存在として捉えられている (石黒 2004, Lave & Wenger 1991)。

　本章では、まず、学校、教師、学習者に関する理論をペダゴジーと学習の理論に絞って概観した後、従来の理論の問題点として「教師から伝達された知識の受け皿としての学習者」という見方を指摘する。その上で、従来の理論に対峙する考え方として、社会との能動的、創造的関わりを重視した社会文化的アプローチの学習観が外国語教育にどのような影響を与えているか、最近の傾向をまとめる。そして、前章で紹介したカタカナ・プロジェクトが、いかに学習者の能動性、創造性を引き出すことを可能にしたかを、学習者がカタカナ・プロジェクトの感想を書いて提出した作文、同じ学習者が次の学期に書いた創作作文、さらにインタビューなどをもとに明らかにする。

2 ペダゴジーのポリティクス

　学校(教師)と学習者の関係は長い間様々な教育学者によって議論されてきた。本節では、2つのペダゴジーに関する理論、1)機能主義者のアプローチ、2)再生産理論に絞り、それらの理論の中で学校／ペダゴジーがどのように捉えられているか、また、その問題点は何かをまとめる。

2.1　機能主義理論と再生産理論：
　　　ニュートラルな社会体系の再生産と権力構造の再生産

　機能主義者(Parsons 1937, Merton 1949)の理論では、社会というものは、位置(position)や地位(status)の体系であり、その位置、地位は社会を維持するために、重要なものから順に序列化されていると考えられている。そして、社会、文化を個人へ伝えることによって社会体系が再生産されていると考えている。

　この理論では、効率のよい社会には人々を適当な職業に選びだし位置づける仕組みがあり、そのために学校は大切な役割を担っているとしている。機能主義者らは、学校は学生の人生に積極的に力になるものとして見なしている。なぜなら、学校は子供たちが卒業した後、仕事を得るために必要な技術を教えていると考えているからである。学校は行った人皆に、つまり、個人の達成目的を禁じたり制約したりしないで均等な教育の機会を与えており、一番能力のある、一番努力した人々が自然に一番になるようになっている。したがってこの理論では、学校は社会国家の要請を受け必要な知識、技術を伝達する非常に透明なもの、つまり非政治的なものと考え、学習者を能力によって社会的位置に振り分ける非常に大切なところと捉えられているのである。

　このような機能主義者の見方は、様々な研究者によって批判を浴びている(Bowles and Gintis 1976, Bourdieu & Passeron 1977, Apple 1979, Giroux 1983)。例えば、ブルデューは、学校がただ社会の秩序をそのまま、つまり政治とは無関係に伝達しているとは考えない。むしろ、学校こそが何が正し

くて、何が正しくないのか、どのような見方が正しくて、どのような見方が正しくないのかといった秩序を生み出し、維持、規制していると考えている。このブルデューのような再生産理論者は全ての教育的行動はそれが文化的任意の力を押し付けているというところから、教育を「象徴的暴力 (symbolic violence)」という言葉を使って表現している[1]。

　しかし、社会の中での学校の役割についてこの 2 つの立場には多くの問題がある。なぜならこの 2 つの見方では学校を非政治的なものと見るか、政治的なものと見るかの違いはあっても、基本的には、学校は「社会」が学校に教えてほしいものを教える場所であり、教えられたものは習得の度合いに違いはあっても基本的にスムーズに学習されると考えているからである。この 2 つの立場において、教師の役割は知識を伝達すること、そして、伝達された知識が学習者によって習得されたかを測定することである。ここでは、学習者は受身的なものとして捉えられている。しかし、教師だけでは学校が存在しないことを考えると、学習者、学習、習得の問題とペダゴジーの問題を切り離して考えるわけにはいかない。したがって次節では学習／習得の理論の動向を見ていく。

3　習得のポリティクス

3.1　行動主義における習得概念

　従来、学習／習得とは、個人が知識や情報、技術などを獲得することと同義に捉えられてきた。そして、知識や技能の習得は反復練習によって行われ、刺激に自動的に反応できるまで、つまり外国語学習の場合は、ある発話に対して自動的に適切なことが言えるようになるまで繰り返し練習することで習得が起こると考えられた。この反復練習による習慣形成を学習の成果とした行動主義的な学習は、「考えないこと」が学習の達成だとしたわけである (Skinner 1953)。

　このような学習／習得理論には、学習されたことの社会的意味、価値、社会的実践と個人との関係性という側面が抜け落ちており、社会的存在として

の学習者個人、能動的な学習者個人としての学習者像が見えない。さらに、反復練習の積み重ねは「考えること」を排除し、個人が探求的・創造的に知識や技能を使用することを不可能とする。そして、学習者個人は、カリキュラムや教師という、いわば特権的な権力から与えられたものを享受するのみで新しい知識の構築には関わることはない。つまり、古いものを受け取ってそのまま使うという「現状の再生産」を担う役割を背負わされることになる（Bourdieu & Passeron 1977, Illich 1970）。

3.2　社会文化的アプローチの習得概念

　前節の習得・学習観への批判として、近年では、学習は個人が社会的実践に参加できるようになるために、個人を取り巻く周囲との関係性を変化させるものであるという考えが台頭している。その関係性の中で、学習者も彼／彼女らの周囲の環境も変化していく。そこでは、個人が知識や技能を習得するだけでなく、そこで学ばれる知識や技能もまた、従来の学習が前提としていた静的なものではなく、社会的に位置づけられたものと考えられる。つまり、この視点から見ると、知識、コミュニティーあるいは社会、学習者のアイデンティティはお互いに影響を与えながら変化しており（Lave 1996）、学習とは、学習者個人がコミュニティー、知識と関わりながら変化していくことなのである。

　個人とことばの関係については、ロシアの思想家・バフチンが言語を「話し手たちの社会的な言語的相互作用によって実現される絶え間なき生成過程である」と捉えており、「言語は、社会生活の所産であり、意味の領域のみならず文法形態の領域でも社会生活を反映するが、同時に、経済的生活や、社会・政治的生活の発達に大きな逆影響を与えもする」（Volosinov 1973, Bakhtin 1981）と考えている。ここで、バフチンは言語が常に変化していること、そして、それは言語、個人、社会生活が対話しながら、つまり、お互いに影響を与えながら常に変化しているということを強調している。したがってバフチンの言語／文化観を言語教育に取り入れる場合、学習者に学習の全ての面において周囲の環境や他者と対話し、影響を与え合える状況を提

供しなければならない。それは、つまり、知識を受け取るだけではなく積極的に評価したり、創造的に用いたりする機会を与え、常に対話が開かれた状態を作り上げる必要性を意味している。本章では社会文化的アプローチ、特にバフチンの視点からカタカナ・プロジェクトの意義を、学習者がいかに能動的に学習に関わり、創造的に言語を用いながら、積極的に学習するようになっていったかという視点から描き出したい。

4　カタカナ・プロジェクト：能動性と創造性の分析

4.1　カタカナ・プロジェクトにおける学習者の学び

　本章で扱う実践データは、厳密には1章で紹介したカタカナ・プロジェクトの延長線上にあるものである。1章では、アメリカ東部の私立女子大学の中級日本語コース（3年生／5学期目）の学習者が行ったカタカナ・プロジェクトを紹介した。カタカナ・プロジェクトでは、学習者は、「カタカナは外来語を書き表すのに使われる」という初級で学ぶ表記の規範について、様々なリソースから具体例を集めて文字使いが読み手に与えうる効果について考察した。2章ではそのプロジェクトのまとめとして学習者が書いた感想文をデータとして分析したが、本章では、学習者がカタカナ・プロジェクトで学んだことが、その後のどのようにカタカナ使用に影響したのかを、5学期目に続き6学期目の中級日本語コースを履修した学習者の創作作文をデータとして分析・考察する。

　まず、5学期目のカタカナ・プロジェクトにおいて、クラスでの話し合い、プロジェクト後の感想文で学習者が言及したカタカナ使いのカテゴリーとその理由・印象の解釈は、以下の通りである（1章 pp. 14–15 より）。

カタカナ使用のカテゴリー	カタカナ使用の理由・印象
・外来語(和製英語を含む) ・固有名詞(地名、人名、組織名、団体名、題名など) ・動物や植物などの名前 ・符号(プラス、マイナスなど)や単位の記号など ・擬音語、擬態語、擬声語(まんがなどの効果音) ・外国語(日本人のカタカナ英語を含む) ・外国人の日本語 ・若者言葉などに見られる短縮語 ・人称代名詞(ボク、アタシ、オレなど)	・強調のことば／ことばを目立たせる ・新しいことば ・「モダン」な印象 ・「かっこいい」感じ ・軽い(light-hearted)感じ ・距離(distance)をつくる ・皮肉な感じ(ある小説のなかで娘があまり好きでない父親を名前＋サンで呼んでいることについて) ・差別的な印象(日本人(の日本語)と違うということを強調している) ・漢字が読めない人でも読める

　このように実例を分析することで、学習者は実際には外来語以外にも様々なことばがカタカナで書かれ、「カタカナ＝外来語」という規範が常に適用されているわけではなく、文字の選択にも書き手の意図が暗示されているということに、気がついたと言えるだろう。

　例えば、ハイジは、カタカナ・プロジェクト参加後の感想文に、「初めはカタカナは外国から来た言葉に使われていると習ったが、自分で雑誌や漫画を読むようになってから、他のことばにもカタカナが使われていることを知った。(中略)その理由は深く考えなかったが、プロジェクト以後、カタカナを見るとその理由を考えるようになった」[2]と書いている。

　宮沢賢治の「雨ニモマケズ」を例として持ってきたケイトは、当時漢字仮名混じり文よりもカタカナを使うことで読みやすい詩を書いたという説を調べてきて、「宮沢賢治はあの時の社会のためにこの詩を書いたと分りました。また、シンプルなカタカナを使ったから、テーマはもっとシンプルそうです」と結論付け、「私はリソースをたくさん集めてたくさん習いました。カタカナが日本の文化にこんなに面白く大切だと分りませんでした。このアルファベットは、本当に色々なファンクションがあります。外国語の言葉を書くだけじゃなくて、まだ日本の文化をよく表します」と述べている。

　カタカナ・プロジェクトでは学習者自身が用例を集めてクラスに持ち寄

り、クラスメートと話し合いながら分析するという、学習者が主役の協働学習が行われた。そして、そこで学習者は日本語における表記の規範について批判的な目を持ち、規範の恣意性に気づくことができた。つまり、学習者が能動的にクリティカル・リテラシーの学習に関わっていたと言える。

　カタカナ・プロジェクトでは、従来のように学習者が教師によって与えられたルールをそのまま受け入れるという学習ではなく、学習者がカタカナ表記の使われ方を検証し、規範の恣意性に気づく過程があった。行動主義的な学習に見られる知識の一方的な享受と習得ではなく、学習者自身が探求的に「カタカナが実際にどう使われているのか」という点について知識を創造したと言えるわけである。上述したように、近年の学習理論では、学習者が習得した知識や技能を使って積極的に社会に関わっていくことを重視している。つまり、カタカナ・プロジェクトにおいて学習者が気づいた「規範の恣意性」や「カタカナ表記のルールを逸脱することで書き手の意図を伝える」という点を、学習者が応用して自ら使っていくことが、学習の次のステップになると考えられる。そこで、筆者らはカタカナ・プロジェクトに参加した学習者がその後書いたものの中で、学習者が創造的にカタカナを使用している例を調べた。分析対象としたのは、カタカナ・プロジェクトに参加した学習者が、プロジェクト終了後に書いたプロジェクトの感想文や他の読み物に関する作文、また次の学期に書いた創作作文、そしてクラス活動の1つとして学習者が行ったブログ[3]に掲載されたポスト（記事）である。次節ではその結果について考察する。

4.2　創造的なカタカナ使用(1)：インの場合

　カタカナ・プロジェクトに参加した学習者がその後書いたものを吟味した結果、インの創作作文（授業の教材として読んだ『窓ぎわのトットちゃん』の続きを書いたもの）の中に、創造的なカタカナ使用の例を見つけることができた。

　まず、インのカタカナ・プロジェクト参加後の感想文を見てみよう。インはカタカナ・プロジェクトの感想文で、以下のように書いている[4]。

1年の日本語のクラスで、カタカナを勉強していた時、私は先生にカタカナが日本語で外来語の書くシステムだと言われた。その後、カタカナは私に外来語と同じ存在になった。ところが、カタカナリサーチをした後、カタカナについて、もっと分かるようになったと思う。

　面白いことに、カタカナは外来語だけではなく、感嘆語や擬音語や強調することなどもできるそうだ。そして、楽しく、可愛く、かっこいい気持ちを表現したいころ、漢字とひらがなと比べて、カタカナを使うのほうがそんな気持ちが分かりやすいでしょう。この上、読めない人やまだ学校に行けない子供の他に、大人も子供も皆カタカナが読めるし、書き方も簡単し、カタカナはとても便利だと思う。それなので、カタカナはとても人気があることが分かった。外来語なのに、厳粛な新聞でも、楽しい漫画と雑誌でも、どこでもカタカナが見えることは少し驚いた。

　ところで、カタカナのことがもっと分かった後、日本語は本当に微妙な言葉だと思うことになった。日本語のシステムをもっと知りたいになった。外来語を自分の言葉で表現し、分かりやすいために、カタカナを作ったのか。では、もしそれが本来の目的だったら、いつからほかの目的で使い始まったのか。理由は何でしょうか。日本語を初めて勉強していたころ、日本語は中国語とそっくりなので、そんなに特別な言葉ではないと思った。だが、日本語を勉強し続いているおかげで、いつの間にか考え方がきっと変わった。確かに中国語から進化したが、今は中国と大きい違うがあると考える。それに、他の国の言葉を使い、自分の本当に独特な言葉が作れることは簡単じゃないではないか。その理由で、日本語に感心しているようになった。

　インの感想文には、「カタカナ＝外来語」というクラスで学習した図式がカタカナ・プロジェクトを通して崩れ、他の様々な理由（感嘆語、擬音語、強調、楽しく、可愛く、かっこいい気持ちを表現、読めない人やまだ学校に行けない子供の他に、大人も子供も皆カタカナが読めるし、書き方も簡単）でカタカナが使われていることを発見し、それが日本語という言語を見る目

に変化を与えたことを示している。さらに、「カタカナ＝外来語」という図式の起源やカタカナが外来語以外に使用されることの背景への興味も示しており、表記に対する強い関心がうかがえる。実際、のちに行った電子メールによるインタビューで、インはカタカナ・プロジェクトが文字使いへの意識を高め、「(カタカナ・プロジェクトの後)ひらがなで書けることがカタカナで書かれているのを読むと、すぐにどうしてそうなのか、そしてそれが今自分が読んでいる登場人物や設定をどのように反映しているのかと考えるようになった」(5月1日、深井訳)と述べている。

　インはカタカナ・プロジェクトの後も日本語コースを取り、6学期目の課題で、『窓ぎわのトットちゃん』の一部を読んでその続きを創作して書いた。亨くんという主人公が飼い犬のぽっぴと遊んでいると、ぽっぴが急に走り出して木の下に穴を堀り、そこで五銭玉を見つけるという話で、最後に亨くんはぽっぴが見つけた五銭玉でお菓子を買いに行く。この原稿用紙2枚弱の物語の中で、インはのべ11か所でカタカナを使用している。

　　外来語(キャラメル、板チョコ、サンタ・クロス、プレゼント×2、クロス)
　　擬音語(ドキドキ×2、ピカピカ)
　　擬態語(ウォンウォン)
　　その他(ヤーメーヨーーーー)

　外来語だけではなく擬音語や擬態語もカタカナで表記しているところを見ると、感想文で示された「カタカナ≠外来語」という認識がインの中にあることがわかる。さらに、この中で注目すべきは、「ヤーメーヨーーーー」という表記である。以下に、該当箇所を抜粋する。

　　　家が駅の近くに建っているので、亨くんは毎日駅のそばに遊んでいることになった。天気がいいの今日、いつものようにぽっぴを連れて、外に遊んでった。初めてぽっぴと一緒に駅のすぐそばに歩いた。駅に近づいてるところ、ぽっぴは急に亨くんの後ろから前に走っちゃった。

「ぽっぴ、どこ行くの？　戻って！　まって」って、亨くんが大きい声で叫んだ。でも、ぽっぴは疾走し続けて、戻ってあげなかった。ついに、ぽっぴは木のしげみの前に止めた。

「どうしたの？　ぽっぴ？　何をしてるの？　やめようよ、だめだよ。そんなこと。大人が見たら困ったよ。ヤーメーヨーーー。。。」困って亨くんはじっくり周りを見ながら小さい声でぽっぴを止めさせてやったけれど、土を掘ってたぽっぴをみる以外何もできなかった。

この場面では、ぽっぴが突然走り出し、亨くんがそれを静止しようとしている。亨くんがぽっぴを止めようとする台詞は、まずひらがなで「やめようよ、だめだよ」と表記されているが、その後同じ「やめようよ」という台詞の表記が「ヤーメーヨーーー。。。」と、カタカナになっており、長音の表記もカタカナで書く場合の規則に従い、長音符（ー）が使われている。ここでは、最初の呼びかけに応じないぽっぴにいらだつ亨くんの様子が描かれているが、その気持ちを表現するために、台詞をあえてカタカナで書いたのではないだろうか。カタカナ・プロジェクトの後、インが読み物の中の文字使いに注目するようになったことは前述したが、さらにこの文字使いへの高い意識は自分が日本語で書くときにも広がり、上に引用した創作作文の中でカタカナを多用した理由として、「プロジェクトの後すぐに日本語で書いたとき、異なる文字、特にカタカナをどうやってもっと上手く自分が書くものに取り入れていくかにもっと注意するようになった」(5月1日、深井訳)ことをあげている。特に「ヤーメーヨーーー。。。」とカタカナ表記を選んだのは、「(この作品では)音を使ったため、カタカナ・プロジェクトの直後で異なる文字を使うことの効果に最も敏感だったから」だとし、「ヤーメーヨーーー。。。」や他の効果音をカタカナで書くことで、「人々の注意を引くと同時に、物語をもっと生き生きとさせる」(5月1日、筆者訳)ことを意図していたと述べている。つまり、カタカナ・プロジェクトで学んだ「規範を逸脱することで、新たな効果を意図する」というカタカナの使用法を、インが自ら創造的に使って、書き手として自分が伝えたいことを読み手に伝えよ

うとしたと考えられる。

4.3　創造的なカタカナ使用(2)：キャシーの場合

　インと同様に、キャシーの創作作文にもカタカナの使用法への高い意識がうかがえる。上述の例と同じ課題で、キャシーは以下のようにカタカナを使用していた。

　　動物（ネズミ×14）
　　一人称（オレ×4）
　　擬態語（キラキラ（物、宝物、おもちゃ、五銭玉）×5、カンカン（怒りました）、ワクワク（言いました）、腹ペコ）

　カタカナ・プロジェクト終了後に書いた感想文で、キャシーは「今学期、他のカタカナの例を見つけました。私のお伽話について研究した時と「マチルダはちいさな大天才」を読んでいた時も、「キツネ」や、「イタチ」や、「ネズミ」や、「ウサギ」などの動物の名前はよくカタカナで書かれたことに気が付きました」と書いている。この気づきがキャシーの表記の選択に大きな影響を与えたようである。電子メールによるインタビューで、キャシーは次のように述べている。

　　自分が読んだものの中でカタカナがどう使われているかに、すごく影響を受けていると思う。それで、読み物の中で見たもの（文字使い）が自分が書いているものに合っていると思ったら、たいていそれを真似している。
　　　　　　　　　　　　　　　（4月27日メール、深井訳）

例えば、感想文に記された「動物の名前はよくカタカナで書かれた」という発見は、創作作文の「ネズミ」というカタカナ表記につながっていると考えられる。他にも、「腹ペコ」の「ペコ」や「ワクワク」などに、読み物における文字表記の影響があった。

(「腹ペコ」については、)カタカナ・プロジェクトで、日本語の擬態語について話しているウェブサイト(例えば http://japanese.about.com/library/weekly/aa082601a.htm)にいくつか行ってみたのだが、「peko peko」はいつもカタカナで書かれていたから、ただ単にインターネットで見た例を模倣した。「waku waku」は以前ひらがなで書かれているのを見たことがあるが、「peko peko」をカタカナで書いたから、「waku waku」も同じようにすることにした。作文を書く前、ひらがなで「kan kan」と書いてあるのを見たことはなかったが、日本語の擬態語の大多数はカタカナで書かれているに違いないと思って、あまり考えずにカタカナを選んだ(多分『窓ぎわのトットちゃん』に出てくる大量のカタカナ語彙に影響されたんだと思う)。　　　　　　　　(4月27日、深井訳)

　このようにキャシーは日本語話者が日本語話者向けに日本語で書いたテキストに影響を受け、そこで使われている表記法を真似している。ある意味で「規範」に則ったカタカナの使い方をしているわけだが、その一方で、一人称の「オレ」のカタカナ表記に関しては、カタカナ・プロジェクトで学んだことを応用した形跡が見られる。キャシーはカタカナ・プロジェクトで、カタカナは強調効果があるという観察をした。そして、キャシーの創作作文では、ネズミが発話する場面で4回「オレ」という表記が使われている。以下にその部分を引用する。

　　ネズミ達がそのところに逃げました。そこで、一匹がまた言いました。「ここに変な匂いがあるな。」別のネズミが答えました。「人間臭い匂いだ。この意思の周りからだ。誰かが先にここで掘りそうだ。」第一のネズミが「じゃ、いいものがるか見てみよう」と言って、ネズミ達が穴を掘り始めました。すぐにトットちゃんの五銭玉を見つけました。ネズミ達がワクワク言いました。「キラキラ物だ。きれいだよ。欲しいなあ。」ネズミ達がその宝物を二で割りたがっていたけれど、五銭玉だったから、一つが残りました。第一のネズミが「さあ、オレがこのキラキ

第3章　ペダゴジーのポリティクスと学習者の能動性、創造性　55

ラ宝物を見つけたから、それはオレのだ」と言いました。でも、第二のネズミがカンカン怒りました。「何だと！？オレが見つけたよ。だからそれはオレのだよ！」

　この場面は、「宝物」である五銭玉を見つけて、その所有権を言い争っているネズミ達を描いている。一人称の「オレ」は、「俺」「おれ」という2つの別の表記法も可能であり、創作作文のもとになった『窓ぎわのトットちゃん』では「おれ」という表記が使われていた。自分が読んだものに影響を受けるというキャシーなら、そのまま「おれ」とひらがなで書いたはずである。しかし、実際はカタカナを使った。この点について、キャシーはカタカナ・プロジェクトでの発見を利用したと述べている。まず、キャシーは「カタカナ・プロジェクトをするまで、強調するために英語で斜体字を使うように日本語ではカタカナを使うことを知らなかった」が、「新聞や雑誌、そして特に広告でのカタカナの使われ方を見て、カタカナがどうやって人々の注意を引いたり、何かをかっこよく、あるいは珍しく見せるために使われるのかということを学んだ。英語の斜体字と同じように、ことばを強調するために、いつ、どういうふうにカタカナが使われているのかにもっと注意を払うようになった。それは将来自分が何かを書くときに、そういう強調法を正しく使えるようになりたいからだ」(4月27日メール、深井訳)と述べている。
　キャシーはカタカナ・プロジェクトを通して、カタカナが英語の斜体字表記と同様の強調効果をもたらすために使用されていることを学んだ。そして、その学習成果を自分の創作作文に応用し、上に引用した「五銭玉は誰のものか」と議論する場面で、所有者としての立場を強調するネズミの発話に「オレ」というカタカナ表記を用いて「所有権は自分にあるのだ」と強く主張するネズミを描いたわけである。

　『窓ぎわのトットちゃん』では「ore」ということばはひらがな（おれ）で書かれていたけれども、カタカナ・プロジェクトの時に読んだ雑誌の記事の一部で、2人のどちらが何かを先にするかを話し合っているという

のがあって、そこでは「ore」がカタカナ(「オレがやる」)で書かれていた。作文のネズミ達は同じような状況にいた("I found, it, so it's mine!")、「ore」をカタカナで書くことにした。　　　（4月27日メール、深井訳）

　ここで注目すべきは、創作作文のもとになった『窓ぎわのトットちゃん』ではひらがな表記の「おれ」が使われていたという点だろう。ここでは通常の「読み物の中の文字使いを真似する」という技法を使うのではなく、カタカナ・プロジェクトを通しての気づきを利用し、自分が意図する効果を出そうという試みがなされている。インが「ヤーメーテーヨー」と書いたように、キャシーもカタカナ・プロジェクトで「カタカナは外来語を表記するだけではない」ということを学び、通常日本語教育で教えられる使われ方以外のカタカナ表記の1つを積極的に利用して、書き手として自分が伝えたいことを読み手に伝えようとしている。インのケースと同様に、キャシーのこの「オレ」という表記も、教師から与えられた知識や情報を教えられたように使うという「知識の享受と再生産」タイプの学習ではなく、学習者が能動的に学習(用例の採集と分析)に参加し、その結果得た知識を他者(読み手)へ向けた創作活動という文脈で使うことで、創造的な言語活動を行ったことを示している。

5　おわりに

　本章ではペダゴジー、学習理論の中で教師、学習者がどう捉えられてきたか、その変遷をまとめた後、前章で紹介されたカタカナ・プロジェクトの意義を、カタカナ・プロジェクトに参加した学習者を追跡調査することにより明らかにした。その際、社会文化的アプローチの鍵とも言える能動性、創造性という2つのポイントからデータ分析を行った。
　これらのデータ分析結果から言えることは、学習者は与えられた知識を受け取るだけの受身的存在であるだけではなく、学習した事柄を創造的に用いて自分の伝えたいことを表現しているということである。本章で見た学習者

たちのカタカナ・プロジェクト後の創作作文には、もとになった読み物ではひらがなだったことばをカタカナで書いたり、普段はひらがなで書くようなことばを敢えてカタカナで書いたりするなどの新しいカタカナ使用があった。ここには一般的に日本語教育で教えられる「カタカナ＝外来語」という規範はなく、逆に学習者の「カタカナ≠外来語」という気づきに基づいた創造的なカタカナ使いが見てとれる。

　また、生涯に渡り学習し続けていく学習者を育てるためには、学習者の能動性を育てることは大切なことである。データを見ると、カタカナ・プロジェクトでは、学習者が用例を集めて、教科書の説明にはないカタカナの使われ方を見出し、そしてその後、数名の学習者が創作作文で自分なりのカタカナ使いをしたことがわかる。このような点から、カタカナ・プロジェクトのような活動によって、学習者の能動性を育てることが可能であることが示唆される。

　現在の外国語教育に必要なのは知識を与え、それを確認することと学習者の能動性、創造性を伸ばすような活動をバランスよく取り入れることであろう。そのためには、外国語教育の活動を、目的や意味が明確ではないままに、その活動をすることだけが目的の活動、つまり「活動のための活動」ではなく、いかにして社会文化的実践として意味をなすような活動にするかという視点が、教室の実践に求められていると言える。本章では、カタカナ・プロジェクトは、学習者が自ら知識を構築し、それを創造的に使う機会を与えることが示唆された。つまり、書き手である学習者が読み手に向かって能動的・創造的な活動ができたわけであるが、その一方で、学習者が書き手としてカタカナ使いに込めた意図を、実際に読み手がどう捉えたかを知ることはできなかった。カタカナ・プロジェクトが社会文化的実践として意味をなす活動となるためには、学習者が自分の創造的言語活動について、相手がどう受け取るのかを知ることができる機会を設けることが必要だろう。そうすることで、カタカナ・プロジェクトは、学習者が将来、一人前の日本語話者として社会文化的実践に参加できる力の育成に貢献できるだろう。

注

1 このような問題点は2章(ドーア)でも指摘されている。
2 ここに要約したハイジの感想文の原文は、2章でデータとして記載されているので、そちらも参照されたい。
3 学期中に行われた「ブログ」とは、一人ひとりの学習者が自分のブログを持ち、教師が出すテーマや好きなことについて定期的にブログにポストし、お互いのブログを読んでコメントを交換し合うという活動である。
4 学習者が書いたものは、全て原文のまま引用した。

第4章　批判的考察力・ことばの創造的使用の育成をめざして：
今後のカタカナ・プロジェクトへの提案

熊谷由理・佐藤慎司

1　はじめに

　本章では、2章(ドーア)、3章(深井・佐藤)で指摘された問題点について、プロジェクト実践者(熊谷)による反省も交えてさらに掘り下げて考察するとともに、今後の実践へ向けての具体的な提案を行う。まず、カタカナ・プロジェクトの目的として1章であげられた項目を2章、3章での異なった理論的視点からの分析を踏まえて検証することで、果たしてそれらの目的が達成できたのか、今後何を考慮すべきなのか、また、教師が意図しなかったにもかかわらずどんなことが偶然に達成されたのかを考察する。そして、カタカナ・プロジェクトのような実践を行うにあたり、教室コミュニティー、さらには、より大きなコミュニティーをいかに有効に利用することが可能かつ必要なのかを議論する。最後に、学校教育の一環としてプロジェクトを考えるにあたり、避けて通ることのできない評価という観点からもこのプロジェクトの結果を整理し、今後に向けての示唆を行う。

2　カタカナ・プロジェクトの目的の検証：
ドーア、深井・佐藤の章に鑑みて

　1章で明記されているように、カタカナ・プロジェクトはクリティカル・リテラシーの理念にのっとり、以下4点が目的として提示されていた。

a) （教科書の）規範を疑ってみる。本当に「カタカナ＝外来語」なのかを検証する。
b) 同じことばでも違う文字を使うことで、違った意味やニュアンスをつくりだすことができることを理解し、「なぜその文字で書かれているのか」という疑問をもつ姿勢の大切さを培う。
c) 文字使いの選択という「些細な」ことで様々な意味の構築が意図的にされていることに気づく。
d) 上記cと関連して、書き手としては、どのような文字を使うかによって様々な意味の構築ができることを理解する。

以下、これらの目的が実際に達成されたのか検証していくが、その前に、ここで2章（ドーア）、3章（深井・佐藤）の今後のカタカナ・プロジェクトへの貢献をまとめておきたい。

　まず、2章（ドーア）では、差異化のポリティクスという理論的な視点からカタカナ・プロジェクトに参加した学生の書いたカタカナ使用の役割や効果についての感想文を分析した。ドーアは、日本語の文字がどのような歴史的背景、文脈の中で作られ使用されてきたのか、また、その使用法が時代とともにどのように変容してきているのかを明示しつつ、日本語教育における「カタカナ＝外来語」という固定的な「規範」を強調することによってもたらされる可能性のある様々な問題を巧みに浮かびあがらせた。3章（深井・佐藤）では、社会文化的アプローチの視点、その中でも特に、能動性、創造性という2つのポイントから、カタカナ・プロジェクト後に学生が書いた創作作文のうち2作品を事例として、いかに学生がプロジェクトを通して学んだことを能動的かつ創造的に自らの言語活動に取り入れることができたのかを明らかにした。このような分析結果も踏まえた上で、以下、カタカナ・プロジェクトの目的が達成できたのかを考察していく。

a) （教科書の）規範を疑ってみる。本当に「カタカナ＝外来語」なのかを検証する。

　授業中の話し合いの文字化と実践後に書かれた学習者の感想文を読んでみると、このプロジェクトを通して、学生は、カタカナは外来語だけでなく、目的によっていろいろなことばの表記に使われるということを認識したことがわかる。そして、どんな分野（ジャンル）からのテキストで、どんな文脈で使われているかによって、カタカナの使われる頻度やその与える印象が違うということにも気づいたようである。例えば、新聞の記事（特にまじめな内容）では漢字が多く使われるのに対し、ファッション雑誌や若者対象の広告ではカタカナが多く使われているということが話し合われ、分野によって異なったルールがあるようだという意見も述べられた。

　また、3章でも紹介した宮沢賢治の「雨ニモマケズ」の詩を探してきた学生（ケイト）は「これは古い詩だから全部漢字とカタカナでとても変だと思ってインターネットで調べたら、おもしろい説明を見つけた。宮沢賢治が生きている時、田舎で生活をしている日本人たちはカタカナをひらがなより好んだ。そして、漢字が少ない理由はもっと読みやすくわかりやすいからだ」と説明した（感想文より引用）。ケイトの引用のはじめの部分にある「古い詩だから全部漢字とカタカナで変だと思って」という部分が示しているのは、「カタカナは外来語を書くために使う」という理解に基づく、多くの学生の頭の中にある「カタカナ＝外来語＝新しいことば」、つまり「カタカナ＝新しい」という図式である。ドーアが2章で概観したようなカタカナの用法の歴史的な変容について、過去の日本語の授業で触れてこなかったことの影響が窺われる。

　意図的に実践教師が計画したわけではなかったが、ケイトが探してきた詩のおかげで、学生はカタカナ使いの歴史的な変化に触れ、時代や分野による規範の不安定さについて、間接的に考える機会を得ることができた。このように見てみると、この目的の2つ目（後半部分）は達成されたと言える。しかし、「カタカナ＝外来語」なのかの検証後、1つ目（前半部分）の「（教科書の）規範を疑ってみる」という部分まで深く議論する活動はなされなかっ

た。

　1つ目の目的を達成するためには、まず、日本語初級の教科書の中で使われているカタカナのことばの分析をプロジェクトの一部として行うことが必要である。例えば、本実践を行った大学では『げんき』という教科書を使っており、カタカナの使用法の説明は「外国語からの借用語や外国の名前に使う」とある（2章ドーア参照）。ところが、教科書の中には、外来語、外国人名、国名、和製英語（トレーナー、マンションなど）、擬音語・擬態語の他に、例えば、色の名前、動物の名前、「ドラえもん」や「アンキパン」（まんが『ドラえもん』に出てくる道具）、「ポチ」（ペットの犬の名前）、「カラオケ」、「サボる」、「パンクする」、「バンザイする」など、様々なカタカナことばが出てくる。このようなカタカナの使用例を教科書の説明と照らし合わせて分析し、学習者が探してきたことばのデータと比較するといった活動が考えられる。さらに、単なる比較をするだけでなく、ドーアが2章で指摘しているように、「カタカナ＝外来語」という説明をしている一方で、そのルールに当てはまらない様々なカタカナのことばが教科書に出てくるのはなぜなのか、様々なカタカナの使用法があるのにどうして「カタカナ＝外来語」というルールが教科書で強調されるのかについて考える機会を持つことも大切である。

　このように話し合い、考えることで、目的の中では括弧付きであった教科書だけでなく、テキスト一般の持つ政治性（誰が、誰に向けて、何のために、どんな立場から書いているのかなど）についてもより深い議論が可能になると考えられる。このような議論をする上で考えたいのは、なぜ「教科書は常に正しい知識を提示している」といったような自明のことを疑う必要があるのかということである。この部分に関しては、次節の「批判的考察：深く広く考察する」でさらに議論する。

b) 同じことばでも違う文字を使うことで、違った意味やニュアンスをつくりだすことができることを理解し、「なぜその文字で書かれているのか」という疑問をもつ姿勢の大切さを培う。
c) 文字使いの選択という「些細な」ことで様々な意味の構築が意図的にされていることに気づく。

　bとcに関しては、学習者の感想文に顕著に現れており、おおむね目的は達成されたと言える。クラスの話し合いの中でも、学生は、カタカナを含む文字の選択は書き手がそのことばの指す対象にどういうイメージや感情を持っているかに左右され、個人的かつ意図的に行っているということに気づいた。それと同時に、読み手がある表記から受ける印象も個人的なもので、その人の信条や人生観等によって異なるということが確認された。例えば、1章冒頭で紹介したホスト・マザーのエッセイの「日本語のアクセント」のカタカナ表記は、批判的に物事を考える学生は「差別的」で「とても嫌な感じがする」と意見を述べ、「英語が話せることはかっこいい」と思っている学生は、「外国人ぽくってかっこいい」と発言した。これらの解釈が教師個人の教育哲学・信条から好ましいものかどうかは別として、上記の目的、つまり、「違った意味やニュアンス」、「様々な意味の構築」ということへの理解は達成されたと言えるだろう。

　しかし、なぜ上記の目的を理解し、問題視する姿勢を育み、意味の構築が意図的にされていることに気づくことが大切なのかといったより大きな枠組みからこの問題を捉えた場合、学習者とのさらに深い話し合いが必要であったと考える。この点に関しても、次節、「批判的考察：深く広く考察する」でさらに議論する。

d) cと関連して、書き手としては、どのような文字を使うかによって様々な意味の構築ができることを理解する。

　カタカナ・プロジェクトを通して、学習者は「どのような文字を使うかによって様々な意味の構築ができることを理解する」というメタ知識レベルでの目標は達成されたと言える。そして、3章で深井・佐藤の分析が示してい

るように、プロジェクト後の創作作文において、その知識を実際に活かした学習者もいるようではある。しかし、それは教師が計画的にカタカナ・プロジェクトと統合させて行ったものではなく、どちらかといえば偶然に起こったプロジェクトの効果であると言える。もちろん教師は、このような効果を期待してプロジェクトを行ったわけだが、「文字使いを工夫していろいろな意味を表現してみよう」といった実際に書く作業を通して、この目的を実践するような場は意図的には提供しなかった。学習者自身が、自立的な言語使用者として能動的にことばを使っていくには、文字使いと意味構築の関係を「知識」として理解するのみでは不十分であり、カタカナ・プロジェクト以後の「書く」作業において、意識的に自由な文字使いを試みる機会を提供し、ことばの創造的使用を奨励する必要がある。

　この点に関しては、4節の「ことばの創造的使用の意義：ディスコースとの積極的な関わり」でさらに深く議論する。

3　批判的考察：深く広く考察する

　カタカナ・プロジェクトでは「（教科書の）規範を疑ってみる。本当に『カタカナ＝外来語』なのかを検証する」が目的にあげられており、カタカナが外来語なのかという事実確認の調査をしながら、カタカナ使用の個人差や文脈・ジャンルによる多様性、つまり、ドーア（2章）が呼ぶところの「差異化の道具としてのカタカナ」を検証することはできた。

　ドーアは2章で、「なぜ日本語教育で、カタカナは『外国語からの借用語に使う』という事を強調するのか」という疑問を出発点にカタカナ・プロジェクトの分析を行った。そして、多様な差異化の用途がある中で、カタカナは「外国語からの借用語に使う」という固定化した規範を強調して教えることは、1) カタカナが恣意的に使用できる事を無視し学生からそのようにカタカナを使う可能性を奪ってしまうとともに、2)「日本対外国」という枠組みを強調するという日本語教育におけるイデオロギー（例えば、「日本対非日本」、「日本人対非日本人」という2項対立的な世界のカテゴリー化）の表

れであると分析している。

　このようなイデオロギー分析をカタカナ・プロジェクトに組み込むためには、ドーアが行ったようにカタカナ使用の歴史的な発展、変化を概観することが必要である。しかし、本節冒頭の問い、「(教科書)の規範を疑ってみる。本当に『カタカナ＝外来語』なのかを検証する」という問いの設定からでは、日本語の文字発達の歴史的な成り立ちや使用法の変化などにまで目を向けることは、難しい。

　今回のプロジェクトでは、先に述べたようにたまたまある１人の学生が宮沢賢治の「雨ニモマケズ」の詩をデータとしてクラスに持ってきたため、間接的にカタカナ使いの歴史的変化について話し合う機会を持つことができた。しかし、これも、教師が意図的に計画した訳ではなく、偶然に起こった産物である。このような歴史的側面に目を向けさせるには、調査の際に、カタカナの使用法と時代との関係、つまり歴史的変化に注目することを教師が何らかの形で促すことが必要である。例えば、教師が日本語の文字の発達や使用法の歴史的な変換について背景情報を与えるなり、学生を彼らの興味によって、現状のカタカナの使用の調査をするグループとカタカナの使用の歴史的な変遷を調査するグループとにわけ、それぞれの調査結果をクラスに持ち寄り話し合うといった方法も可能であろう。

　また、なぜ規範を疑ってみることが必要なのかといった問いを考えていくためには、検証だけではなく、さらに深い議論が必要である。規範は学習者にとって学習項目を整理するのに必要であるし、便利でもある。しかし、ドーアの議論にもあるように、混乱を避けるためという理由で単純化された規範を教師が教科書などを使って教えることで、学習者をその規範で縛ってしまう可能性があることも問題視したい。表記も含めたあることばの使われ方が正しいのか、間違っているのかという判断は、多くの場合、規範だけでなく、誰がそう使っているのかによっても左右される (Bourdieu 1977)。母語話者の場合には「ことばの遊び」、「独創性」として歓迎されることでも、学習者の場合は「間違い」と決めつけられることもよくある。そのような規範の恣意性について強調することで、規範によってがんじがらめにされるの

ではなく、どのようにいろいろな文字を使って、創造的に自己表現していきたいのかを考えていく機会を学生に与えることが大切であろう。

　今回、カタカナ・プロジェクトは、いろいろなカタカナのことばを集めて来て、その印象や役割を話し合い、お互いの感想を述べ合うというところで終了した。しかし、もう一歩踏み込んで、カタカナの使用の背景にある様々な社会的、政治的な意味や価値観についても話し合うことで、文字使いといった些細な言語活動の行使する「ポリティクス」に学生が気づくことができるのではないか。そして、学生が望むのであれば、その「ポリティクス」に反抗（resist）できる力を伸ばす支援をすることも大切である（Wallace 2003）。例えば、「日本人」でない人の日本語をカタカナ表記することに関して、「日本語が下手だから仕方がない」と答えた学生は、「差別的」、「嫌な感じ」だとは思いつつ、ネイティブ・スピーカーである日本人によって（自分も含む）外国人の日本語が評価・判断されることは仕方がない（あるいは、「当たり前」である）という風に、既存の力関係を受け入れてしまっているのかもしれない。しかし、そのような「当たり前」は本当に「当たり前」なのかしっかり考えるべきであり、その「当たり前」が不平等をよしとするのであれば変えていくべきでもある。「当たり前」に対しての既存のビリーフを崩すためにも、カタカナを使う目的は何なのか、その文字使いはどのような影響を読者に、あるいは、社会に、もたらしているのかといった問いを、教師、学習者ともに考えていくことが必要である。そうすることによって、カタカナ・プロジェクトは単にカタカナの使われ方の傾向を調査することにとどまらず、その使用のもたらす影響やそれが意味しようとしていることなどについて掘り下げた議論へと発展させることができ、教師、学習者ともに、ことばによって行使される不平等な力関係の変革に関わっていくことも可能である。

　さらに、カタカナ・プロジェクトの発展的活動として、ビジュアルリテラシー（Kress 2003）の視点を取り入れたテキスト分析も可能だろう。カタカナという1種類の文字についての考察を深めるだけでなく、それ以外の日本語の文字使い、つまり、カタカナから発展してひらがな、漢字、ひいてはア

ルファベットなどを含む文字使い全体への考察に加えて、文字使いからその色使い、フォントの種類や大きさ、デザイン、レイアウトなどというふうに分析対象を広げていくことで、より複合的なテキスト作成(構築)への理解を促すことができるだろう。

このように分析対象を広げ、議論を深めていくことは、今回のカタカナ・プロジェクトだけでなく、教育全般においてなぜ自明のことを疑う必要があるのか、なぜ批判的に考察する必要があるのかという問いと関係してくる。この点に関しては次節で考える。

4　ことばの創造的使用の意義：
ディスコース(言説)との積極的な関わり

ものごとを批判的に見るという行為は、批判的に見る対象、つまり過去に築かれた「何か」がないと行うことができない活動である。従って、批判的に物事を見るという視点は、現在から過去に向いているとも言える。しかし、批判的思考を養うことの目的は、批判するという行為自体にあるのではなく、現在の自分の置かれた環境や立場を様々な視点から理解し、ある物事を1つの観点からでしか見ることのできない自分、「当たり前」の事柄を「当たり前」として受け止めてしまっている自分を解放するための1つの手段であるに過ぎない。大切なのは、その後、将来の変革へ向けて自己実現と社会改善のためにことばを創造的に用いていくことである。フレイレ(Freire & Macedo 1987)は、「読むこと」とは文字だけでなく社会を読むこと、「書くこと」とは文字を書くことだけでなく自分のことばを使って社会に働きかけることであると述べている(1章熊谷)。

このような視点に立つと、カタカナ・プロジェクトでは、2節、目的の検証の部分でも触れたが、学習者がこの活動後、プロジェクトから学んだ「規範の恣意性」や「カタカナ表記のルールを逸脱することで書き手の意図を伝える」という知識を積極的に応用する機会は与えられていない。これは、3章で深井・佐藤が、カタカナ・プロジェクトを考えるにあたり問題とした点

である。深井・佐藤は、このプロジェクトを社会文化的実践としてより深い意味を持つような活動にするためには、プロジェクトを通して学習者たちが学んだことを応用する機会が必要であるとし、そのような創造的な言語使用のケースがあるかどうかを見るためにプロジェクト後に学習者が書いたものを分析した。そして、それを学習者の創作作文の中に発見したことから、学習者は与えられた知識を受け取るだけの受身的存在ではなく、学習した事柄を能動的、創造的に用いて自分の伝えたいことを表現しているということを明らかにした。この発見は、実践担当教師にとっては非常に嬉しい結果であった。しかし、学習者がプロジェクトで学んだことを体系的に活動の中に取り込むには、そのような結果の自然発生を願うのではなく、最後の締めくくりとして意識的に自由な文字使いを試みることのできる創作作文のような課題を与え、その作品を皆で鑑賞し合う活動をすることで促進することができるだろう。

　また、このカタカナ・プロジェクトの活動が、「活動のための活動」になってしまわないためには、プロジェクトの結果報告をだれに向けて何のために行うのかという点はとても大切である。今回のカタカナ・プロジェクトでは、まとめとして、1）クラスメートを聞き手としたクラス内でのグループ報告発表と、2）日本語学習の後輩を読み手とした冊子を作るという2つの作業が行われた。冊子は、自分たちで作り上げた「知識・情報」が形として残り、それを後に続く日本語を学ぶ仲間と共有することで「学習者コミュニティー」へ貢献するという目的で協働作成された。その冊子は、今後同様のプロジェクトを実施する際に、新しい調査結果と比較することで、ことば使いの歴史的流動性、規範の恣意性を考える資料としての貴重な役割を果たすことができる。

　実際のカタカナに関するディスコース（言説）に関わるという視点からは、さらに読者層を広げ、日本語使用者一般に疑問を提示するという形で、学校のホームページやクラス、個人のブログなどを通して、発信することも大切である。ブログを用いた場合には、読者から感想を受け取り議論をすることも可能で、学習者の批判的思考はさらに進むかもしれない。また、読者を将

来の日本語学習者と設定する場合は、初級、中級などレベルに応じた教材としてのカタカナに関する記述を作成するといった活動も可能であろう。さらに、読み手や書く目的を意識するというのは、書くという活動全てに共通することであるので、深井・佐藤の章（3章）で分析されたような作文についても、創造的な使用をホームページやブログにのせ、具体的な読者、幅広い読者の目に触れるようにし、できるだけ多くの人に認められるきっかけを作ることが大切である。そうすることで、実際のカタカナに関するディスコース（言説）に少しずつでも影響を与えていくことも可能になる。

5　教室コミュニティーとアセスメント（評価）

　プロジェクト後に書かれた学生の感想文は、実践担当教師が驚くほど示唆に富み、深く考えられたものだった。しかし、残念ながら、それらの感想文は教師だけが読み、クラスメートには共有されることがなかった。お互いの感想文を読み、それについて話し合う機会を設けていれば、クラスメートと自分の共感・同意する点、そして、同意できない点を明らかにでき、同じ表現でも読み手よっていろいろな解釈ができるということも今一度、実感できたであろう。また、そのような話し合いを通して、自分の解釈が変容したり、新たな解釈が自分の中に生まれたりする可能性もある。このように考えると、カタカナ・プロジェクトを通して教室で学習を共にする仲間たちとの知識や考えを共有、議論しあうことで、教室コミュニティーをさらに有効に活用することができたように思われる。

　最後に、アセスメント（評価）の問題について考えたい。評価活動は、「間違い」の訂正などによって何が正しくて、何が誤りなのかということを示すというかたちでディスコース（言説）形成に大きく関わっているだけでなく、そのディスコース（言説）こそが評価の基ともなる規範を作っている。また、教育機関の中で多くの学習者はテストの点数や成績を意識していることも否めない。従って、評価の問題は教室活動を設計・実施するにあたり、避けて通ることのできない大切なポイントである（佐藤・熊谷 2010）。

熊谷の行った実践では、カタカナ・プロジェクトはあくまでも教室活動の一部、課題の一部として捉え、授業中、グループやクラスでの話し合いに積極的に参加したか、グループでの発表にメンバーとして貢献したか、課題としてカタカナの使用例を集めて来たか、感想文に自分の意見をきちんとまとめて書き提出したか、冊子の作成に貢献したか、という点を評価の対象とした。その方法は、通常の教師が学習者を評価するという形式で、宿題、授業参加というコースの成績の一部として扱った。

カタカナ・プロジェクトにどのような評価の方法が適切であるかは状況によって様々であり、学習者のニーズ、学校環境、授業の質を高めるなど目的によって使い分けることが大切である[1]ことは言うまでもない。いずれにせよ、プロジェクトの開始時にその主旨・意義をしっかりと学習者に説明し、学習者自身が興味を持って積極的にプロジェクトに参加する動機作りを行った上で、教師と学習者が相談して最適な評価方法を決定するのが望ましい。例えば、どのような基準でどのような学習の側面を評価したらいいのか、従来のように教師だけが評価を行うのか、あるいは学生同士がお互いに評価し合うのか、実践の結果を評価するのか、それとも過程をポートフォリオなどを利用して評価するのかなどが、重要な決定事項として考えられる。また、プロジェクト自体を改善するという視点からは、実践の設計・実行に関するアイデアや感想を学生に提案してもらうことも大切である。そのように、学習者自身をプロジェクトの設計から実践、そして評価にまで関与させることで、学習者自身の興味を反映することができ、自律的・積極的な学習態度を支援していくことにもなるのではないだろうか。「評価活動」というもの自体がディスコース（言説）形成に大きく関わっていることを考えると、様々な教室で行う活動に対しての評価方法をしっかりと吟味することが大切であろう。

6 おわりに

本章ではカタカナ・プロジェクトの目的を一つ一つ検証した後、深く広い

批判的考察、ことばの創造的使用の意義とディスコースとの関わり、そして、教室コミュニティーとアセスメントという観点から、今後のカタカナ・プロジェクトへの提案を行った。

　教師が何を考え、何を学習者に求めているかということは、教育実践に大きな影響を与える。同じ実践でも教師が何を目的にし、どんな役割を果たすか、つまり、教師が学習者とどう関わり、何をどう評価するかによって、実践の位置づけが全く変わってくるからである。カタカナ・プロジェクトは、そもそも「規範」に対する学習者の批判的視野を育成するためのきっかけとして行われたものである。しかし、学習者への目的や意義の提示の仕方によっては、教科書の説明と実際の使い方の比較といった単なる規範の移行、あるいは、拡張のための実践として終ってしまう可能性も十分ある。そのように規範を移行・拡張するのみの危険性は、「日本人」が使っていることばは教科書の規範からはずれていても正しいのだという考え方を支持することにある。そのような文脈では、学習者が意図的、創造的に使った文字使いは、（「日本人」が使っていない限り）「誤り」「経験不足」として片付けられてしまうかもしれない。そうならないためには、カタカナ・プロジェクトを実際の使用例の単なる収集作業に終らせるのではなく、ドーア（2章）や深井・佐藤（3章）が論じたような段取りや一歩踏み込んだ話し合い、実践の別側面というものも考えていかなければならない。

　外国語学習者がことばの規範を学習し、それを批判的・創造的に使っていけることを支援していくためには、教師自身が様々な教授法、評価法を批判的に見つめ直し、実際の状況に合わせて創造的に使っていくこと、そして、それを恐れないことが重要なのではないだろうか。

注
1　その1つの目安としてはヨーロッパ共通参照枠（Common European Framework of References for Languages）の評定の部分の記述が参考になるであろう。参照枠では次

の13項目を挙げている。達成度評価／熟達度評価、標準準拠／基準準拠、合格不合格型規準準拠／連続型規準準拠、継続評定／定点評定、形成的評定／総括的評定、直接評定／間接評定、運用評定／知識評定、主観的評定／客観的評定、チェックリスト評価／尺度評価、印象／指針に基づいた判断、全体的評定／分析的評定、シリーズ評定／分野別評定、他人による評定／自己評定

第2部　ブログ・プロジェクト

第 5 章　文化概念を取り込んだ活動：
ブログ・プロジェクト実践概要

佐藤慎司・深井美由紀・中澤一亮

1　はじめに

　本章で紹介し、第 2 部全体で検討する実践、ブログ・プロジェクトは、日本語の教室を、文法項目を導入し「本番」のために練習する場と捉えるだけでなく、「本番」でコミュニケーションする場、実際に「文化」に触れる場、社会・文化と積極的に関わるような場にできないかと考えた何人かの実践研究者によって始められたものである。本章ではブログ・プロジェクトが一番はじめに行われた 2006 年春学期の上級日本語クラス、そして、2008 年春学期の初級日本語クラスでの実践を取り上げその目的、活動概要の報告を行う。

　筆者らはブログ活動を数年続けて行っているが、そのプロジェクトの目的、手順などは毎回進化している。例えば、筆者の 1 人、佐藤が 2006 年の上級日本語クラスの実践で、様々な「文化」に触れること、また、興味のあるオンライン上のコミュニティーに積極的に参加(あるいは、コミュニティーを形成)することを目的としてブログを使用した。実際に使用してみると、本来目的として掲げたこととは別の利点が現れた。それは、学習者同士でもお互いのブログを読み合い、コメントし合うようになり、教室コミュニティーの連帯がさらに強くなるといったものであった。その後、そのような教室コミュニティーの連携の促進という利点もさらに意識し、2006 年秋学期からは初中級の学生でもブログ活動を開始した。

　筆者らがブログ活動を始めるきっかけとなったのは、学習者に「実際の文

化」に触れて欲しいという思いからであったが、そもそも「文化」とは何を指すのか、また、文化は外国語教育の文脈においてどう捉えられているのか、本章ではまずこの点について概観したい。その後、外国語教育における文化概念の捉え方の問題点をまとめ、その問題点を乗り越える可能性のあるブログ・プロジェクトの実践概要を報告する。

2　外国語教育における文化

　外国語教育において文化概念をどう捉えるかは時代とともに変化している。この項では文化概念が外国語教育で注目を浴びるようになったきっかけ、また、現在、外国語教育において文化がどのように捉えられているかを簡単にまとめ、その問題点を明らかにする。

　教育という概念は一般的に1960年代前半頃までは知識の習得と捉えられることが多く(Bruner 1960)、外国語のクラスでは正確な翻訳と読解、文法的知識の習得のみが問題にされることが多かった(Omaggio 2001)。そのような状況の中でことばの教育でも文化・社会に対する問題意識が生まれたのはコミュニケーション能力(communicative competence)という概念がきっかけであると考えられる。この概念は文法能力と運用能力とを明確に区別し、文法能力の習得のみを問題にしたチョムスキーに対してハイムズが提唱したもので(Hymes 1972)[1]、ハイムズは、人が言語を習得する際には文法的能力だけでなく、社会言語的能力、つまり、言語をその場に合わせて適切に使える能力を習得することが必要であることを指摘している。これがことばの研究における「文化」に対する意識の始まりであると考えられるが、後にこのハイムズの提案は外国語教育にも応用されることになった。次節ではこれ以後、外国語教育において発展した文化の異なる2つの文化概念を振り返る。それは本質主義的文化観と多様流動的文化観である。

2.1　本質主義的文化観
　本質主義的文化観の前提は、対象の集団に属する人々が基本的に同じであ

る(同質性)ということである。従って、このような見方では、文化は一般化された変化しない知識であると捉えられることが多い(杉本・マオア 1995)。このような文化観に基づく外国語教育は、文化に関する「正しい」知識を習得することが目的とされ、また、その習得状況は何らかの形で測定することができると考えられている(牧野 2003)。

　本質主義的文化観の問題は、文化は固定的で変化しないものと捉えられることが多く、文化の中の多様性もあまり意識されていないという点にある。また、この見方では、時間的に変化する文化の側面、文化がどのように生まれてきたのかという政治性、イデオロギー性に焦点が当てられることもほとんどなく、何が「正しい」文化で、何が「誤った」文化なのか(例えば、何が知識として教室で覚えられるべき文化で、何が教えられるべきではない文化なのか)、また、それを決めるのは誰なのかといったことに関してもほとんど言及されない。そして、そのような文化は国民国家と結びついていることが多く、国家、国民、文化、言語は一対一対応のように考えられる[2](杉本・マオア 1995)。また、対象となる集団は国家だけでなく、性別、階級、地域など様々な単位が考えられるが、外国語教育において文化は国家と結びつくことが多い(Risager 2006)。

　このような問題点を踏まえて、最近では文化を多様性があり時間とともに変化する流動的なものであると見る見方も増えてきている。次にそのような多様流動的文化観を振り返る。

2.2　多様流動的文化観

　外国語教育において、文化を多様性があり流動的なものとする見方は 90 年代頃から現れてきている(佐藤・ドーア 2008, 縫部・水島 2005, 細川 2002, Andersen & Risager 2006, Hinkel 1999, Kramsch 1993, 1998, 2006, Lange & Paige 2003, Risager 2006, 2007)。例えば、久保田(2008)はこれまでの固定的、規範的、単一的な文化の見方を批判し、教師が文化を教える際のアプローチとして 4D の概念を提唱している。4D とは記述的(descriptive)、多様性(diversity)、流動的(dynamic)、言説的(discursive)の頭文字を表している。

1. 文化を規範的にではなく記述的(descriptive)に理解する。
2. 文化内の多様性(diversity)に注目し、ディアスポラや雑種性などの概念を取り入れる。
3. 流動的(dynamic)な文化の性質を捉えることによって文化的慣習、産物、思考を歴史的文脈において解釈する。
4. 文化は言説的(discursive)に構築されていることを認識する。

以下、4Dのそれぞれの項目を簡単に説明する。

1. 文化を規範的にではなく記述的(descriptive)に理解する。

文化を、守らなければならない規範、規則と捉えるのではなく、人々が行っているものを記述したものと捉える。そのように捉えることで、そうであることとそうあらなければならないこととは必ずしも一致しないということを理解することができる。

2. 文化内の多様性(diversity)に注目し、ディアスポラや雑種性などの概念を取り入れる。

1つの集団においてメンバーがほかの集団に移動したり、いろいろなものが混じったり(雑種性)することによって起こる集団の多様性にも注目するようにする。

3. 流動的(dynamic)な文化の性質を捉えることによって文化的慣習、産物、思考を歴史的文脈において解釈する。

文化を動的で有機的なものと捉え、時間とともに変化していく概念を歴史の中に位置づけて考察するようにする。

4. 文化は言説的(discursive)に構築されていることを認識する。

文化はただどこかに存在するのではなく、言説、つまり、「自己や他者について特定の知識を作り上げる言語使用やその他のコミュニケーション様式

(書物、メディアなど)」(久保田 2008, p. 165)によって作り出されていることを理解する。特に「支配的な言説はその社会で中心となる政治経済的利害に沿って産出され、支配層の考えを受け入れるように大衆を説得」(久保田 2008, p. 165)していることを認識するようにする。

　このように文化を記述的に理解し、文化の多様性に注目し、また、文化を流動的なものと考え、ある特定の文化が構築されてきた過程とその権力構造に注目することは、今後、日本語教育に携わる人がどのようにそのような文化概念に関わっていったらよいのかという問いを考える上で非常に大切なことである。
　次節では上述した本質主義的文化観、多様流動的文化観が外国語教育においてどのように扱われているかを概観し、その問題点をまとめる。

2.3　各地域での最近の外国語教育の傾向

　上記の2つの文化概念は、各地での外国語教育においてどのように取り扱われているのだろうか。紙面の都合上、ここではアメリカ、ヨーロッパ、日本の3カ所に絞り、それぞれの国・地域の状況を概観する。
　まず、アメリカでは、1996年に外国語教育の全国共通目標が「ナショナルスタンダーズ」(National Standards Collaborative Project 1996)として設定され、1998年には「ナショナルスタンダーズ」をもとに各言語独自の言語別ナショナルスタンダーズが発表された。ナショナルスタンダーズでは、久保田(2008)も指摘しているように、文化的誤解とステレオタイプを避けることの重要性を唱ってはいても、文化はその所産、産物[3]、その背景の関係をもとに理解するように記載されており、基本的には本質主義的に扱われている。
　ヨーロッパでは、ヨーロッパ共同体の発足に伴い、それまで国ごとに異なっていた外国語教育を、1つのまとまりのある国・地域の中で統一しようという動きから、ヨーロッパ共通参照枠が生まれた。ヨーロッパの言語教育において非常に重要な役割を占めるヨーロッパ共通参照枠(以下CERF)

(Council of Europe 2001)では、一般的能力の1つとして社会文化的知識[4]が取り上げられているが、それは特に国民国家文化、学習言語に対する文化に関する知識に限定されているわけではない。そこでは、幅広い様々な文化・コミュニティーが想定されており、多様性を意識したものであると言える。しかし、そのような様々な文化・コミュニティーは学習者が学び、習得するもの、あるいは分析・批判の対象となるものと考えられているだけで、学習者が積極的に生み出していくものとは見なされていないようである[5]。

　日本においては、アメリカ、ヨーロッパのような指標は現時点では作成されていない[6]。しかし、1962年に留学生対象の日本語教育の一環の科目として日本事情という科目が設置され、文部省(現在の文部科学省)により「一般日本事情、日本の歴史、文化、政治、経済、日本の自然、日本の科学技術など」が教育内容として規定されている(文部省1962)。細川(2002)は、日本事情に関する研究で、日本文化がどう取り扱われているかを、1960年から2000年までを3つの時代に区分し、それぞれの特徴を次のようにまとめている。

　　1960〜80年　　日本文化実体視型(実体教授型)
　　1981〜90年　　日本文化実体視型(実体発見型)
　　1991〜99年　　日本文化流動視型

　60年代から80年頃までは日本事情において日本文化を知識と捉え、それを教授するような見方が主流であったが、80年代には学習者に日本文化を発見させるような形の報告が増えている。また、90年代になると、文化を知識と捉えるのではなく、流動的なものであるとする研究が現れ、1990年代後半以降に初めて文化は多様性があり、流動的なものと捉えられるようになったとまとめている。

　このように見てみると、外国語教育における文化概念の捉え方の問題として指摘できる傾向は、1)国民国家文化、あるいは、言語と密接に結びついていることが多い、2)学習者が積極的に文化を変えていく、作り出していく

ものとは考えられていない、という2つの大きな問題が浮かび上がってくる。次節でこの問題に対する答えを与えてくれる可能性のある見方、能動的文化観を提示し、その視点を外国語教育に取り込むことの重要性を唱える。

2.4　能動的文化観：参加としての文化

　文化概念にどう建設的に関わっていくかということを考えるとき注目したいのは、レイヴとウェンガー（Lave & Wenger 1991）の「実践共同体（community of practice）」という考え方である。この理論も、文化的知識をも含む知識の動的、流動的な側面に目を向けている。しかし、それはどちらかと言えば研究者が人間を超越し、知識、文化を捉えるというようなアプローチによるのではなく、むしろ、身近なコミュニティーに参加したい人々が何らかの行動を取った（パフォーマンスの）結果現れるものとして、知識や文化を捉えている（Lave & Wenger 1991, Wenger 1998）。

　そして、ここでいう文化は国民国家文化に限らず、様々な共同体（コミュニティー）を含みうる[7]。ある共同体はその境界が明確であり（クラスやクラブのようなもの）、あるものははっきりしない（オンライン上のコミュニティーなど）が、ここで問題になるのはその境界がどこにあるのかということではなく、そのメンバー、あるいは、メンバーになりたい人、メンバーとして認められたいと思っている人が他のメンバーに対してどのように自己を表現しており、どのようにお互いを評価し合っているかということである。そこでの振る舞いは個々人によって多様であり、また、それらをまとめようとしたもの、つまりこれまで「文化」と呼ばれてきたものは、散漫で、常に変化している動的なものであると捉えられる。

　このように文化概念を捉えた場合、そのような文化は教師が学習者に教授するようなものではない。大切なのはコミュニティーに属するメンバーとともに知識を探求していくそのプロセスにあると考えられる。

2.5 文化概念の問題点を乗り越えるような教室活動へ：コミュニティーへの参加／形成と自己相互評価

　前項で上げた視点は、少し抽象的過ぎて、どのように外国語教育活動に取り入れていくべきかに関してはイメージが湧きにくい。従って、ここでは、もう少し具体的にこれらの概念をどう外国語教育活動に取り込んでいったらいいのかをコミュニティーへの参加／形成と自己相互評価というポイントに焦点を当て考える。

　コミュニティーへの参加／形成では、教科書から学ぶような紋切り型ではない実際のコミュニケーションを日本語で体感してもらうという部分を強調している。また、実際のコミュニケーションで起こった具体的な問題を皆で話し合うことによって、コミュニケーションの持つ双方向性や相手、コミュニティーと自分の関係などについても考える機会を設けることができる。前述したように、これまでの外国語教育の文化に関する活動は、国民国家文化、あるいは、学習言語と密接に結びついていることが多く、学習者が積極的に文化・コミュニティーを変えていく、作り出していくものとは考えられていなかった。しかし、このようなコミュニティーへの参加／形成という視点を取り入れることにより、学習者は教師から与えられる知識だけではなく、参加によって「文化」に触れ、それを常に検証することができる。さらには、新しいコミュニティーを生み出したり、変えていったりするきっかけをつくったりするといったような創造的、積極的関わりも可能である。

　自己相互評価という視点は、現実のコミュニケーションでは個人は常に他者から、コミュニティーの成員から評価を受けているというポイントを重視している。例えば、書いたブログにコメントがつかないというのは、そのブログに対する評価（おもしろくない、宣伝不足など）と考えることもできる。つまり、人とコミュニケーションをする、ある社会、文化、コミュニティーに生きるということは常に他者から評価され、自分も他者を評価することを意味している。そして、このような視点を実際の活動に取り入れるためには、教師が学習者に対して評価を行うだけでなく、クラスメート、本人にも評価を行ってもらう必要がある。次節では、上述の能動的文化観（コミュニ

ティーの参加/形成と自己相互評価)の視点を取り入れたブログ活動の概要について報告する。

3　ブログとは

　近年、外国語教育におけるブログの活用に関する報告が増えている(Bloch 2007, Godwin-Jones 2003, 2006, McIntosh 2006, Pinkman 2005, Sun 2009, Ward 2004)が、活動の仕方や目的によって使われ方は様々である。「ブログ」とはウェブログ(weblog)を略したことばで、ウェブ(web)上に残される記録(log)という意味を持つ。ブログは定期的に更新される日記風のウェブサイトで、ポストと呼ばれる記事は投稿の日時によって整理され、最新のポストがページの先頭に表示される。ブログの内容は、映画や政治、本の批評など決まったテーマに沿ったものもあれば、個人が日々の生活について綴った日記のようなものまで多種多様である(Ducate & Lomicka 2005)。

　ブログの利点は主に3つあげられる。まず、ネット接続がある世界全ての人とつながっているため、ブログは不特定多数を相手に情報を発信することが可能なだけでなく、通常のインターネットのホームページとは異なり、読者はコメント機能を用いて、読者が感想や意見など投稿することができるという点、また、他者との交流が可能なインターネットのコミュニケーション手段としてオンラインチャットやインスタントメッセージがあるが、ブログは非同期(asynchronous)であるため、誰でも好きな時間に記事やコメントを書いたり読んだりできる(Godwin-Jones 2006, Huffaker 2005)という点である。

ブログの利点
1.　読者が不特定多数である。
　　ネット接続さえあれば世界に発信が可能である。
2.　読んだ人は誰でもコメントができる。
　　一方向だけでなく双方向でのコミュニケーションが可能になる。

3. 好きなときにブログの書き込み、コメントができる。
   時間の制約を受けない。

本章で述べるブログ・プロジェクトは、これらのブログの特性を活かした活動である。

4　ブログ・プロジェクト

ブログ・プロジェクトは、2006年の春学期からアメリカ東海岸のキューブ大学[8]、2006年秋学期から台湾の民明大学で日本語学習者を対象に行われている。キューブ大学では2006年春学期に上級クラス（日本語4年生、8学期目）と中級前半クラス（日本語2年生、4学期目）でブログ活動を行った。それ以降は初級（日本語1年生、1–2学期目）中級前半クラス（日本語2年生、3–4学期目）で定期的に行っている。一方、民明大学では、2006年秋学期以降、中級後半クラス（日本語3年生、5学期目）でブログ活動を行っている。本節では、データ分析の対象となったキューブ大学の2006年春学期4年生と2008年春学期1年生のクラスで実施されたブログ・プロジェクトについて、その概要を報告する。

4.1　上級レベルでのブログ・プロジェクト
4.1.1　上級レベルブログ・プロジェクト概要

2006年春学期の日本語4年生クラス[9]には11人が登録し、全員が授業活動の一環としてブログ・プロジェクトに参加した[10]。このクラスでは主教材として様々な小説、新聞や雑誌の記事、テレビ番組を用いて教室活動が進められていたが、このブログ活動はその活動と並行し、授業の一環として行われた。以下が学習者に提示されたブログ・プロジェクトの目的である。

1. 自分の言いたいこと書きたいことを発信し、読者に自分の言いたいことを伝える。

2. 自分の興味のあるブログ、サイトを探し、分析したり評価したりして、批判的に考える。
3. 読者をつかむという活動を通して、自分の興味のあるコミュニティーに参加、あるいは、コミュニティーを作る。
4. 授業の中での話し合いで技術、言語、文化面の問題を提案し、皆で解決策を考える。
5. 自分で、また、お互いにブログを評価する。

　これらの目的の下、学習者は毎週1回、ブログを書くように指示を受けた。学習者は授業外の活動としてブログを書いたり、また他者のブログを読んでコメントする作業を行った。授業内では、ブログ活動によって起こる様々な問題点とその解決方法について話し合う時間をとった。
　具体的には、まず、学習者は授業時間内にコンピュータラボへ行き、各自ブログを開いた。この時、学習者は担当教師によって作られたオンライン上のブログ開設マニュアルを参照しながら、2～3人のグループでお互いに問題解決をし、ブログの開設（ウェブリブログ http://webryblog.biglobe.ne.

ウェブリブログのメインページ

jp/[11])、自己紹介の記入、迷惑メール防止対策、クラスのブログや他の学習者のブログなどにリンクをはるといった作業を行った。

　その後、他のブログを読んだり、これまで自分が読んだブログを参考に、「いいブログ、悪いブログとは何か」という定義を考え、クラスで話し合った。これは学期末の自己相互評価の際に使う評価基準を設定するために行った[12]。

　個人ブログ開設後、学習者はそれぞれ上記のルール（週に1回ポストする）に従ってブログ活動を行った。また、自分が好きなブログやウェブサイトにリンクをはる、コメントが来たらブログの書き手それぞれが必要だと感じた場合、返事を書くように指導を受けた。ここでは、担当教師はスケジュール管理者、支援者としての役割を担い、最低限のルールを示したり、そして問題があれば授業中に皆で解決策を考える時間を設けたりして、学習者のブログ活動を支援した。さらに、ポストにある文法的誤りの訂正を希望する学習者に対しては、担当教師が3週間に1度ぐらいの割合で個人面接の時間を設定し、対話しながら問題箇所などについて話し合うという形式を取った。また、自分が書いた日本語をブログにポストする前に見てもらいたいという学習者には、事前に文法や語彙について教師と話し合う機会も設けた。

　プロジェクトの締めくくりとして、学習者は最終週にラボへ行き、自分とクラスメートのブログを評価した。学期中にみんなで話し合って決めた評価基準を使い、担当教師が用意した評価シートに5点満点の評価とコメントを書き込んだ。活動の手順をまとめると以下のようになる。

活動の手順
1. ブログについて説明を受け、個人のブログを開設する。
2. いいブログとは何か、みんなで考え、最終評価の基準を作成する。
3. 定期的にブログにポストをし、またコメントを書き、他のブログも読む。
4. 文化、言語、技術的な問題を教室に持ち込む、あるいはブログ上で相談し解決する。
5. 4で作成した基準に基づき、自分のブログとクラスメートのブログの最終評価を行う。

4.1.2　上級レベルでのブログ活動を終えて

　本活動はコミュニティーに参加することを 1 つの目標としていたが、担当講師は教室コミュニティーというものを当初それほど意識していなかった。しかし、プロジェクト中、ブログ上だけでなく授業前後にクラスメートが興味関心のあることを情報交換したり、様々な気持ちを共有したり、励まし合ったりすることによって、教室コミュニティーの結束力が高まっていると感じ[13]、このメリットを積極的に活動に取り入れることができないかと感じた。

　また、学習者同士、また、日本人、日本語話者の友人とのコメントのやり取りを見て、学習者は「学習者」としての立場だけではなく、ほかの様々な立場 (subject position) も持っていることを改めて考えさせられた (Sato 2009)。学習者は、教室外では日本語が「未熟で」日本語を直してもらう学習者という立場だけでなく、アニメが好きな仲間グループのメンバーであるとか、中国語母語話者であるといったような、ほかの様々な立場も持っている。このような教室内では全てを考慮することの困難な学習者の様々な立場を、ブログ活動によってどうしたら積極的に取り入れることができるかについても考えさせられた。このような上級プロジェクトを終えての反省も踏まえ、その後、初級レベルにおいてもブログ・プロジェクトを実施した。

4.2　初級レベルでのブログ・プロジェクト

　初級レベルにおいて、上級と同様のやり方でブログ・プロジェクトを実施することは、学習者の日本語レベルから見ても困難である。まず、初級日本語学習者の場合、語彙、文法、漢字などの様々な側面で「ネイティブ・スピーカー」の作ったものを見たり読んだりして理解することはかなり難しい。しかし、だからといって日本語を使ってコミュニケーションできないというわけではない。相手に優しいことばに言い換えてもらったり、言語以外の様々な要素を使ったり、また、学習者の母語を交えたりしてコミュニケーションすることは十分可能である。

　ここで考えたいのは学習言語でコミュニケーションを行う人は学習言語の

ネイティブ・スピーカーだけなのであろうかということだ。例えば、世界各国で日本語を勉強している学習者同士は日本語以外に共通語を持たない場合もあり、そのような人たちと日本語でコミュニケーションすることも可能性としては十分あり得る。

　また、学習言語と結びついた文化、例えば「日本文化」、を中心に取り扱うというこれまでの文化学習のあり方を見つめ直す必要もある。「日本文化」を学習することは確かに大切なことであるが、「日本文化」は学習者が所属したいと思うコミュニティーの1つに過ぎない[14]。学習者がコミュニティーの参加により積極的、能動的に関わっていくことができるように、筆者らは初級学習者の活動であっても、活動の中に学習者が興味のあるコミュニティーと関わる機会を与えることが望ましいと考える。

　この2つの問題を念頭に置き、初級レベルのブログ・プロジェクトでは、同じ学年内のセクション、学校、日本語レベル、国家などの枠組みを越え様々な人たちと実際に関わり、様々な問題にぶつかりそれを解決していく中で、コミュニケーションの相手をしっかり見つめ対話していくことを目標とした。

4.2.1　初級レベルブログ・プロジェクト概要

　2008年春の初級レベルでのブログ活動は、アメリカの3大学の日本語初級の学習者125名を対象に行われた[15]。2学期制のキューブ大学とバール大学は春学期、3学期制のノット大学は冬学期から春学期にかけてプロジェクトに参加した。このブログ・プロジェクトは「友達を作ろうプロジェクト」と名付けられ、ブログを通して他大学の学習者と交流をはかることが主目的であった。学習者は個人の日記のような自分の興味のある事柄を自由に書いたものだけでなく、キューブ大学では作文の宿題の最終稿もブログに載せた。実際に出された作文の課題は、秋学期は自己紹介、ホストファミリーへの手紙、20年後の私、春学期は友達に旅行先を紹介する、私の思い出であった。

　活動手順は基本的には上級のブログ活動と同じである。まず、学習者は学

期の始めに学習者はそれぞれ自分のブログを開設した。初級レベルでは日本語の指示を読んで、ブログを開設したり維持したりするのは困難なため、設定方法の説明やヘルプが多言語に対応している Google の無料サービスである Blogger (http://www.blogger.com/) を使った。

Blogger のメインページ

ブログ開設の際に講師が掲げた目標は次の通りである。

1. 日本語を勉強しながら幸せだったこと、びっくりしたこと、うれしかったことや大変だったこと、そして様々な疑問を表現／シェアする。
2. クラスメートやクラスの外の人とコミュニケーションする。
3. それまでにしてきたことを振り返る(評価していく)。

ブログ開設後は、定期的にポストを行うと同時に、クラスメート、同じ大学の他のセクション、他の大学の学習者のブログを読み、友達になりたいと思う人へコメントを残し、やり取りをしながら友達を作っていくという活動を行った。また、活動を始めてしばらくした頃、学習者と相談の上、プロジェ

クト最終評価の際の基準も設定した[16]。また、学期末にはクラスメートのブログ、自分のブログを点数で評価してもらい、コメントも記載してもらった。

　活動中、担当教師は、クラスで学習者のブログを紹介したり、定期的にコンピュータラボへ行ってブログを書いたり読んだりする時間を設けた。また、このラボでの活動では、単語も文法も知らないのでコミュニケーションできないと思ってしまいがちな初級学習者がプロジェクトに積極的に参加する支援をするために、授業時間内で、ブログで友達を作るためにどうしたらいいのか、どうして友達ができないのか、それを解決するためには何をしたらいいのかなど、教師が様々な問いかけをするだけでなく、その問いをグループで考える時間も取った[17]。そして、グループの話し合いの結果をコースのブログに書き込むことで、他のプロジェクト参加者とアイデアを共有し、それを実行に移した。

5　ブログ・プロジェクトの分析へ向けて

　本実践では、実際学習者のブログとコメント、そして、学期末に行われたブログの自己相互評価だけでなく、また、このプロジェクトの感想を今後の実践への資料、反省材料として収集した。

　まず、6章(本林)は、ハーバーマスの「公共圏」という概念を使って、ブログを使用した実践において、インターネット空間への参加者として学習者がどのように貢献しているのか、そして、そこで学習者がどのような役割を果たしているのかを明らかにする。また、7章(ドーア)では、ブログ上での学習者と様々な人々とのやりとりをフーコーの「統治(governmentality)」という概念を用いて分析し、ブログ上では教室と同じような形の言語教育の統治が存在するか、そしてもし存在しないとしたらどういう他の統治の形が存在しているのかを、上級、初級の学習者のブログとコメントのやりとりを分析することにより明らかにする。最後に、8章(佐藤・深井・中澤)では、これまでの理論的考察、そして、実践者の反省を基に、今後のブログ・プロジェクトへの提案を行う。

第５章　文化概念を取り込んだ活動　91

学習者のブログ（上級）

Tuesday, December 2, 2008
新しい携帯！

先月新しい携帯（ケイたい）をかいました。アメリカのインターネット会社Googleと台湾のHTCがいっしょに作った「T-Mobile G1」です。Googleは何年前から新しいモバイルO.S.(Operating System)を作るつもりでした。このO.S.は「Android」と言います、それにG１は「Android」を初めて使う携帯電話です。

まだバグが時々ありますが、きれいで、つかいやすいから好きです。タッチスクリンとキーパドがあるから、とても便利です。

学習者のブログ（初級）

資料1　上級ブログ・プロジェクト実施クラス概要

大学名 (架空名)	学生数	セクション数	授業時間 (週)	担当講師数	主教材
キューブ大学 (アメリカ)	11	1	70分×3日	1	生教材(小説、新聞、雑誌記事など)

資料2　上級ブログ・プロジェクト評価基準

1. 発信：おもしろさ、読みやすさ、長さ、スタイルが混ざっていないか(フォーマルとカジュアル)、デザイン
2. 受信：読んだ記事のリンクをつける
3. 交流／コミュニケーション：コメントをもらっているか、リンクをはるか、コメントに返事をしているか

資料3　初級ブログ・プロジェクト参加校概要

大学名 (架空名)	学生数	セクション数	授業時間 (週)	担当講師数	主教材
キューブ大学 (アメリカ)	54(秋) 51(春)	3	65分×4日	3	『みんなの日本語 I & II』(32課まで)
バール大学 (アメリカ)	57(秋) 45(春)	4	50分×5日	2	『げんき I』
ノット大学 (アメリカ)	32(秋) 28(冬) 24(春)	2	70分×4日	1	『げんき I』

資料4　初級ブログ・プロジェクト評価基準

キューブ大学
Audience: Interesting, Humorous, funny, Fun, Enjoyable, Witty, Insightful, Seriousness, Honest, Trustful, Engaging, Creative, Enthusiastic, Conversational, Useful, Learning Japanese or in Japanese, Easy to read, Concise Uniqueness, Thoughts, Feelings, Perspectives, Opinion, Express oneself, Show personality and character, Process of growth, Personal life and experience
For Writers: Meaningful, Informative, Personal
Content: Real, Variation, Informative, Grammar, Good writing Format
Format: Font, Color, Design, Pictures, Videos, Music, Graphic

資料5　キューブ大学2007年1年生春学期の指示

2月7日のアクティビティー

きょうのアクティビティーは3つあります。2–3人のグループをつくって、いっしょにしてください。

A. オンラインツールのつかいかたをべんきょうをしましょう。

　・Reading tutor
1) クラスブログにいってください。

　http://ganbaroichinensei.blogspot.com/
2) まず、みぎのしたの「べんりなサイト」からReading tutorをクリックしてください。
3) つぎに、ボックスのなかにテキストをコピーペーストして、いれてください。

　・クラスメートのブログをみてください。かんじがおおいブログがありますか。そのブログをコピーペーストしてボックスの中にいれてください。
4) それから、「日（日本語）→英（英語（えいご））」のボタンをクリックしてください。
5) みぎにかんじのよみかたとえいごが出ます。とてもべんりですね。

　・オンラインのじしょ
1) クラスブログにいってください。
2) まず、みぎのしたの「べんりなサイト」から Jim Breen's WWWJDIC をクリックしてください。
3) つぎに、Search for Words in the Dictionary をクリックしてください。
4) ボックスに日本語を入れてください。

みなさんもべんりなツールをしっていますか。Eメールでおしえてください！

B. よみものをよみましょう。
クラスブログのふかい先生の「ふゆやすみ」のポストをよんで、コメントをかいてください。

C. ともだちをつくりましょう。（コミュニケーションしましょう。）
・日本語の学生のともだちをつくりましょう。
1) セクション１（１じのセクション）とパール大学の学生のブログをよんでください。クラスブログにリンクがあります。
2) 学生の中でだれとともだちになりたいですか (Noun になります：become Noun)
その人のブログにコメントをかいてください (3人〜)。
3) らいしゅうまたその人のブログをよんで、コメントをかいてください。ともだちをつくりましょう！

3月12日のアクティビティー

今日のアクティビティーは４つあります。グループを作って、いっしょにしてください。

A. 友だちを何人作りましたか。（コミュニケーションしましょう）
友だちを何人作りましたか。ゼロの人は、どうして友だちを作ることができないと思いますか。グループで話してください。
・友だちができません…(T_T)
1. 何が悪いと思いますか。（3つぐらい）
2. どうやってそれを解決する(solve)ことができると思いますか。
1と2のグループの答えを、クラスのブログにある「3月12日のアクティビティー」のポストのコメントの中に書いてください。

B.　友だちを作りましょう。(コミュニケーションしましょう)

バール大学とノット大学の学生に、コメントをもらいましたね。そのコメントに、返事(reply)をしましたか。友だちが「きのう何をしましたか」や「日本語のクラスは楽しいですね」といったとき、みなさんは返事をしますね。ブログも同じですよ！　コメントを書いた人に、返事をしましょう。

・みなさんが前に書いたポストを見て、コメントに返事を書いてください。
・みなさんのポストにコメントを書いたバール大学／ノット大学の学生のポストを読んで、コメントを書いてください。
・バール大学／ノット大学の学生の中で、友だちになりたい人のポストを読んで、コメントを書いてください。

C.　おもしろいブログを紹介(introduction)しましょう。

バール大学とノット大学の学生のブログ、それから他の(other)日本語のブログで、おもしろいのはありませんか。みなさんがおもしろいと思ったブログについて、ポストを書いて、みんなにおもしろいブログを紹介してください。

3月31日／4月1日のアクティビティー

今日のアクティビティーは2つあります。

A.　友だちを作りましょう。(コミュニケーションしましょう)(30分)
3月12日のグループとちがうグループ(3–4人)を作って、いっしょにしてください。みなさんはとても忙しいですね。ラボの時間を上手に使ってください。
1.　3月12日に友だちをつくるために(in order to)何をしましたか。グループの人のブログ、コメントの書き方を見てみましょう。
2.　たくさんコメントをもらっているブログはどんなブログですか。どうして

ですか。グループの人と話しましょう。
3. 2をよく考えて、みなさんのブログにポストかコメントを書いてください。

＊どうして友だちをつくるアクティビティをしているとおもいますか。もう一度一番目のポストを見て、考えてください。

B. クラスメートのポッドキャストにコメントしましょう。(30分)
1. Classworksにあるクラスメートのポッドキャストを聞きましょう。
   ・Wimbaにポストした人はwimbaにあるポッドキャストをきいてください。
   ・Shared fileにポストした人はshared fileにあるポッドキャストを聞いてください。
2. コメントシートを書いてください。コメントシートを書くときに、次のカテゴリーを思い出してください。

What constitutes a good podcast? (Fall 2007 and 2006)
1. Audience:
   Interaction (between listener and host), Respect, Comprehension, Relative
2. Subject, Topic, and Content:
   Creative, Variety, Spontaneous, Focused, Depth of understanding, Know what to say and how to say it, Cultivate a personality (Don't fake a personality) Interesting, Informative, Humorous, Educational, Funny, Truth, Real, Authentic, Honesty, Creative
3. Quality of Recording, Manner, and Language:
   Clear, Loud, No choppiness in the transition or the presentation of the piece, Good and Clear Pronunciation, Smooth talking, Time management, Some music, Enthusiasm, Good Grammar, Fluency
   http://ganbaroichinensei.blogspot.com/2008/02/blog-post_2712.html

4月7日のアクティビティー

今日のアクティビティーは2つあります。

A. クラスメートの春まつりの作文コンテストの作文を聞きましょう。(40分)
1. Wimba*でクラスメートの作文を聞いてください。
2. 一番いいと思う作文はどれですか。作文を書いた人の名前をEメールで送ってください。

B. クラスメートのポッドキャストにコメントしましょう。(20分)
1. Classworksにあるクラスメートのポッドキャストを聞きましょう。
2. 4月1日に聞かなかったポッドキャストをぜんぶ聞いて、コメントシートを書いてください。コメントシートを書くときに、次のカテゴリーを思い出してください。

What constitutes a good podcast? (Fall 2007 and 2006)
1. Audience:

    Interaction (between listener and host), Respect, Comprehension, Relative
2. Subject, Topic, and Content:

    Creative, Variety, Spontaneous, Focused, Depth of understanding, Know what to say and how to say it, Cultivate a personality (Don't fake a personality) Interesting, Informative, Humorous, Educational, Funny, Truth, Real, Authentic, Honesty, Creative
3. Quality of Recording, Manner, and Language:

    Clear, Loud, No choppiness in the transition or the presentation of the piece, Good and Clear Pronunciation, Smooth talking, Time management, Some music, Enthusiasm, Good Grammar, Fluency

    http://ganbaroichinensei.blogspot.com/2008/02/blog-post_2712.html

＊ Wimba は Horizon Wimba 社の開発した音声掲示板。メッセージをテキストと音声の両方で掲示できる。

4月21日のアクティビティー

今日のアクティビティーは3つあります。

A. 友だちが何人できましたか。(20分)

2–3人の新しいグループを作ってください。次の1と2について話して、答え(answer)を1人でクラスブログに書いてください。(このエントリーにコメントしてください。)答えは、**日本語で書けるときは、日本語で書きましょう。**コメントには名前を忘れないでください。

6. 「3月12日のアクティビティー」のポストをもう一度見てください。そこで考えた問題は解決(solve)できましたか。解決するために(in order to solve)みなさんは何をしましたか。
7. 解決できなかった人は、どうしてだめだったと思いますか。
8. 解決するために今から何をしますか。書いてください。友だちができるように(so that)がんばりましょう！

B. 友だちが何人できましたか。(15分)

A.3. で書いたことをしてください。

C. クラスメートのポッドキャストを聞いて評価(evaluation)しましょう。(30分)

5. Classworks と shared file にあるクラスメートのポッドキャストを聞きましょう。
6. 下のカテゴリーを見ながら、クラスメートのポッドキャストを評価(evaluate)して、シートに点数(score)を書いてください。(5が一番いい点数です)

7. シートにコメントも書いてください。

＊YouTubeやブログにポッドキャストをポストしたグループには、コメントはシートに書かないで、**YouTube**やブログに書いてください。

8. 来週の月曜日までにシートを出してください。

What constitutes a good podcast? (Fall 2007 and 2006)

1. Audience:

    Interaction (between listener and host), Respect, Comprehension, Relative

2. Subject, Topic, and Content:

    Creative, Variety, Spontaneous, Focused, Depth of understanding, Know what to say and how to say it, Cultivate a personality (Don't fake a personality) Interesting, Informative, Humorous, Educational, Funny, Truth, Real, Authentic, Honesty, Creative

3. Quality of Recording, Manner, and Language:

    Clear, Loud, No choppiness in the transition or the presentation of the piece, Good and Clear Pronunciation, Smooth talking, Time management, Some music, Enthusiasm, Good Grammar, Fluency

    http://ganbaroichinensei.blogspot.com/2008/02/blog-post_2712.html

4月30日のアクティビティー

今日のアクティビティーは3つあります。

A. ブログを評価（evaluation）しましょう。（25分）

クラスブログ（http://ganbaroichinensei.blogspot.com/）に行って、クラスメートと自分のブログを評価しましょう。評価はシートに書いてください。日本語で書けるコメントは日本語で書きましょう。

＊評価するときは、下のカテゴリーをもういちど思い出してください。

Objectives

The main objective of this blogging project is to communicate with others by:

・Expressing your thoughts, feelings, opinions etc. to others (me, classmates, Japanese students in other schools, Japanese-speaking people) in Japanese and/or other languages of your choice).

・Responding comments using the "Comment" function on blog.

Blog Evaluation Criteria

・Language: Try to use Japanese

・Frequency: Post regularly

・Content Quality: Something about yourself, relevant to class/Japanese, honest, creative, informative

・Comments: Comment to others, reply to comments

・Others: Organization, visual, use of media (photos, videos, etc.)

B. ブログ／ポッドキャストプロジェクトの評価 (evaluation) をしましょう。(10分)

1. みなさんが9月、1月に書いたブログをもう一度見てください。
2. ブログ／ポッドキャストプロジェクトの評価をしましょう。(コメントはシートに書いてください。)

   1) Did you learn anything from blogging and podcasting? If yes, what did you learn? Please give 1–2 example(s).
   2-1) Did you like blogging/podcasting? Why?
   2-2) Was blogging/podcasting helpful for your Japanese skills? Why?
   3) Based on your experience in blogging and podcasting in this course, what do you think needs to be changed to improve the blog/podcasting activities?

C. 話すしけんのれんしゅうをしましょう(30分)

明日の話すしけんのれんしゅうをしましょう。

＊話すしけんの時間をおぼえていますか。

5月5日のアクティビティー

今日のアクティビティーは3つあります。

A. オンライン評価(evaluation)しましょう。(15分)

Classworksに行って、Course tileのEvaluation Availableをクリックして、コースのオンライン評価しましょう。来年の一年生のために(for the sake of)たくさん書いてください。

＊もうしてしまった人(ありがとうございます！)はBをしてください。

B. ペアでJeopardyをしましょう。(30分)
3. Classworksのclass fileのshared filesの中からjeopardyをさがしてください。
4. 終わったらスコアを教えてください。

C. 復習シートをしましょう(20分)
1. 復習シートをしてください。
2. 答えはClassworksのclass fileのshared filesにあります。

注
1 このハイムズの提案は第一言語習得に関してのものであったが、その提案は後に、外国語教育の分野でも注目を浴びるようになった。しかし、ハイムズは彼の論文でも述べているように、適切性に関して、ある表現が社会的に適切であるかないかということは簡単に言い切れるものではないことを述べており、また、その適切性をどう測定

するかについては論文の中で一切触れていないことに注目したい。
2 この一対一対応は日本を例にあげると、日本という国に日本人がいて日本文化がありその人たちは日本語を話すというものである。しかし、実際に日本人でなくても日本語を話す人はいるし、戦時中は韓国、台湾も日本の一部であるとされていた。このように国家、国民、文化、言語が一致しない例は多々ある。
3 所産、産物とはスタンダーズで使われていることばでproductsの訳語である。日本語学習スタンダーズでは文化、比較の項目で次のように記されている。目標2　文化　日本文化を理解し、知識を習得する。　スタンダード2.1 日本人の習慣・慣習を学び、その背景について理解する。　スタンダード2.2 日本文化における文化的所産・産物とその背景について理解する。
4 社会文化的知識は以下の項目からなる。日常生活に関する事柄、住環境、対人関係（権力関係や協調関係も含む）、価値観・心情・態度、身体言語、社会的慣習、儀式時の立ち居振る舞い
5 CEFRでは創造的使用に関して4.3.4言語の遊び、4.3.5美的な言語使用で触れられているが、その使用の中で学習者が何を学習し、身につけるかということが問われていることを見ても、学習者が積極的に何か（新しい使用法、文化、コミュニティーやそれに関する知識など）を生み出していくものとは考えられていないことがわかる。
6 国際交流基金が世界の日本語教育における日本語スタンダードを現在製作中である。詳細は（http://www.jpf.go.jp/j/urawa/j_rsorcs/standard/trial.html）を参照。
7 その例としては自分の興味のある内容／活動に関してのコミュニティー（スキー仲間、ブログ仲間、環境問題に取り組む仲間など）、一定の期間同じ授業を取っているコミュニティー（日本語クラス、道場の仲間）など様々なものが考えられる。
8 プライバシー保護のため学校名、個人名は全て架空の名前を用いる。
9 日本語4年生の2つのセクションのうちの1つのセクションのみにブログ・プロジェクトを実施した。
10 ブログ・プロジェクト実施クラスに関する詳細は資料を参照。
11 上級クラスのプロジェクトにおいては指示が全て日本語で書いてあるブログプロバイダーを選択した。
12 実際に学習者との話し合いのもとに設定された評価基準は資料を参照。
13 教室コミュニティーの結束が高まったことは学生も感じていたようだ。それは学期末に実施されたアンケート結果にも現れている。何人かの学生はブログによってクラスメートのことをよく知ることができたと書いている。
14 しかし、他のコミュニティーと比べ、制度的影響力が強いという点は指摘しておく必要があるだろう。
15 3大学の詳細は巻末資料を参照。
16 実際に設定した評価基準は資料を参照。
17 キューブ大学のコンピューターラボでの活動での指示の詳細は資料5を参照。

第6章 重層的公共圏群への参入をめざして：

「教室の外へ出て行く」日本語教育実践を考える

本林響子

1 はじめに

　「社会に参加していく市民を育成するための言語教育」というこの本のテーマを聞き、筆者がまず思い当たったのがハーバーマスの「公共圏」の理論であった。公共圏とは、端的には、「より多くの参加者に平等に開かれた、理性に基づく建設的な話し合いの場」と言い換えることができる。それは、「話し合いをする場」であると同時に、「話し合いによって作り上げられる場」でもある。後述のように、この概念は、より広くは「話し合いによる合意形成」およびそれをもとにした民主主義の形態（"deliberative democracy"、以下「話し合いの民主主義」）を巡る一連の議論の中に位置づけることができるものであるが、これが「市民」と「言語」というテーマに沿うのではないかと筆者には感じられたのである。

　はじめに断っておけば、筆者は「公共圏」および「話し合いの民主主義」といった概念を無批判に受け入れたいわけではない。まして、インターネットというメディアが、「話し合いの民主主義」や「公共圏」の理想を達成しうるという主張を行いたいわけでもない。以下で詳しく述べるが、「公共圏」論が前提とする「理性」や「立場の平等性」はあくまで理論的に理想化されたものであり、実際のコミュニケーションを分析する際に無批判に受け入れることはできない。しかしながら、インターネットというメディアが現在もたらしているように思われる「何らかの変化」について考えるとき、この理論は有効な視座を与えてくれる。この「何らかの変化」が新たな可能性

に通じるものであるのか、もしくは旧来の秩序が形を変えただけのものであるのか、という点においては当然慎重になるべきであるが、そのような慎重さが求められる際にこそ、詳細な分析が必要であるともいえよう。本章では、「話し合い」を核として概念化された「公共圏」論を理論的な手掛かりとして、5章（佐藤・深井・中澤）で紹介されたブログ・プロジェクトのテーマである「インターネットを活用した」「市民を育成する」言語教育のためには何が必要なのかを探ってみたい。そのために、まず、プロジェクトの実践データをもとに、プロジェクト参加者がインターネット上でのコミュニケーションにどう参加しているのかを分析する。さらに、それを踏まえて、「市民を育成する言語教育」というテーマに即して、その実現のためには何が必要なのかを検討したい。

2　ハーバーマスと「公共圏」論

2.1　初期ハーバーマスの「公共圏」概念

　本節ではまず「公共圏」論について簡単に紹介する。「公共圏」をハーバーマス自身の言葉で最も簡潔に定義している記述としては、以下のものがある。

> 「公共圏」とは、我々の社会生活において公的な意見となりうるものが形成される場を意味する。そこでは全ての市民に参加の機会が与えられている。（私的な）個人が集まって（公的な）集団を形成するような出会いや対話においては常に、公共圏と呼べるものが、まだ小さなものかもしれないが、発現しているといえよう。（中略）（そこに集う）市民が制約なく—すなわち、集まったり仲間を作ったりする自由、そして自分たちの意見を表現したり公的に表明したりする自由を得て—社会に共通の関心事について協議するとき、彼らは公衆となりうる。
>
> （Habermas 1974 [1964] p. 49[1]、本林訳）

ここでは、「公共圏」とは、誰でも参加でき、自由に意見表明ができるという前提のもと、市民が共通の関心事について話し合い、公的な意見が形成されるような場であると定義されている。この概念はそもそもハーバーマスが一貫して探究していたテーマ「話し合いを通じた民主主義は実現可能か」また「そのための条件は何か」という問いから生じたものである (Calhoun 1992)。ハーバーマスはまず、著書『公共性の構造転換』(ハーバーマス 1994 [1962], Habermas 1989 [1962]) において、18世紀から19世紀にかけてのヨーロッパ社会の分析を通してこの問いに答えようとした。この本では、当時のイギリス・フランス・ドイツの「公共」概念の比較分析を通して、この時期これらの国に「中産階級の公共圏 (bourgeois public sphere)」と呼べる空間が出現したと結論づけられている。ハーバーマスによれば、それは主にカフェやパブなどといった場で自然発生的に現れ、そこに集う人々は一個人として社会的な関心事について議論すると同時に、それを通して「批判的理性 (critical rationality)」を育み自分を高めることができたという。さらには、そのような公共圏での議論から「公的な意見」または「世論」が形成され、これは個人が国家に対して一定の力を持つことにもつながったとされる。

　ハーバーマスはまた、そのような公共圏での公的な意見の生成過程があくまで「話し合いによる合意形成」であったことにも着目した。ハーバーマスによれば、この「中産階級の公共圏」には以下のような特徴があったという。まず、参加者が共通の関心事項を核として集まり議論ができる場であったということ。そして、そこにおいては話し手の社会的な地位や立場ではなく、批判的理性に基づいた議論の中身によって話し合いが進み決定がなされたということ。また、そこでの議論はそれまで取り上げられることのなかったような、またはそれまでは教会や国家元首などといった権力者のみが発言権や決定権を持っていたような事柄も議題となりえたこと。そして、原則的には、誰でも参加することができたということである。このような公共圏が当初は文芸作品などについて語り合う場として出現し、それを土台として次第に政治的な事柄も議論されるような場へと発展し、ひいては「世論」の形成とそれを通じた公衆の政治的参加へとつながっていったというのがハー

バーマスの主張であった。
　ハーバーマスは、18世紀の公共圏をこのように特徴づけた上で、その「構造転換」についても分析している。端的にいえば、商業主義と結びついたマスメディアの台頭によって、このような初期の公共圏の特徴は変質し、公共圏は批判的理性に基づいた議論への参加の場から、参加者が与えられた文化を消費するような場へと変容したというのがハーバーマスの見方であった。

2.2 「公共圏」論の受容・批判・発展：
『公共性の構造転換』英語訳を契機として

　このハーバーマスの「公共圏」論は、批判を含む様々な議論を引き起こしてきた。とりわけ、1989年に『公共性の構造転換』の英語訳が出版されたこと、またこの翻訳を契機にハーバーマス自身も出席した学会が開催され、その内容が本として出版されたこと (Calhoun 1992) などから、英語圏においては民主主義との関連での批判・受容・議論が活発に行われた (Calhoun 1992, Hill & Montag 2000, Roberts & Crossley 2004)。
　ハーバーマスへの批判は主として公共圏における協議の過程の問題と参加者の問題とに分けられる。協議の過程については、ハーバーマスが想定するような「立場を超えて純粋に語り合う場」が本当に実現しうるのか、とりわけ、その際のよりどころとなっている「批判的理性」とはそもそも何なのか、といった点が近代との関連において問われた (Beebee 2002, Hill & Montag 2000)。一方、参加者の問題について、ハーバーマスが「誰でも参加でき」「参加によって批判的理性を育む」と理想化した18世紀の公共圏の担い手に誰が含まれており、誰がそこから排除されていたのかが問題となった。すなわち、「立場を超えて話し合える」とされた場の参加者として想定されていたのがそもそもその社会の中心をなす中産階級の男性のみであり、そこから排除されている人々にとっての公共圏や公共性を考慮していない、という批判が、主として民主主義論や女性学、多文化主義論の立場からなげかけられてきたのである (Eley 1992, Fraser 1992, Gitlin 1998)。

2.3 後期ハーバーマスによる「公共圏」の再定義：
多様性・多層性、グローバリゼーション、インターネットメディア

　これらの批判を受け、「公共圏」論はさらに展開することになる。とりわけ、「参加者の問題と公共圏の単一性」に関しては、ハーバーマス自身がのちに理論を柔軟に変化させており[2]、後期のハーバーマスは、公共圏は複数想定されるべきであると認めている (Habermas 1996 [1992])。現在では、単一ではなく複数の公共圏を想定し、それらが時に重なり合ったり反発しあったりしながら流動的に、重層的に社会を作り上げているとの観点から、公共圏および公共圏群を重層的な概念として捉える研究者が多い (遠藤 2005, Calhoun 1992, 1995, Eley 1992, Fraser 1992, Gitlin 1998, Hirschkop 2004)。

　また、公共圏を複数想定したこととあわせて、グローバリゼーションやトランスナショナリズムといった社会的な変化も後期ハーバーマスの理論化に影響を与えている。初期の公共圏の理論は、あくまで「国民社会(national)」の枠内でのみ公共概念を捉えていたが、社会の変化をうけて、国家の枠を超えたグローバルな公共圏を想定した議論も行われている (Castells 2008, Habermas 1996 [1992], Hill & Montag 2000)。これが国民社会レベルの公共圏、そしてその中にあるとされる多様な公共圏とも相まって、より複雑で重層的な様相を呈しているといえよう。

　結局のところ、公共圏は「話し合い」によって成り立つ、多様で、多層な「圏」の集合体であるといえる。公共圏は「話し合いをする場」であると同時に「話し合いによって作り上げられる場」でもある。すなわち、公共圏とは個人が集まって話し合う際の集合体そのものよりも、その話し合い—ハーバーマスの言葉では「コミュニケーション行為」—自体が作り出す社会的な「場」あるいは「スペース」についての理論である (Habermas 1996 [1992])。したがって、その境界は物理的に定めることができるものばかりではなく、時に曖昧であり、また公共圏同士が時に互いに関連していることも多い。このような公共圏の多様性、多層性および公共圏どうしの関係性は、実社会においては極めて捉えにくいものでもある。しかし、次節で見るインターネット公共圏論においてはこのようなプロセスは可視化されうる。次節ではこの

点について述べたい。

2.4 公共圏とメディア：インターネットと「公共圏」論

インターネットがより「双方向」「参加型」のメディアであることに注目し、インターネットがハーバーマスの「理想」—立場を超え、共通の関心事項によって結びついた人々が理性的な議論の中身によって、それまでの権威者が問題視しなかったような事柄にも目を向け、語り合える、全ての人に開かれた意見形成の場—をある程度体現しうるのではないかという議論は多い（干川 2003, Barlow 2008, McNair 2006）。もちろん、インターネットという媒体を導入しただけで立場を超えた公的な議論の場が簡単に実現すると考えるのは早計にすぎるものの、インターネット独自の特性が「公共圏」論にどのように資することができるかを考えてみると興味深い。インターネット上では、望めば社会の中での立場からある程度離れて発言することもできる。共通の関心事項について話し合う議論の場に「集う」ことも容易になり、そのような「共通の関心事項」は、社会の中で権威を持つ人々、あるいは主流派の立場からは瑣末な問題と見られるものであっても、興味がある人々が集えば議論の対象となる。このような点において、インターネット空間は公共圏の要素を理論的に満たす可能性を持つ空間であるといえる。

インターネット空間は、既存の公共圏の要素を理論的に満たすだけでなく、独自の特徴を持って公共圏を構成するという可能性もある。例えば、ある議論の場に「集う」こと、また、ある議論の場から別の議論の場へとアクセスを切り替えることが、物理的な空間におけるよりも容易である。このようなインターネット空間と公共圏との関連について、遠藤（2005）は「〈小〉公共圏」という用語を使って以下のように論じている。

> ネットワーク上に開かれたコミュニケーションの「場」は「コミュニティ」という強い紐帯をイメージさせるものというよりは、（中略）あたかも公共広場のように、そこに集う人々は集合離散し、常に流動的である。（中略）だからといって、それが公共性をもたないとはいえず、

> Habermas が論じたかつてのカフェやサロンと同様に、(中略)「〈小〉公共圏」とみなすことは可能である(中略)このような小公共圏は、また、その流動性と現代における個人の多重帰属によって、他と連結し、また他に開かれた圏としてある。 　　　　　　　　(遠藤 2005, p.78)

　ここでは、地理的・物理的に「集まった」上で議論を行うカフェやサロンに比べ、インターネット上の公共圏はより流動的であるだけでなく、多層的に存在し、それらがゆるやかに結びついた「〈小〉公共圏群」を形成するとする考え方が示されている。前節で述べたように、インターネット上に限らず、この社会は様々な公共圏群、すなわち多様な議論の場によって重層的に構成されているとの考え方をする研究者は多い。ただし、それらの活動が可視化されやすいという点、また促進されやすいという点においては、インターネット上でのコミュニケーションは特徴的であるということができよう。とりわけ、インターネットにおける書き言葉のコミュニケーションにおいては、記録がのこる、またリンクをはるなどの行為ができるといった特性から、そのような流動性と参加者の多重帰属を捉えやすい。ある参加者がどのような公共圏に参加して議論を行っているのか、また複数の公共圏に参加している場合どの公共圏とどの公共圏をまたいで活動しているのかという情報が可視化されることによって、参加者の参加の仕方にさらなる影響を与えうるという点でも興味深いといえる。
　これらの議論を総合して考えると、インターネット空間においては、ハーバーマスのいう「公共圏」にある程度通じるような「議論のための言説空間」がより広い参加者に開かれており、そこでは参加者によって複数の「〈小〉公共圏」が重層的に存在していると考えることができる。そのそれぞれにおいて、参加者は他人の意見に感想を残すことでその議論を豊かにしたり、あるいは自分の意見を提示することで新たな議論を開始したりしながら、公的な言説空間に主体的に参加する可能性もあると考えられる。本章では、ブログを使用した日本語教育実践を、このような観点から分析したい。なお、以下では便宜上インターネット全体を1つの公共圏と捉え、そこに

無数に存在する一つ一つの意見交換の場を遠藤に倣って「〈小〉公共圏」と呼ぶこととする。

3 インターネットと言語(教育)実践：
　 2つの「アクセス」とクラスルーム実践

　インターネットを使用した外国語教育は、教育実践の可能性を広げるのみならず、「公共圏」論への理論的貢献の可能性を持つものでもある。上述のように、「グローバルな公共圏」を想定する研究者がいる一方で、実はそこでの多言語の役割についてはそれほど掘り下げて理論化されていないようである。しかし、「公共圏」論は「言語」および「話し合い」を中心とする理論であり、言語能力の問題は避けて通れないものである。「国家の枠を超えた」グローバルな公共圏が存在するとしても、そこへの言語的なアクセスがなければ、議論に参加することはできない。「外国語」を学ぶことで、その言語での議論に参加することが可能になるとすれば、外国語教育とは、ある特定の言語で構成されている〈小〉公共圏群へのアクセスを可能にするための実践であるともいえよう。言いかえれば、言語教育におけるインターネットの使用は、主に「目標言語話者と接し言語を練習する機会が持てる・増える」という点で有用であると考えられてきた (Sanaour & Lapkin 1992, Soh & Soon 1991) が、「公共圏」論の視点から見ても極めて示唆に富む社会的実践であるといえる。

　さらに、言語的アクセスのみならず、インターネットにおける「アクセス」とは何かをあわせて考えてみると、教室実践の意義がさらに明確になる。近年では、いわゆる狭義の「接続環境」という機械的・物理的な環境に加えて、技術的な知識やスキルはもちろんのこと、「社会」や「メディア」としてのインターネットについての知識や経験(いわゆる「メディア・リテラシー」)もあわせて「アクセス」という概念が語られるべきであるという主張もなされている (Wilson & Peterson 2002)。ここでいう「アクセス」とは、単に「物理的にインターネット接続環境にある」以上の多くの条件を内

包する概念であり、このような包括的な意味でのインターネット「アクセス」は何らかの形で取得・習得される必要があると考えられている。そのための場は当然のことながら学校だけではないが、学校も重要な場の1つであることは確かであろう。ここで取り上げるブログ活動のように、教師が意識的にインターネットを教育に取り込もうとしている現場であれば、なおさらである。このブログ活動では、教師が教室活動の中でファシリテーターとなり、多様なインターネットコミュニケーションが派生する下地を作っている（詳細は5章を参照のこと）。このようないわば「仕掛け」を作り、かつ「アクセス」に際しての諸問題をともに解決していく場としての教室活動を提供することで、今までブログのやり方を知らなかった学生もブログの世界に入っていき、そこでのコミュニケーションを行うことになる。以上のことから、このプロジェクトにおけるクラスルーム実践は、日本語公共圏への言語的アクセス、およびインターネット公共圏へのアクセス、という二重のアクセスを補完するものであると解釈できる。

以下では、インターネット空間を利用した外国語としての日本語教育実践の分析を通して、このような教師による実践に支えられた学習者がそれぞれのやり方で日本語での議論に参加するとともにそれらを構成している様子を分析する。分析に際しては、多様・多層な〈小〉公共圏群からなるインターネット公共圏に学習者がどのように参加していっているのかを、データに即して検討する。

4 データと分析

本章で取り上げる実践は、アメリカにおいて日本語初級から上級までのクラス活動でブログを使用したものである。5章にもある通り、学習者は定期的に自分の興味のある内容のポストをし、初級者は学習者同士、中上級者には自分の興味のある内容のブログを読みポストすることを課題とした（実践の詳細については5章参照）。ここでは、日本語1年生の学生（「コレット」）と日本語4年生の学生（「のび太」）の2人を中心としたやりとりに着目し、

論を進める。なお、学生および他の参加者は、ブログでの発言の際は実名ではなくハンドルネームを使用していた。ここで用いる名前は、それらのハンドルネームをさらに仮名にしたものである。

4.1　日本語1年生：「コレット」の事例から

　本節でまず紹介するのは、キューブ大学日本語1年生のクラスでの「面白いブログを紹介しましょう」というプロジェクトによって促進されたコミュニケーションのデータである。

　インターネットが他に開かれている空間であるとはいえ、やはり学習者のやりとりは同じ大学のクラスメートとのものが中心であった。しかし、中には、教師同士がインターネットを通じてゆるやかな交流をめざした他大学（バール大学）と何度もやりとりしている参加者がいた。以下にあげるのはそのような参加者の1人、「コレット」のポストである。（以下、引用する参加者のポスト・コメントは全て原文通りとする。）

〈ポスト〉
（「コレット」2008年3月12日）

Wednesday, March 12, 2008

おもしろいブログをしょかいします。

みなさん、今晩は。今日のブログポストはおもしろい。とくべつなポストだから！

トトロさんのブログはとてもおもしろいブログです。「かっぱ」は日本の水おに（water demon）ですけど、「トトロ」はアニメの人の名前です。でも、こちらトトロさんはバール大学でかんきょう科学（かんきょうかがく = environmental science）をべんきょうしている学生です。こちらは

「ちきゅう（earth）が好きだから」と言った。しんせつな人ですね。そして、こちらの先生の名前もすずき先生！（うわあ！）[1]

先月トトロさんは外国の食べ物についてポストを書きました。くだ物とカンデイーについて言いました。とてもおもしろいですね！　私の一番好きなくだ物はマンゴですけど、一番好きだ外国の食べ物がカーレーです。インドのカーレーが大好きです。[2]

みなさん、一番好きな食べ物は何ですか。外国のりょうりですか、くだ物ですか。カンデイーですか。[3]

　「コレット」が紹介しているのは、担当教師同士の企画により交流が促進されていたバール大学の「Totoro」のブログである（「Totoro」の最初のポスティングについては資料1、p.124参照）。
　ここでは、まず、「コレット」は「Totoro」を、教室・学校文化というものを共有する者同士として紹介している。コレットはトトロを「学生」という立場性を共有する者同士として位置づけるとともに、「先生の名前」でさらにそのような共通点を補強している（[1]）。すなわち、ここでは、学校文化という抽象的概念、つまり「教師がいて生徒がいて何か専門的なことがらについて勉強する場」という概念を共有する者同士、という点を共通項としたつながりを提示しているといえる。
　次の第2段落では、トピックは食べ物へと発展している。ここでは、コレットがトトロを「学生」ではなく「食べ物、特に外国の食べ物」に関心のある人として紹介している点に注目したい。「トトロさん」のポスティングの内容について、「外国の食べ物についてポストを書きました」と紹介し、それについての感想（「とてもおもしろいですね！」）を述べた後、コレットは自分の好きな「外国の食べ物」について語っている。そこでは、「私の一番好きなくだ物はマンゴですけど、一番好きだ外国の食べ物がカーレーです。インドのカーレーが大好きです。」と、「普段好きな食べ物」と「外国の食べ

物の中で好きなもの」とを区別して述べている。ここにおいては、コレットは「学生」ではなく「食べ物、特に『外国の食べ物』、異文化の食文化について語りたい全ての人」を(少なくとも可能性として)含む潜在的な読者・聴衆に語りかける形となっている([2])。これは、言い換えれば「異文化の食べ物」について関心がある人々を巻き込む小公共圏の萌芽ともいえよう。

　このことは、次の第3段落での問いかけと合わせて考えるとさらに興味深い。ここではコレットは「みなさん、一番好きな食べ物は何ですか。外国のりょうりですか、くだ物ですか、カンデイーですか」([3])と問いかけることで、前段落から続く形をとりつつより広い「みなさん」へ呼びかけている。それは好きな食べ物、特に外国の料理について、意見のある人の発言を誘う言い方となっており、コメントなどを残しているわけではない「見えない」読者・聴衆も含む可能性を残す形で終わっている。

　もちろん、ここでコレットの「意図」を論じるのは本章の目的ではなく、それはデータの種類からいっても適切ではない。コレットがクラスメートのみを想定して「みなさん」と言っていた可能性もあれば、意図的に学生の枠を超えてインターネット言説空間に参入していこうと意欲的になっていた可能性もある。これらはインタビューなどで確かめねばならないものであり、ここでは議論できない性質のものである。

　ここでの主眼は、コレットが「みなさん」と呼びかけたことにより、クラス外、学外の広い(潜在的な)読者につながる「可能性を残した」という点にある。すなわち、担当教師どうしの企画設定によりつながれた交流を基盤としつつ、このやりとりはコレットと Totoro の二者間で完結するのではなくさらに広い読者へも公共的な議論の場を開いたことになる。このことは、インターネット上で多層的・重層的に開かれた空間においては重要な意味を持つ。

　そもそも日本語1年目の「学習者」にとっては、ブログを通して教室「外」へ発信すること、いいかえればこの「読まれる可能性」を作り出すこと自体が、ハードルが高いと予想される。しかし、コレットの事例では、教師の交流促進によって「学校・教室文化」および「(外国の)食べ物」につい

ての議論の場を開く「可能性」を残したことが見てとれた。このことは、次節で取り上げる、日本語4年生の実践から派生したコミュニケーションの事例とあわせて考えるとさらに興味深い。

4.2 日本語4年生：「のび太」の事例から

本節では、2006年の春に行われた、日本語4年生の実践からのデータを分析する。ここで取り上げるのは、日本語学習4年目の「のび太」による「ドラマの何でもかんでも」というブログである。「のび太」はブログの紹介欄に「ドラマの虫」と書くほど日本のドラマが好きな参加者である。ブログのエントリーも、ドラマの印象的な場面やフレーズを引用し、それへのコメントを書くという形式のものが多い。

4.2.1 価値観・共感ベースのコミュニケーション： 「自信がないのにやってみるぞという気持ち」

本節で最初に取り上げるのは「自信がないのに、やってみるぞという気持ち」というポスティングである。

〈ポスト〉
(「のび太」2006年3月29日)

自信がないのに、やってみるぞという気持ち

「やらないで、後悔するより、やって失敗する方がいい。」
「何もやらないっていうことは、やって失敗するより失敗よ。」

「危険なアネキ」で、お酒を作る工場の支配者であるお父さんが死ぬ時、主人公の娘に最後の忠告。

人前では自分のこときちんと表さなく、自信が弱いという性格を持つ僕

は、この二つの句を聞き、よく考えると、なるほどという感じがしてきます。これから、人間関係上、仕事上、それから、愛情上もやれるという気持ちを出したいです。幸せを祈ってくれている人に応じて、僕はきっと素晴らしい人生を遂げます。［4］

　ここでは、筆者は、ドラマ「危険なアネキ」の台詞を引用し、自分の性格や人生観について述べている。このポスティングに対して、以下の4つのコメントがついた。

〈コメント1〉
ちょっと共感しちゃったので、書き込ませていただきました！［5–1］
まず行動。
考えた末に行動しないことのほうが多い。
やって失敗すると
「だから止めろっていったじゃないか！」
と言われるのが関の山。
だから、普通何もしない。
そしてそういう人を「慎重な人」と言って、
評価するんですよね
べっぴん
2006/03/29 18:17

〈コメント2〉
ほんとにそうですよね。べっぴんさんのご意見にも共感します。［5–2］
ちょっとポイントがズレてるかもしれないんですけど、僕の大好きな歌の一部をご紹介します。

正しい道だけを選んで
選んでるうちに日が暮れて

立ち止まったまま動かない
結局なんにもやらないなら
(それは)
有罪　有罪　有罪　重罪！
Koi
2006/03/29 19:08

〈コメント3〉
私もこのドラマ見ましたよ。そう、やらないで後悔してもしょうがない、、、という気持ちで私もアメリカに来ました、、、[5-3]
すずき
2006/03/29 22:52

〈コメント4〉
へー、慎重な人ですか。そうですね。べっぴんさんの意見もなるほどという感じをさせます。ちょっと皮肉を含める感じがしますね。
コイさんの歌は素敵ですね。深い意味もあります。[6]
のび太
2006/03/30 12:12

　ここでの「のび太」のポストは、一定程度の自己開示を伴う意見表明である。一人称(「僕」)で語り、自分の性格(「人前では〜自信が弱い〜」)に言及した上で、自分の希望(「これから〜たいです」)や決意(「幸せを〜きっと素晴らしい人生を〜」)の表明をしているところからそれがうかがえる([4])。
　このような特徴を持つポストに対して、「共感」をベースにしたコメントがついた。読者のコメントでは「共感」(べっぴん、Koi)、「気持ち」(すずき)という言葉が使われ、各々が自身の価値観を持ち込んでいる([5-1、5-2、5-3])。これに対して、最初のポスティングを行ったのび太も「なるほど」「素敵」「深い意味もあります」などの表現で返答をし([6])、それぞれ

の筆者が自己の感情や価値観をベースとしてコミュニケーションの流れを作り上げている。

ここでコメントを書きこんでいる読者のうち、「すずき」はキューブ大学のクラス担当教師であり、「Koi」はこの担当教師の誘いに応じて時折コメントなどで活動に参加している日本人である。「べっぴん」は、担当教師の知る限りにおいては、学外からインターネットを通じてコメントをしてきた参加者であると考えられる。すなわち、インターネット空間において、日本のドラマというトピックを媒介として、筆者「のび太」が発信した意見に対して自分の意見を返してきたということになる。この「べっぴん」の発言は、「Koi」の発言中でも「共感」として言及され、さらには「のび太」本人の返答にも「皮肉を含める感じがしますね」と言及されている。ここでは、「のび太」の側の発信だけではなく、その発信が反応を生み、一連のコミュニケーションの流れが発生している。これを可能にした要因の1つはインターネット上の公共圏の流動性であろう。すなわち、これは、教室という場とそこに物理的に集う人だけでなく、共通の関心事項を核として緩やかに「集った」人々が作り上げたコミュニケーションである。

このやりとりでは、前節コレットの事例で見られた「議論の場を開く可能性を残す」だけではなく、「述べた意見に対して反応があり、他の参加者との議論の場が開かれた」ことが見てとれる。その際の立場が例えば学生や非-母語話者というものに限定されず、ある意見や感情を持った個人同士として意見交換が行われていることも注目に値しよう。

4.2.2　情報ベースのコミュニケーション：「戦国時代を動かした鉄砲町ご存知ですか？」

本節では、同じ筆者「のび太」の別のポストを検討する。ここでは、戦国時代というトピックを媒介にコミュニケーションが発生している。

〈ポスト〉

(「のび太」2006年3月28日)

「戦国時代を動かした鉄砲町ご存知ですか？」について

へー、「鉄砲町」って聞いたことがないです。写真を見ると、なぜか店はどれも閉まっているかな。何か織田信長に関係があるかな。[7]

ここでは、「のび太」は別のウェブサイトで見た「鉄砲町」に関心を持ったこと、写真を見た感想を述べ、最後に織田信長との関係を考える文章をポストした。このポスティングには、以下のコメントがついた。

〈コメント1〉
鉄砲町と云っても現代も鉄砲を商っている訳ではありません
戦国時代に物流の中心地であった「堺」で鉄砲を戦国大名に売った場所の事でそのことが地名に残っています。
現代は平和産業で包丁・鋏を造る町工場が中に入るとあります。[8]

明智小五郎
2006/03/29 13:23

〈コメント2〉
ありがとう、勉強になりました。[9] 僕は日本史の中での大好みは戦国時代です。とり分け、織田信長と斉藤道三のことです。[10] それもテレビドラマの影響ではありませんか。[11]

「国盗り物語」[12]
http://www.tv-tokyo.co.jp/kunitori/

のび太
2006/03/29 14:18

これは、「鉄砲町」というトピック、より広い意味では日本史、戦国時代

史を共通の関心として集まった「のび太」と「明智小五郎」が行っているコミュニケーションである。ここでコメントを残した「明智小五郎」も、筆者らの知る限りでは大学関係者ではないが、鉄砲町の歴史と由来について、詳細な情報を提供している。このコメントに対して、筆者「のび太」は「勉強になりました」とお礼を述べるとともに、自分の戦国時代への興味について語っている。

前述の「共感」を媒介としたコミュニケーションとはやや異なり、この例は「情報」ベースでつながっている例であるといえる。「鉄砲町」という地名に関心を持った「のび太」が、自身の「知識・情報の無さ」を表明したこと(「へー、聞いたことがないです」「〜かな」「〜かな」([7]))に対して、「明智小五郎」が「情報の保有者」として情報を提供している([8])。それを受けて、「のび太」は「ありがとう、勉強になりました」と、知識を得たことの表明をし、礼を述べ([9])、さらに続けて、「日本史」「戦国時代」「織田信長、斎藤道三」([10])といった自分の興味関心について発展させている。「のび太」は最後に「ドラマの影響」について言及する([11])とともに、ドラマの情報へのリンクをはっている(「国盗り物語」)([12]))。

ここでは特にこの「リンクをはる」という行為に注目したい。このことによって、「のび太」はこの2人のコミュニケーションがさらに別の情報とつながり、広がる可能性をもたらした。この「リンク先」にも一定数の読者や参加者が存在していると考えられ、「のび太」はこの「鉄砲町」を媒介とする議論が、さらに別の議論の場(リンク先での「国盗り物語」を媒介としたやりとり)とつながる可能性をもたらしている。言い換えれば、ここでの「のび太」は、ある小公共圏の構成員、すなわち議論への参加者であるとともに、インターネット上での重層的な小公共圏群の間のつながりを自発的に促進する主体的な個人であるともいえる。教師のクラスルーム活動に支えられた「日本語学習者」が、そのような存在になりうる可能性が示されたことは興味深いといえよう。

5　まとめと考察

　全ての参加者が同じようにインターネット空間で他とつながっていくわけではないが、本実践の分析からは、アメリカの大学で日本語を学んでいる「日本語学習者」が、大学の授業で学習した日本語および自分の興味関心をもちより、大学の授業内の教師の実践に支えられ、様々な形で教室の枠を越えてインターネット上の公共圏群に参加していく様子が見られた。

　1節では、日本語学習1年目の大学生がクラスの枠を超えて他大学の学生と「学校・教室文化」および「異文化の食べ物」を共通の関心とした「〈小〉公共圏」を作り上げていること、またそこにさらに広い範囲の潜在的な読者を誘う可能性を残したことを論じた。2節では、日本語学習4年目の学生が、日本のドラマや日本の歴史を媒介に、学外の参加者を含む「〈小〉公共圏」を作り上げている様子を検討した。

　これらのデータからは、彼らがインターネット上に多層に存在する小公共圏群、すなわち様々な議論の場に参加している様子が見られた。ここでの日本語学習者は、そのような議論の場から受身的に「知識を得る」というよりはそのような場を「作り上げる」またはそれらの「間をつなぐ」という役割を果たしているといえる。

　ブログポストは、それまでインターネット上（および、この世界）に存在していなかったある「意見」を登場させる。それはブログの機能によりインターネット上に残り、他者に読まれ、そこから議論が広がる可能性を残す──言い換えれば、読者を待つ状態に置かれるといえる。第二言語でのコミュニケーションでは、特に初期にはこの「読まれる可能性を残す」、つまり自分の意見を他者に提示すること自体、簡単ではないと予想される。しかし、日本語1年生コレットの事例では彼女がそこまでたどり着いたことが示された。さらに、日本語4年生の「のび太」の事例からは、彼のブログポストが起点となり、感情と情報をベースとした議論の場が形成されていく様子が見られた。これらは、インターネットというメディア、および教室での事前の準備と教師のサポートにより、ハーバーマスのいう「自由な参加」が一定

程度促進されたということができよう。

　また、ここでみた「日本語学習者」は議論への参加に際して必ずしも日本語学習者としてのみ自らを位置づけているわけではなく、興味関心のあるトピックについて自分なりの意見を持つ独立した参加者として存在していたことも特筆に価しよう。これは、ハーバーマスのいう「平等な立場性」に近いということができる。とりわけ4年生の「のび太」の事例においては、いわゆる「第二言語話者性」よりもコミュニケーションに重点がおかれていることが興味深い。対面でのコミュニケーションで「第二言語話者性」を喚起すると思われる、発話におけるアクセントや流暢さ、外見といった要素が前面に出ず、逆に非同期的であるために準備をしてから意見表明できるブログというメディアが、ハーバーマスのいう「平等な立場性」の実現に寄与したのではないかと推測することができる。

　以上、多様で重層的なつながりの可能性が開かれたインターネット空間において、言語学習者がどのように議論に参加して言っているかを検討した。これらを踏まえたうえで、実践者のめざす「社会的事象について語り、お互いに助け合って社会に関わっていくための日本語教育実践」(2008年11-12月, personal communication)をさらに進めていくためには、どうすればいいのだろうか。とりわけ、ブログという双方向性の強い、かつ意見表明に適したツールは、公共的な視点を持った学生を育てることにどのように寄与できるのだろうか。そのような問いをもとに、実践への示唆を次節で述べる。

6　実践への示唆と展望

　本章で分析したデータからは、日本語学習者が時に学習者の立場を超えて「教室の外」でのオンラインコミュニケーションに参加していっている様子がうかがえた。とりわけ、日本語4年生のデータからは、共感と情報をベースにしたコミュニケーションの場が生まれていることが分かった。さらに、そこでは、第二言語話者としての立場性が薄れていること、また、参加に際して障壁が少ないのではないかということも推察された。

では、このプロジェクトが最終的にめざすような「市民として」社会と関わっていくための発信には何が適切なのか。ここでは、2つの点について考えてみたい。1つは、トピックの問題である。食べ物、テレビドラマ、歴史といった内容が、「政治的でない」からといって公共性を持たないわけではない。ハーバーマスが辿ったように、そもそもハーバーマスが議論の出発点として分析した18世紀ヨーロッパの公共圏も、最初は文芸作品について語り合う場として発現し、それが土台となって政治的な議論の場として機能するようになったという歴史がある。個人のレベルにおいても、現在のようなトピックでの議論をしていくことが、さらに深い議論をする下地となることは十分考えられる。ただし、それをただ参加者に期待するだけでなく、教室運営の実践者の側からも積極的に働きかけていくのも1つの案であろう。

　2つめは、インターネット上での議論形成に関するメタ知識の共有である。インターネット上でどのようにつながりが生まれうるかについて、あらかじめ学習者同士共有しておくことも、特に大学レベルにおいては有効かもしれない。そして、インターネット空間で発信できるブログという媒体を「目標言語話者とコミュニケーションするために便利な媒体」として使用するだけでなく、「目標言語を使って主体的に社会と関わり議論に参加する力を育む」ために使用するにはどうしたらいいのかということについて、あらかじめ学習者もまじえて議論することで、学習者の意識をより高めることもできるだろう。

　実は、筆者は、このブログ・プロジェクトの運営者である佐藤氏の新しいプロジェクトにすでにそれを見出している。「社会と関わる」ことをより具体的に目的とした新しいプロジェクト[3]においては、「世界の問題」「社会問題」を中心に据え、学生同士の意見交換や、外に対する「宣伝」を通してさらに広がっていくような仕掛けが多く見られる。ここで試みられているように、例えば、クラスルームでそれぞれの興味関心を確認し、必要な表現方法（語彙・言い回しなど）を学んでおく、さらにはクラスの中で議論をし、論旨を練った上でそれをインターネット公共圏に発信するなどという工夫によって、発信後、共通の問題意識を持った読者とより深くつながることができる

と考えられよう。

　最後に、当然のことながら、インターネット空間におけるコミュニケーションが完全に「自由」で「可能性に満ちた」ものであるというわけではない。そこにも様々な制約や参加障壁があるだろうし、7章でドーアが論じているように、自由につながっているように見える中に、統治の論理や自己統制が働いている可能性も大きい。異なった理論的視座からの複眼的な分析を通して、「そこで何が起こっているか」に迫り、更なる実践への示唆を得ていくことは重要であると思われる。本章は、日本語学習1年目（いわゆる「初級」）の学生と日本語学習4年目（いわゆる「上級」）の学生の事例を扱ったが、その他のレベルの学生の事例も含めて検討していくことが今後の課題である。

資料1

〈ポスト〉（「Totoro」2008年2月6日）
どんな食べものがすきですか
トピックはよくありませんが、はなしましょう！　このポーストのトピックは新しい食べものです。えと。。。外国の食べものだと思います。

（ポッキーの画像）

一ばん食べものはポッキ「pocky」です。私はポッキがすきですが、あまり食べません。

（スターフルーツ
の画像）

これはスタルフルト「starfruit」です。大きくありませんが小さくありません。私はスタルフリッとが大すきですが、リッチモンドのスパーで大ていスタルフルトがありますから。大へんですが、チャロッツビルのスパーでスタルフルトがありますから、大学にかいます。でもちょっと高いいです。

（ライチ
の画像）

三ばんはリチ「lychee/litchi」です。リチもフルトで、小さい食べものです。リッチモンドに「fresh」リチを見ませんが、アジアのスパーに「canned」リチがあります。とてもおいしいです！

どんな外国の食べものがすきですか。どんな外国の食べものがすきじゃありませんか。
投稿者 Totoro 時刻：18:01

〈コメント〉
コメント1 （コレット）
　　へえ！　すごいですね、トトロさん。私もりちが大好きです！ニューヨークでchinatownでかうことができます。多分、バジニアのchinatownでかうことができます？　分かりません、でも、freshリチはとてもおいしいです。

　　私の一番外国のりょうりがインドりょうりですけど、日本と中国の食

べ物も大好きです。

2008/03/12　11:01

コメント2　（コレット）

Also：I'm writing an introduction about you on my blog, if you don't mind!

http://xxxxxxxxnihongo.xxxxxxxx.com

2008/03/12　11:02

注

1　New German Critique 誌（1974）の Lennox & Lennox 訳の英文では以下の通り（ハーバーマスの原文はドイツ語）
   1. *The Concept.* By "the public sphere" we mean first of all a realm of our social life in which something approaching public opinion can be formed. Access is guaranteed to all citizens. A portion of the public sphere comes into being in every conversation in which private individuals assemble to form a public body. …Citizens behave as a public body when they confer in an unrestricted fashion – that is, with the guarantee of freedom of assembly and association and the freedom to express and publish their opinions – about matters of general interest. …"

2　紙面の制約上、「協議の過程」、とりわけ「理性」ならびにそれが前提とする「近代」をどのように扱うかについての問題にはここでは踏み込まない。ただし、この問題は、時に「近代」を脱したものとして、あるいは「後期」近代的な事象の1つとして扱われるインターネットと「近代」へのこだわりを指摘されるハーバーマスとを結びつけて考える際に避けては通れないものだと筆者は考えている。この点に関心のある読者は以下を参照されたい。ハーバーマスと「近代」主義一般に関しては Bernstein（1985 pp. 25–31）、ハーバーマスの「理性」および「理性にもとづいた合意」へのこだわりについては McCarthy（1992 pp. 62–66）、Beebee（2002 pp. 198–199）、英語訳を契機としたハーバーマス受容の背景となるアメリカリベラル派知識人と「近代」復権のニーズの問題については Hill & Montag（2000 pp. 2–3）。

3　「社会に関わろうプロジェクト（旧称：世界の問題社会問題プロジェクト」
   http://gungunninensei.blogspot.com/）

第7章 「言語学習」という
       「統治のレジーム」の逆襲：
　日本語教育におけるブログ活動と
　その可能性

ドーア根理子

1　はじめに

　この章では、日本語教育にブログ活動を取り入れた実践について、「統治 (governmentality)」という視点から分析する。「統治」とは、ミシェル・フーコー (Foucault 1991) が提唱した概念で、国家政府に限らずあらゆる場面であらゆる人々によって人々の行動や感じ方が管理される（自己管理も含む）メカニズムを探る分析概念として広く使われてきた (Dean 1999, Gordon 1991)。

　5章で紹介された様に、佐藤・深井・中澤がブログ活動を授業に取り入れた理由はいくつかある。「教科書から学ぶような紋切り型ではない実際のコミュニケーションを日本語で体感してもらう」(p.82)、「コミュニケーションの持つ双方向性や相手、コミュニティーと自分の関係などについても考える機会を設けること」(p.82)、「教師から与えられる知識だけはなく、参加によって『文化』に触れ、それを常に検証することができる。さらには、新しいコミュニティーを生み出したり、変えていったりするきっかけをつくったりするといったような創造的、積極的関わり」(p.82) 合いに参加するなどである。このようにブログを通して日本語を学ぶという活動は、「非熟達者」として日本語を直してもらわなければならない受け身な存在でなく、「実践共同体」[1]に参加し作り上げていく立場になり、また、教師に一方的に評価される存在ではなく実際の社会集団で生きている時のように他者と評価し合うことがブログ活動を通してできるようになることを目的とする（佐藤 2006)。では、公に開かれていて誰でも参加できる「実践共同体」をめざ

すようなブログの場は、教師対学生の上下関係からなるような教室とは違って「統治」されていないのだろうか。あるいは、教室とは違った形で「統治」されているのだろうか。本章では、学生によるブログのポストとそれに対するコメントを分析し、ブログの場に見られる「統治」の形を探るとともに、ブログ活動を言語教育に組み込む実践がどのようにその「統治」の形に対応していけるかの可能性を考える。

以下では、「統治」という概念を概観した後で、5章で紹介されたアメリカ北東部の大学での初級と上級の日本語の授業に使われたブログ活動のデータを紹介して分析し、ブログ活動と「統治」の関係を考察しこれからの課題を提案する。

2 「統治」という視点

ミシェル・フーコー(Foucault 1991)は、統治者が人々を治める方法としてヨーロッパの近代初期に現れた「統治の技(art of government)」を分析する概念として「統治」という概念を提案した。16世紀になって封建制がくずれて領土に基づいた国家が現れ、宗教改革により魂のあり方について問われるようになる時代背景で、いかに統治者が人々を治めるべきか、いかに様々な面で自己管理するか、いかによい臣民となるかが大いに議論され始めた。マキアベリの君主論に代表されるような、治められる人々から距離を置いて上から君臨する君主像とは異なり、多くのレベルで多くの種類の人を多様に治める方法が議論されたのだ。例えば、道徳という概念に基づいた自己管理、家族内での財産、役割分配、礼儀作法などの管理、学校での生徒の教育、管理、国家を治める方法など、様々な「統治」法が生み出された。これは本人の考え方や欲望までをも形作る「行動の管理(conduct of conduct)」なのである(Dean 1999, Foucault 1991, Gordon 1991)。

このフーコーの「統治」の理論を受けて、あらゆる場面での人の行動の「統治」について分析する新しい研究分野が生まれた。ミッチェル＝ディーン(Dean 1999)は、1つの社会には多くの「統治のレジーム[2](regimes of government)」(例えば、罪を罰し犯罪者を更正させるレジーム、病気を治し健康促進するレジーム、貧困をなくすレジームなど)があり、それらは互いに関係し合っているとする。これらのレジームをそれぞれ分析する枠組を発展させたディーンにならうと、本章の分析に関わる「統治」のレジームとしては、教育という「統治」のレジームとその中の1つ、言語教育の「統治」のレジームがあげられる。教育の「統治」のレジームは、教師が権威のある立場に立って、その教科の知識と教授法という知識の体系を元に、生徒の行動の仕方、考え方、ものの見方、表現の仕方、話の聞き方などを形作っていくと考えられる。言語教育のレジームは、教師と共に「ネイティブ・スピーカー」が権威のある立場におかれ、言語教授法という知識の体系によって支えられ、学習者の話し方、行動の仕方、感じ方などを形作っていくと考えられる (Doerr 2009c)。

　「統治」についての議論の中心は、「統治」されることがよいとか悪いとかという問題ではない。どのような活動にも「統治」されているという側面があることを理解した上で、言語教育という場ではどのようにそれに関わる人たちの関係が形作られているかを理解することが目的である。そうすることは、そこに潜む権力関係に対応していくことにつながる。

　この章で扱うブログ活動は、教育の「統治」のレジーム、特に言語学習という「統治」から離れて日本語を学ばせることをねらった取り組みであるが、では、ブログという場には本当に「統治」のレジームがないのだろうか。あるいは、教育の「統治」のレジームとは別の形で、「統治」のレジームが存在するのだろうか。本章では、ブログ活動における「統治」の有無、そして「統治」が見出された場合、どのような「統治」のレジームがいかに立ち現れて来るのかを分析する。ブログという社会的意味付けが比較的されていない場では、どういう種類の「統治」のレジームが立ち現れてくるかは事前に分からない。それぞれのブログのポストやコメントが、ある「統治」のレジームを持ち込み、その場がどういう場であるのかを定義づけていくことになる。ジュディス=バトラー (Butler 1993) のいう「引用性 (citationality)」のように、私たちが、ものの言い方や言う内容を通してある「統治」

のレジームを「引用」し、その場の人間関係を意味付け、方向付けていくことになるのである。例えば、料理好きの仲間が料理に関する情報を交換する場として作ったブログでも、誰かが文法を直したり、「日本語上手ですね」などと言語学習者にでなければしないようなコメントをすると、言語学習の「統治」のレジームが持ち出され、そのブログが言語学習の場の様相を呈してしまうことがある。そうなると、その言語の先生である「ネイティブ・スピーカー」と言語能力が足りない言語学習者として、上下関係がうまれてきてしまう。つまり、ブログの場でのある発言が、ある「統治」のレジームをほのめかし、そのブログの場を定義し、そしてブログ参加者の主体（subjectivity）を形作っていくのだ。本章では、いかにこのようなブログでのやり取りがある種の「統治」のレジームをブログの場に持ち込んでいくかに焦点をあてて分析する。

ここで断っておきたいのは、ブログのポストやコメントに対する分析は、それを書いた人の個人的な性格などの分析ではなく、その裏にある常識とされるものの見方やコメントの型の分析であるという点である。あくまでもある言い方がある文脈でどういう結果をもたらすかの分析であり、分析対象となったコメントの著者に対する批判ではないことを強調しておきたい。

3 データと分析

この節では、日本語教育に取り入れられたブログの場に見られた「統治」のレジームを、ポストとそれに対するコメントをもとに見ていく。初級クラスのブログと上級クラスのブログはその意味合いが違うので、2つの節に分けてデータを見ていく。

3.1 初級クラスのブログ

初級クラスのブログは上級クラスのブログに比べて、始めから言語学習の場としての意味合いが強かった。例えば、学期の始め（2008年1月27日）に教師がブログのやり方について提案を求めたところ、学生の返答としては、

ポストする頻度についてのコメントの他、難しいことばには英語の説明をつけたり、習っていない漢字にはふりがなをふる、習った漢字だけ使う、日本語と英語の両方で書く、習った文法事項や漢字を使う、トピックは日本に関係のあることにするなどのコメントがあった。これらの返答には、自由にポストするというよりは、ポストを全て理解したいというような、ポストを教材としている見方が窺える。

　ここで1つ重要なのは、教師はブログでの生徒の日本語のあやまりを直さないことだ。これは、普通のクラスで間違えの訂正はしているからということと、コミュニケーションを重視するという2点からである。5章にあるように、どうしても間違えを直してほしい生徒は、3週間に1度ぐらいの割合で教師のオフィスに来る様に指導されている。そして、間違えを直す時も、間違えを指摘して「正解」を教えるのではなく、間違えた部分をもう一度考え直す様に促すのみである。

　このような教師の思惑にもかかわらず、初級クラスのブログの場は言語学習の場として定義されることがほとんどだった。それを大きく分けると、言語学習の「統治」のレジームが前面に出されて言語学習の場として始めから定義されるものと、他者からのコメントによってそう定義されるものの2つのパターンがある。次にそれぞれのパターンを、データを分析しながら見ていく。名前はプライバシーを守るため全て仮名にしてある。

3.1.1　言語学習の場としてポストされたブログ

　ブログのポストの中では、ブログが言語学習の場だということを前提に書かれたものがいくつかあった。ここでは、Janeとマークのポストとそれについたコメントで言語学習の「統治」レジームを強調するものを中心に見てみる。

3.1.1.1　事例1　アドバイス求む

〈ポスト〉

February 7, 2008

にほんご

　どう日本語べんきょしましたか。わたしはおぼえていますがとてもむずかしですね。わたしはあもりじかんがありませんから ANY Advice はとてもいいですよ！

Posted by Jane

〈コメント１〉　Nako　February 7, 2008

　いろいろな人から、たくさんアドバイスをもらってください！　私のアドバイスは、「ことばをかきましょう」です。

〈コメント２〉　Kyo　February 9, 2008

　はい、ときどきとてもむずかしいですよ。たくさんルール(rules)があります。そしてかんじがぜんぜんわかりません。すみませんが、アドバイスがありませんよ。Seattle はいいまちですか。I've never been there.

〈コメント３〉　Paul　February 12, 2008

　ワットですか。とてもちかいですね。私は Flash Cards で日本ごをべんきょうします。

〈コメント４〉　さと　February 18, 2008

　にほんごってむずかしいですね。わたしは日本人なので日本ごができます。いま、英語をべんきょうしています。日本人とはなすことがいいれんしゅうになるとおもいます。

〈コメント７〉　tom　February 21, 2008

　かんじはむずかしですか。ちいさいかみにかんじをれんしゅうします。おおきいかみはちいさいかみよりむずかしですね。そして、Flash Cards をつかいます！

第 7 章　「言語学習」という「統治のレジーム」の逆襲　133

〈コメント 8〉　Jin February 24, 2008

　Flash Cards best, and then rewrite on paper a hundred times. You'll never forget.

　このポストは、もともと Jane が担当教師に同じ質問をしたことから始まる。教師がより幅広いアドバイスがもらえる様に「ブログで聞いてみたら？」と提案したので、Jane がポストしたものである。「いろいろな人からアドバイスをもらってください！」という Nako（担当教師）のコメントはそれを反映して、その励ましの口調が、Nako の教師の立場を表している。Kyo、Paul のコメントは日本語学習という焦点に答えつつも、関係のないシアトルの話（前のポストで Jane がシアトル出身だと書いている）を交えている。他にもシアトルのみに触れるコメント（コメント 5、6）もあったが、ここでは省略した。さとは日本語学習について触れ、助言をしている。Tom、Jin は、日本語学習についての質問について助言をしている。つまり、このポストはこのブログの場を言語学習の場として定義し、コメントもそれにのっとっているのが主である。
　ここで注目したいのは、さとのコメントだ。まず、「にほんごってむずかしいですね。」と言って Jane に同情を示すが、その後ですぐに「わたしは日本人なので日本ごができます。」と言っている。さとは日本人なので、むずかしい日本語も出来るということだ。ここでは、日本人と日本語、つまり民族と言語を当然なこととして[3]結びつけている。そうすることで、日本語が上手な日本人であるさとと、日本語を勉強していて助言が欲しい Jane という上下関係が作り上げられている。だが、その後ですぐ「いま、英語をべんきょうしています。」として、先に作られた上下関係を和らげるかの様に、自分を外国語を勉強する人として Jane と同じ立場においている。Jane が英語に関してはさとの先生となりうる立場にあるという上下関係をほのめかすことにより、最終的に「日本人とはなすことがいいれんしゅうになるとおもいます。」といって、自分を先生の立場におく発言を和らげ正当化している。このようなコメントは、後にもみる様に日本語を学ぶ学生のブログによ

くつけられていた。

3.1.1.2　事例2　単語リスト

マークはサクソホーンの先生についての話を紹介し[4]、その最後に以下のような単語リストをつけている。

〈ポスト〉
おんがくか：musician
とぶ：jump
いじわるな：mean spirited
ある日：one day
きゅきゅしゃ：ambulance
Posted by マーク　コール

　このポストは、5章で紹介されたように、授業課題の作文原稿をブログにもポストする様にという活動の1つでされたものである。この初級クラスでは、このように授業課題で書き上げたものをそのままブログにポストしたり、どういうテーマでブログにポストするかが授業で指示されることが多かった。これは「何を書いていいかわからない」という状況をさけ、活発なブログ活動を促すためのものだが、特に最後に単語リストをつけることなどは指導されていなかった。そして、ブログは教室以外の人が誰でも見れることは皆わかっていた。つまり、この単語リストは、ポストする側がブログを言語学習の一貫として見ていることと、読者をクラスメート、つまり言語学習者と仮定していることを表す。つまり、ブログが教室外に開かれているにもかかわらず、日本語の教室の延長線上にブログが位置づけられ、読者は言語学習者だとして、自ら言語学習の「統治」のレジームを作り出している。

　Janeとマークの2つの事例は、ブログをポストする本人がブログを言語学習の場とする例だが、ポストする本人の意図とは関係なくコメントをする方からブログを言語学習の場とすることもある。次の事例がその例である。

3.1.2　読者が言語学習の場としたブログ

　下の2つの例は、ブログをポストしている本人が日本語学習ということを前面に出していなくても、コメントをつける人が言語学習の「統治」のレジームを持ち出してくる例である。マークとBlaKの2つの例をあげる。

3.1.2.1　事例3　内容を無視し日本語についてのみコメント―1
〈ポスト〉

November 13, 2007

いいコンサトへいきました。

　せんしゅうのきんょうびにbrooklynでわたしのかのじょとSufjan Stenvensコンサトへいきました。いいでしたね。そしてとてもきれいでしたね。これはsufjan stevensのおんがくです。ききましょう。

Posted by マーク　コール

〈コメント1〉　Nako November 13, 2007

　おんがくをききました。クラシックですか。でも、しゃしんはあまり「クラシック」じゃありませんね…。ちょっとふしぎ（mysterious）です。しゃしんの中のひとは、だれですか。

〈コメント2〉　Sara November 16, 2007

　はじめまして。にほんご、じょうずですね!!

　I'm Japanese. I'm also studying English. It's difficult to learn different language. The difference between English and Japanese is grammar. I sometimes confuse.
＊いいでしたね→よかったです。

　ここでは、担当教師のNakoが文法的な間違えを指摘していないにもかかわらず、外部のSaraが間違えを指摘している。これは、間違えに気づくか否かの問題ではなく、このブログをどのような場と定義づけるかの違いである。前述の様にNakoは、ブログ活動をコミュニケーションの場と捉えてい

るので、日本語の間違えを指摘しない方針である。一方で、Saraは、このブログをコミュニケーションの場としてではなく言語学習の場として捉えているようだ。

まず、Saraは挨拶をして、すぐに「にほんご、じょうずですね!!」という。ポストの内容に関するコメントはない。極端ないい方をすると、ポストを「言いたいことを伝達するもの」としてではなく、「日本語の熟達度を示す道具」として捉えている様に見られる。そして、次に自分を「I'm Japanese.」と紹介している。この言い方で、さとの様に、「日本人である」ことは「日本語が出来る」ということをほのめかしているのであれば、自分を日本語のエキスパートとして位置づけていることになる。ここで、日本語から英語への切り替えだが、日本語で言ったら分からないだろうから英語に切り替えているのだとしたら、直前の「にほんご、じょうずですね!!」は単なるお世辞ということになる。最後にマークの間違えを直しているところから、本当はSaraはマークの日本語はそう上手だと思っていないのではないかと窺える。

このように「I'm Japanese.」ということによって、Saraは自分がネイティブ・スピーカーとしてマークの先生にあたる立場にあると位置づけているようだが、直ぐその後に、「I'm also studying English. It's difficult to learn different language. The difference between English and Japanese is grammar. I sometimes confuse.」といって、自分とマークを外国語学習者として同等の立場においている。だが、その後でまた直ぐ、「先生」としての立場を押し出してマークの間違えを直している。つまり、平等な立場をほのめかした後で、上の立場になって間違えを直している。つまり、Nakoと違い、Saraはブログの場を言語学習の場と定義づけし、その「統治」のレジームを持ち込んでいるのである。

3.1.2.2　事例4　内容を無視して日本語についてのみコメント―2

BlaKのポストには、カニエ・ウエストの音楽についての感想が書いてある。日本語の勉強ということはポスト自体では全く触れられていない[5]。こ

のポストには4つコメントがついた。

〈コメント1〉　Nako October 19, 2007
　カニエ・ウェストのうたを YouTube でききました。"Can't Tell Me Nothing" のビデオは、ちょっとへん (strange) ですが、いいうたですね。What part of this song makes you think that it's a good example of Kanye West? I'm just curious...

〈コメント4〉　Sara November 16, 2007
　はじめまして。にほんご、じょうず!! I'm Japanese. I'm also studying English. It's difficult to learn different language. The difference between English and Japanese is grammar. I sometimes confuse. (^^)　えいごでいいですか…。わらっちゃいました！　I know your feeling. :) がんばって、日本語。

　4つのコメントのうち、始めの3つはカニエ・ウエストの音楽に対するものだった（コメント2、3省略）。最後の1つは日本語についてのものである。ここで、Sara は同じ日にマークにしたのとほとんど同じようなコメントを残し、BlaK の日本語をほめ、自分を同じ外国語学習者とすることで、ポストの内容には触れず日本語能力の評価を中心としたコメントを残している。

　この2つの事例は、ブログのポストの内容が日本語学習とは全く関係ないものであっても、ポストに対するコメントによって日本語学習の場と定義されることを示している。

3.1.3　考察
　以上の4つの事例から、ブログに見られる言語学習の「統治」のレジームについて3つの特色を考えてみる。まず第1に、ブログの場はトピックを中心にしたコミュニケーションの場を作るというのが担当教師の意図だっ

たが、言語学習の「統治」のレジームが始めから持ち出されることがあった。Jane のように日本語学習の助言を求めたり、マークのように単語リストを作るなど、ポストする方からそう定義される場合である。単語リストは先生のポストにも添えてあることがあり、それを手本としている学生のいることを示している。また、3.1 節で見た様に、生徒の中でも単語のリストをつけるのが他の人のブログを読む時に役に立つとコメントしている人がいた。

また、3.1.2 節のマークや BlaK の例の様に、ポスト自体はトピック中心でも、「日本語上手ですね」というコメントによって、ポストの内容とトピックを中心とした実践共同体としてのブログの場が無視され、言語評価の場としてブログが再定義されることもあった。ここでは、さと（事例 1）や Sara（事例 3、4）のコメントを傲慢な態度の現れだといっているのではなく、何気なくされたコメントの中に一般的に常識として考えられていることが現れると考え、その影響について分析しているのである。

第 2 に、さとと Sara のコメントには言語学習の「統治」のレジームの一部をなす民族と言語の関係、特に「ネイティブ・スピーカー」をお手本とする見方が見て取れる。ネイティブ・スピーカーという概念は、ある国の国民はその国家言語のネイティブ・スピーカーであり、その国家言語に完璧なまでに熟達した、同質的で境界線のはっきりした言語集団だという見方だ。このようなネイティブ・スピーカーの概念は、言語内の多様性やネイティブ・スピーカーと呼ばれる集団内の多様性を無視し、またどの言語が国家言語となるかは政治的に決められていることや、その国家言語が標準語として強制的に広められることを無視していると批判されて来ている（Doerr 2009c, Pennycook 1994）。それにもかかわらず、外国語学習においてはネイティブ・スピーカーの概念は根強く続いており、さとや Sara のコメントは、ネイティブ・スピーカー概念がブログの場にも登場することを表している。

第 3 に、さとや Sara の例に見られる様に、日本語を勉強することと英語を勉強することを同等に考えるコメントがある。これは、ただ相手の話していることばを偶然さとや Sara も勉強しているのでそうコメントしたのかも知れない。もちろん、言語学的には日本語と英語は同じ地位にある。だが、

アメリカでは日本語はどの一般教育のレベルでも必修ではない一方で、日本では英語が中学校からの必修科目になっている。それは、日本を中心に話されているに過ぎない日本語と「国際語」と呼ばれる英語とでは社会的位置が大幅に異なること、つまり日本語の知識が世界で持つ意味と英語の知識が世界で持つ意味の違い、そしてそのような教育状況がありうるという現代の世界の権力関係を反映している。この社会的位置づけを無視して日本語学習者と英語学習者を同等に見るのは、言語を社会的なものから分離して考えるという見方であり、言語の政治性を無視することである。例えば熊谷(2008b)は、学生が人の話し方に反映するその社会の権力関係について質問した時に「私は言語教師だから」としてそのような問題提起を無視することは、教師と学生との間の権力関係を保つとともに、社会内の権力関係をも温存させることになると指摘している。つまり、言語的なもののみに焦点をあて、社会的なものを無視することは、社会内の権力関係の維持につながるのだ。さとやSaraのコメントにはそういう可能性が秘められているという意味で、批判的に理解していく必要があるだろう。

3.2 上級クラスのブログ

上級クラスのブログへのコメントは、学生の日本語の熟達度のためか、よりトピックに関するコミュニケーションが中心だった。しかし、ここでも言語学習の「統治」のレジームが現れてくる場合がある。だが、その場合は、ポストの内容を無視した日本語についてのコメントではなく、ネイティブと言語学習者の間の権威を巡った交渉として現れてくる。ここでは2人の上級クラスの日本語学習者(てんぷらショーとヤン)のブログが、ネイティブ・スピーカーと日本語学習者の間の葛藤の場となる事例4つと、逆にトピック中心のコミュニケーションの場となる事例2つを紹介する。

3.2.1 ネイティブ・スピーカーと日本語学習者の権威を巡る葛藤
3.2.1.1 事例5 「調べてみて下さい」
このポストは、てんぷらショーがポストした、学期の始めの自己紹介のポ

ストである。

〈ポスト〉

February 11, 2006

「てんぷらショー」とは？

　(中略)このブログは日本料理の歴史研究ノートのように使うつもりです。この研究を今のクラスのプロジェクトに使えたらうれしいです。ニューヨークに住んでいるのでたまにレストランの評論も書きます。

〈コメント1〉　たなか　February 16, 2006

　日本料理の歴史の中で何か特に興味のある歴史はあるんですか？　わたしはお好み焼きとか興味がありますねえ。

〈コメント2〉　nyc てんぷらショー　February 20, 2006

　おもしろいですね。お好み焼きについても研究して見ます。

〈コメント3〉　honda　February 20, 2006

　はじめまして。日本からコメントしてます。お好み焼きには「関西風」と「広島風」がありますよね。僕は広島出身なので、「広島風」が大好きです。ぜひぜひ、広島風お好み焼きについても調べてみてください。協力もしますよ。(o⌒∇⌒o)

　ここで、honda からのコメントでまず目につくのは、「日本からコメントしてます。」という自己紹介の仕方である。自分のことについては全く隠すこともできるオンラインの場で、あえて自分の住んでいる場所、そして間接的に「日本人だ」ということを、まず前面に出している。

　そして、広島出身で広島風のお好み焼きが好きである honda は、てんぷらショーに「ぜひぜひ、広島風お好み焼きについても調べてみてください。協力もしますよ。」といっている。つまり、自分が知らないことを調べて教えてくれというのではなく、自分が知っていることをてんぷらショーも「調

べてみて下さい」というのだ。この構図は先生が生徒に質問する構図に似ている。つまり、先生は答えが分かっているにもかかわらず、あえて生徒に答えを聞いて生徒が理解しているかどうか確認するという構図である。このコメントによって、honda はてんぷらショーとの関係を先生対生徒という風に設定している。これは、担当教師であるたなかの自分が興味があって知りたいという、てんぷらショーから学ぶという姿勢と対照的だ。

3.2.1.2　事例 6　「ご存知でございましょうか？」
〈ポスト〉
March 4, 2006
お好み焼きパーティー
　昨日の夜、アメリカ人の友達のためにお好み焼きを作りました。（その様子の説明；中略）友達の一人はパーティーで色々写真をとっていましたので、それをいただいたらこのブログにのせます。
Posted by てんぷらショー

〈コメント 1〉　たなか　March 4, 2006
　おいしそうですね〜。写真楽しみに待っていますね。

〈コメント 2〉　すずらん　March 5, 2006
　ご友人の方々にお好み焼きを作られたのでございますね。大変ご好評のようで宜しゅうございました。ご友人一人一人に対しての細部に渡るご配慮に非常に感心致しました。これならば、お腹も心も大満足だったのではと大変嬉しく拝見致しました。それと、つい先日テレビで放映致しておりましたが、つなぎにとろろ芋（ご存知でございましょうか？）のすりおろしたものを加えますと、粉臭さがなく、こつこつした美味しさになるとの事でございます。お写真楽しみでございます。

　ここでも、コメントの内容はポストのトピックに焦点を置いたものになっ

ていて、言語学習の「統治」のレジームは前面に出てはいない[6]。だが、すずらんの最初のコメントの中の、「とろろ芋（ご存知でございましょうか？）」という言い方に言語学習の「統治」のレジームを垣間見ることが出来る。つまり、この言い方は、相手が「とろろ芋」というものを知らないかもしれないことを前提としていて、相手を日本語学習者として意識していることを表している。

　初級クラスのブログへのコメントで見た様な言語学習の「統治」でも、似たようなネイティブ・スピーカー／学習者という上下関係を作り出すコメントがあった。ここで違うのは、初級クラスのブログではネイティブ・スピーカーの人は先生としての立場を取りポストの中の内容を直す(Sara)のに対して、ここでは「とろろ芋」とはなんだか知らないかも知れないということを言うのみで、いったい「とろろ芋」とは何かを説明していない。先生としての立場を取るのであれば、あるいは、てんぷらショーに内容を理解してほしいのであれば、またはてんぷらショーに「とろろ芋」という語彙を増やしてほしいのであれば、英語の訳語を添えたり、どういう芋かを説明するであろう。だが、その代わりに、「ご存知でございましょうか？」とだけいっている。ただ、「私は知っているがあなたは知らないかもしれない」という関係を明らかにしているだけなのである。些細な語彙力（「とろろ芋」ということばを知っているか否か）の有無を取り上げて、ネイティブ・スピーカーと学習者の違い、上下関係をほのめかしているようである。

　つまり、初級クラスの場合は、教室の延長上としてのブログという意味合いで言語学習の「統治」のレジームが見られたが、ここではネイティブと学習者、知識のある人と無い人の社会的上下関係を再生産という言語学習の「統治」のレジームの一部が見られる。

3.2.1.3　事例7　「聞かれてしまいました」

〈ポスト〉

April 22, 2006

健康的なサラダ

最近友達から「スーパーサラダ」というサラダの料理の本をもらいました。(中略)皆様も健康のためにお試しください。

「肌をきれいにするサラダ」：(4-8 人分)
アボカド－ 2 個
トマト－ 16 個
レタス－ 1 個
ィノンド－一束
えび－ 450g
こしょう
好みのサラダドレッシング

アボカドの皮をむいて、大きく切る。
トマトを洗い、大きく切る。
レタスの葉をやぶいて、洗い、乾かす。
レタスをボールのそこにきれいに置き、上に火をとうしたえびをのける。
その上からアボカドとトマトをかけ、ィノンド、こしょう、サラダドレッシングもかける。

(中略)

「骨を強くするサラダ」：(4-8 人分)
(中略)
「気分をよくするサラダ」：(4-8 人分)
(中略)
このサラダを試して、体を強めてください。
Posted by てんぷらショー

〈コメント 2〉 すずらん May 7, 2006

サラダのレシピ、友人達に配布致しました。「美味しそう！ でも凄い量なので、少なくして作ってもいいですね」とか、「あら〜〜！ お肌をきれいにするサラダ？ 作りたいけど、イノンドってなんですか？」と聞かれてしまいました。私もイノンドが分からないので、除いて、量を少なくしてそれらしく作ってみましたら、とても美味しゅうございました。近々アメリカよりサラダ好きの知人が参りますので、ぜひ味わって頂こうと思っております。

　このコメントを読んで筆者が疑問に思ったのは、なぜ「イノンドとは何ですか」とまず聞かないのかということである。すずらんは、そのようにてんぷらショーに直接聞く代わりに、友人に「『作りたいけど、イノンドってなんですか？』と聞かれてしまいました。」そして「私もイノンドが分からない」といっている。つまり、イノンドとは「普通の日本人」には分からないことばなんだというメッセージを送っているのである。「聞かれました」ではなく「聞かれてしまいました」という言い方で、それがネガティブなことであるというようなニュアンスが伝えられ、「イノンドとは何？」というメッセージの他に「わけのわからないことばを使っていて恥ずべきことである」というメタメッセージを送っているともいえる。直接「イノンドって何ですか？」と聞けば、そのようなメタメッセージ抜きで質問することが出来たはずだ。つまり、ブログのポストの内容についてのコメントをしつつ、友達の言ったことを引用することにより「私達日本人は」という雰囲気を作り上げ、てんぷらショーのポストを「変な日本語」だとほのめかしているようなのだ。
　このようなネイティブ・スピーカー対言語学習者の上下関係が微妙に作り出されるもう1つの例として、上級クラスのもう1人の学生、ヤンのブログのポストとそれに付いたコメントを紹介する。

3.2.1.4　事例8　アドバイス

〈ポスト〉

February 26, 2006

いやいや、そうじゃない

　昨日の出来事なんだけど…十人ぐらいの友達とラウンジに行って、みんなずいぶん盛り上がっていたところへ、二人の知らない男に話しかけられた。オレが日本語がしゃべれるのがわかって、こういう会話があった：
「じゃ日本に行ったことある？」
　「ええ、二回ぐらいは、旅行で」
「ああ、じゃ日本に住んだことない」
　「ええ」
「日本に住んだことないのに、こんなに日本語しゃべれるなんてすごいね。日本のどこに行った？」
　「東京だけに行った。友達が東京に住んでるから」
「ああ、じゃ歌舞伎町へ行ったでしょう」（急にいやらしい笑顔）
　「いやいや、街歩いていたときちょっと通過したことあるけど、どこにも行ってなかったっすよ」
「いや、行ったでしょう」（また押し付け）
　「いやいや、行ってなかったっすよ」
「そうゆったらもっと怪しいじゃない」（確かにそうだけど）
　「いや、本当の話なんだよ」
初めて会ってこんな質問に!?　ましてオレ女性の友達と一緒だった。オレどんな人だと思ってんだお前!?
　後であいつらは必死に友達のYちゃんをレストランに誘ったけど、疲れてるから帰るといって断られた。タクシーに乗ったところへKちゃんが「なんでケータイ番号交換してなっかたの?!　あたしシャイだから、あんたちょっと手助けしてくれるよ！」と衝撃な発言！　オレに責任ある?!　かんべんしてくれよ！

Posted by ヤン

〈コメント1〉 b February 26, 2006
　話しかけてきたのは日本人のおっさんですか？　お酒が入っていたのかな…。それにしても失礼ですね。「そやねえ。そおもわはるんやったら、それでえんちゃう？」と（早口ではなく、割とゆったりとしたポイントで言うのがポイント）、京都イケズ風に言って無視するのがいいでしょう。

〈コメント2〉 honda February 26, 2006
　「わしがほんまじゃゆうとんじゃけぇ、ほんまじゃろーが」って、広島ヤクザ風に言ってにらみつけるのもいいでしょう。　（￣皿￣メ)ｵｳ､ｺﾗｯ

〈コメント3〉 すずらん February 27, 2006
　いつも楽しく拝見させて頂いておりますのに、今日は何だかとても悲しい気分でございます。話しかけてきたのは日本人でございましょうか？　本当に失礼極まりない「からかい」でございます。そういう場合は強い態度で臨まれて下さい。「あなたの低次元な価値観を押し付けるなっ！」と。

〈コメント4〉 ヤン February 27, 2006
　なんかみんな考えすぎるような気がします！　でも「対策」を教えてもらってありがとう。（笑）

　このポストには6つのコメントがあったが、その中でヤンへのアドバイスとヤンの返答をここでは取り上げた。このアドバイスというコメントの付け方は、3つに分けて考えられる。
　第1に、対応の仕方をアドバイスしているということが、他のポストへのコメントと違う。それに続くヤンのコメントで、「なんかみんな考えすぎるような気がします！　でも「対策」を教えてもらってありがとう。（笑）」とあることからヤンは対策のアドバイスを求めて書いていたのではないようだ。対策をアドバイスするということ自体に、ヤンが犠牲者だという見方、ヤンはどう適切に対応すべきか分かっていない、極端に言うと、ヤンのした

対応の仕方は間違っていたという様なニュアンスさえ伝わってくる。そして、そこにはアドバイスする知識、経験のある人(この場合、コメントをしているネイティブ・スピーカー)と知識、経験のない人(この場合、言語学習者ヤン)という上下関係が生まれて来るのである。このようなアドバイスを与えるということは、同等の立場同士の間でもありうることであるが、ネイティブ・スピーカーと言語学習者という上下関係になりがちな場でこのようなアドバイスが与えられると、その上下関係が倍増されるのである。例えば、ことばの間違えを直すというような行動が同等なネイティブ・スピーカー同士の間で起こった場合(笑ってすむなど)と、ネイティブ・スピーカーがノンネイティブ・スピーカーの間違えを直す(上下関係が強調される)という場合とでは、全く異なる意味を持つのと同じである。

第2に、話しかけて来た2人の男が日本人かどうかということが問題になっている。bとすずらんがそれぞれ「話しかけてきたのは日本人のおっさんですか？」「話しかけてきたのは日本人でございましょうか？」と、日本人だったのかどうか聞いている。こういう行動は日本人がしたか他の人がしたかで何が異なって来るのだろうか。日本人だったら「同じ日本人として恥ずかしい」ということなのだろうか。この2つのコメントからこのあたりははっきりしないが、この出来事を「日本人かどうか」という方向から理解しようとしていることがわかる。

第3に、対応の仕方のアドバイスとして、bとhondaは方言を使っている。hondaは他のコメントから広島出身ということが分かるので、自分の知っている方言を使っているのだろう。だが、どうして無礼な人への対応は方言がいいのだろうか。標準語ではすごめないということなのだろうか。このようなコメントの仕方は、標準語と方言の社会的な意味の違いを相手が日本語学習者であると意識した上で作り出すという意味で、非常に興味深い。ちなみに、ブログでは、ポストする側もbやhondaも含めてコメントする側も一般的に標準語を使っている。

ここで言いたいことは、honda、b、すずらんのコメントがとりわけ人を下に見ようと意図して行っているとして個人攻撃をしているのではなく、あ

る種のコメントの仕方が結果としてどういう「統治」のレジームを引き出し、ブログの場をどのように定義していくことになるかということを分析しているのである。つまり、ここでみたブログへのコメントでは、ネイティブ・スピーカーと言語学習者という視点から人間関係をみる言語教育の「統治」のレジーム、人々をどこの国の人かという視点で見る国民国家の「統治」レジーム、そして、日本語を方言の違いでみる「統治」レジームが引き出されている。

3.2.2 情報交換の場としてのブログ

　ブログはまた、そのようなネイティブ・スピーカー対言語学習者という上下関係を越えて、同等の人の間の情報交換の場という「統治」のレジームを持つこともある。これは、情報交換の場でも、オープンで情報の共有をめざすという暗黙の了解があり、それにそって参加者が行動しているということから、一種の「統治」のレジームだといえる。ここでは2つそういう例をあげる。

3.2.2.1　事例9　リンクをつける

　ここでは、てんぷらショーは、お好み焼きの歴史を紹介し、次の様にポストを終わらせている。

〈ポスト〉
　（中略）小麦粉を粉に技術ができてから最初に作られたものはうどんらしいです。このことから広島風のお好み焼きはそばを使うようになったのではないでしょうか？　広島風のお好み焼きの歴史についてもっとご存知の方はぜひコメントをお願いします。
Posted by てんぷらショー

〈コメント1〉　すずらん　February 28, 2006
　小麦粉とお好み焼きの歴史を楽しく拝見させて頂きました。小麦粉が江戸

時代まで庶民の口に入らなかったこと、お好み焼きが「洋食焼き」と呼ばれていたことなど、思いも致しませんでしたので本当に大驚きでございます。何だかお好み焼きに対するイメージが変わりそうでございます。私は今までお好み焼きをあまり口に致しませんでしたが、今度挑戦してみようと思っております。お写真、とっても美味しそうでございます。

〈コメント2〉 piano March 1, 2006

　お好み焼きの写真、とってもおいしそうですね!!!　昔はお好み焼きは一枚一銭だったとは知らなかったです。安くていいなあ。久しぶりにお好み焼きを食べたくなりました。
　お好み焼きについて情報を載せているページを幾つか見つけたので、リンクを貼り付けますね。
　広島流お好み焼きTV「匠が語るお好み焼きなるほどエピソード」
　http://www.jingiari.jp/menmen/jingiari_contents/oko-movie.php
　お好み焼きはどのようにして生まれたか
　http://www.kaishoku.com/jimono/okonomi1.htm
　お好み焼き進化の過程
　http://www.kaishoku.com/jimono/okonomi2.htm

〈コメント3〉　たなか March 2, 2006

　それは知りませんでした。確かに小麦粉はメリケン粉と昔言っていましたからねえ。メリケンはAmericanから来たそうです。そういえばカボチャって言うのはカンボジアで取れたからそれが訛ってかぼちゃになったそうですよ。

〈コメント4〉　nyc てんぷらショー March 6, 2006

　piano へ、
　リンクをどうもありがとうございました。広島流お好み焼きTVのサイトがとくにおもしろかったと思います。

〈コメント 5〉 nyc てんぷらショー March 6, 2006

田中先生へ、

食べ物の名前の歴史もおもしろいですね。ほかにどういうのがあるか、今週研究してブログを書きたいと思います。

ここでは、初級クラスのブログに見られたような教師／学生の関係を中心とした言語学習の「統治」のレジームではなく、情報交換の場としての「統治」のレジームが見られる。実際の先生であるたなかや、お好み焼きに十分親しんでいるということから「日本人」であることが想像される人たちからのコメントであるが、このポストから新しいことを学んだという姿勢が、すずらん、piano、たなかのコメントから窺える。

pianoがてんぷらショーの持っていない情報を与える時も、自分の知識として(その知識の元は日本人だからか否かは別として)与えるのではなく、他のウェブサイトを紹介するという方法をとっており、知識ある人と無い人と言う上下関係ではなく、お互いに調べて知識を増やしていくという関係での情報交換の形をとっている。このような情報関係の「統治」のレジームは、上下関係を作らず、平等な関係としてやりとりをすることをよしとするものと考えられる。そうでない上下関係を作るような発言に、「いばっている」とか「人を見下している」といって抗議するようなコメントが出てくれば、そういう「統治」のレジームがはっきり浮き出て来るのであるが、このブログではそういうコメントは特になかった。

それでも、コメントの仕方から、ここでは言語学習の「統治」というよりも情報交換の「統治」が中心となっているように見られる。

3.2.2.2 事例10 方言についての情報交換

〈ポスト〉

February 16, 2006

おれ何語がネイティブ？

最近クラスのために読んでいたエッセーに出てきたことば——母国語。シ

ンガポール生まれで、家族と中国語でしゃべれるオレが、学校で毎日英語を使っていた。どちらの方が上手だという話は別にして、まずネイティブ言語はどっち？　昔は中国語で考えることも、英語で考えることもできると思っていたが、四年間アメリカに住んでいた間に学校でも日常生活でも英語ばっかり使っていて、中国語はもちろん読むのがぜんぜん大丈夫だけど、文字がほとんど書けなくなってきたのも事実だ。それで学術的なエッセーはもう書けないと思う。じゃネイティブなのは英語？　口から出てくるのはアクセントのわからない英語だ。シンガポールの友達としゃべるとき他の外国人の友達に聞かれて、「えぇっ、おまえたち英語でしゃべてたの？」くらいの質問がよく聞く。英語がネイティブだと思っていても、アメリカやイギリスの人にはみなされない。やっぱりオレ何語がネイティブ？
Poated by ヤン

〈コメント 2〉　たなか　February 17, 2006
　ヤンさんと同じような境遇の人とその話をしたことがありますか？　他の人はどう思っているんでしょうか？　ヤンさんはヤン語(!?)が母国語かもしれませんね。

〈コメント 3〉　ミキ　February 17, 2006
　こんにちは。初めまして。ヤンさんは日本語もとても上手ですね。ヤンさんの英語もぜひ聞いてみたいです。ちなみに私はシンガポールの仏教寺院で結婚式を挙げました。来年結婚 10 周年にはまた行きたいなーと思っています！

〈コメント 4〉　タカシ　February 19, 2006
　>ヤンさん、
　おもしろい！　その状況ならそういう疑問を抱くのは当然ですね。その複雑さは日本人には新鮮な感じがします。
　>ミキさん、ほほー、ミキさんの意外な歴史を知りました。こちらにも来

てくださっているんですね。ほんとにありがたいです。

〈コメント5〉 honda February 20, 2006

　僕は日本生まれ日本育ちですけど、方言で同じような気持ちになったことがあります。18年過ごした地元の広島弁と大学＆仕事で7年過ごした岡山弁、仕事で使う現代東京方言(＝標準語)が混同しちゃってるんですよ。久しぶりに地元に帰ってバーに行くと、「お客さんどこの方？」なんて言われます。だからって特に困るようなことはないんですけど、友達から「なんか変わったね」って言われるとショックですね。

　ちょっとズレすぎたかな。すみません。

　((＿＿〃)ペコッ

〈コメント6〉 タカシ February 21, 2006

　＞hondaさん、ひょっとして「選べれる」って「レ足す・レ入りことば」を使いますか？　前にそのことについて書いたことがあります。(掲示板のように使ってすいません。)

〈コメント7〉 honda February 21, 2006

　＞タカシさん、今なら「選べる」ですけど、広島にいたときは「選べれる」って言ってたかも。。。(忘)以前、友達の話を聞いてて気づいたんですけど、「行く」の可能・肯定が「行ける」なのに、可能・否定が「行けれん／行かれん」って人が多いんですよね。岡山は「行けん」だったかな。どちらもⅡグループ(下一・二段？)と「来る」は完全に"ら抜き"でしたね。学習者に「わたしのバイトの友達は可能形がおかしいです」って言われたことがあります(敬語も)。このへん教えるの困りますよねぇ。

〈コメント8〉 きょうこ February 21, 2006

　タカシさんとhondaさんのお話にお邪魔してよろしいでしょうか…。

　旦那(岡山県生まれ、大学時代は山口、卒業後岡山)は「行けれん」って言

いますよ。
　ちなみに山口弁話者の私は「行かれる」「行かれん」と言います。「行く」「行けん」も言いますが。

〈コメント9〉　たなか February 21, 2006
　わたしの父の出身地福島ではあげるをくれるというんですよ!「(あなたに)これあげようか」というのを「これ、くれっけ(＝くれようか)」というのです。子供の頃にとても戸惑った思い出があります。くれるのか、あげるのかわからなくて、父に聞きにいった覚えがあります。

〈コメント10〉　b February 22, 2006
　方言の話が出ているので、つい先日知ったことを。関西では「におぐ」をいうことばがあるんですが、これは「においをかぐ」ということばの方言なんですってね…。私は関西出身です。ほんの数ヶ月前まで「におぐ」が方言だと思ってもいませんでした…(汗)。ちなみに「におぐ」は五段活用(う verb)です。

〈コメント11〉　honda February 22, 2006
　＞たなかさん、fさん、どちらもおもしろいですね。びっくり＆笑でした。
　＞ヤンさん、台湾語ではどうですか?　方言の違いでなにか気づいたことがありますか?

〈コメント12〉　ヤン February 23, 2006
　たくさんのコメントをいただいてありがとうございます。方言って本当にいろいろありますね。よくテレビで聞いたのは関西弁とか名古屋弁で、一回NHKの日本の方言についての番組を見て驚きほどでした。
　Hondaさん:台湾語は実際に中国語の方言のひとつで、発音は中国語とぜんぜん違います。僕は台湾のテレビ番組をよく見ていますが、たいていは中国語が使われていますけど、時々台湾語が冗談を言うときにパッと出て、

わからなくなります。

〈コメント13〉　タカシ　February 24, 2006
　＞hondaさん、きょうこさん、否定形だけ「いけれん」とれが入る場合があるんですね。って今見直したら９月の「れ入り言葉レタス言葉」の記事にきょうこさんからコメントをもらっていたんでしたね。
　＞たなかさん、「くれっけ」、そりゃわかんないですね。
　＞ｂさん、「におぐ」ですか。雰囲気でかなりわかるけど、すぐにはわかんないかも。
　＞ヤンさん
台湾語と中国語と全然違うんですね。どっちもいつか勉強してみたいです。

〈コメント14〉　honda　February 25, 2006
　＞ヤンさん、台湾語と中国語って文字も違うんですよね。繁体字と簡体字って言うのかな。台湾の中でも、地域によって違いがあるんですか？　台北と高雄ぐらい距離があったら、別の方言があってもおかしくないと思うんですけど。

　このポストは珍しくたくさん（14件）[7]コメントがついている（普通は５件もコメントがあれば多い方である）。大まかに２点に分けて分析してみる。第１に、話題がもとの「おれ何語がネイティブ？」という問いかけからずれて、どんどん発展している。たなかとタカシとhondaは、この元の話題についてコメントしているが、hondaの「方言で同じような気持ちになった事がある」というコメントが、他の人が方言についてコメントをし始めるきっかけを作り、タカシ、honda、きょうこ、たなか、ｂの間でしばらく日本の方言の違いについてコメントが交わされている。やがてhondaによって台湾語の方言はどうかという風にヤンにも話題に入れるような配慮を見せるコメントがされる。このように、横道にそれてコミュニケーションが盛り

第 7 章　「言語学習」という「統治のレジーム」の逆襲　155

上がっていくのはよくあることで、特に自分の言いたいこと、書きたいことを発信するのが目的であるブログ活動では望ましいことだろう。ここでは、ブログは内容中心のコミュニケーションの場となっている。

　第 2 に、このポストに対するコメントはこの場をコミュニケーションの場として定義するものが多かった一方で、ここでも言語学習の「統治」のレジームが少し出て来ている。初級クラスのブログのコメントによくあった、ポストの日本語を評価するというコメントだ。ミキは、「ヤンさんは日本語もとても上手ですね。」ということにより、ヤンを日本語学習者として位置づけているのだ。本当に日本語が上手な人には「日本語が上手ですね」とは言わないものだ。「上手ですね」という裏には「下手」である可能性を前提としているからだ。ポストの内容からヤンが日本語を母語としないことは明らかだが、ミキのこのコメントはそれをヤンの日本語力についてコメントすることによって再度強調しているのである。そして、内容には触れずに、自分のシンガポールでの経験を言うことにより、ブログを読んで内容をもとにコミュニケーションするというよりは、シンガポールの人が日本語を話しているという事態についてコメントをしているようである。

3.2.3　考察

　以上の事例から、初級クラスのブログに比べて上級クラスのブログは、内容がトピック中心に移っているということが言える。初級クラスのブログのコメントにあったような、ネイティブ・スピーカーが学習者に対してつけるようなコメント、つまりポストの文法を直したりほめたりするようなコメントはほとんどなかった。だが、形を代えて言語学習の「統治」のレジームは見られた。

　それは、ポストした人に対して、自分のネイティブ・スピーカーとしての権威を作り出すような言語学習の「統治」レジームだ。「調べてみて下さい」と、自分で答えの分かっている事を調べさせることによりブログの場でも教師／学生の上下関係を作り出したり（事例 5）、ポストした人に日本語の語彙力が無いということを前提とした質問の仕方をしたり（事例 6）、ポスト

の日本語が「変な日本語」であるということをほのめかしたり(事例7)、求められていないアドバイスをして、アドバイスを必要とする側とアドバイスしてあげる側という上下関係を作り出したり(事例8)というような様々な方法で、ポストする人とコメントする人との間で上下関係が作り上げられていた。

その一方で、ネイティブ・スピーカー対言語学習者の上下関係を離れ、参加者が共に学び合うという情報交換の場の「統治」のレジームもあった。リンクを紹介しあったり(事例9)、方言についてお互いに情報交換をしたり(事例10)というようなブログ活動だ。

つまり、上級クラスのブログでは、初級クラスのブログに比べてよりトピック中心にはなっているものの、言語教育の「統治」のレジームも健在している。それと同時に、そこにはそれ以外の「統治」レジームにのっとった実践共同体がうまれる可能性もあるようだ。

4　おわりに：言語教育にブログを使うことの意義

ブログ活動は教室からはなれるという意味で、より自由なトピックを扱った創造的なコミュニケーションを中心に言語学習することをめざしている。言語学習のために人工的につくり出された環境でなく、実際のコミュニケーションを体験するというのが目的だが、教室での教育、そして言語学習の「統治」のレジームから形式的には遠ざかってはいるものの、言語学習の「統治」のレジームが所々で顔を出しているというのが本章の議論だ。

「未熟者」として教師から知識を与えられ日本語を直してもらわなければならない受け身的な存在でなく、実践共同体に参加し、そして共同体を形成していく立場になることを目的としたブログは、言語学習者が受け身ではなくコミュニケーションに参加しているという意味でその目的を果たしている。だが、「未熟者」として日本語を直してもらったり、助言されたりする可能性は、本章で見た様にブログ活動の中で十分に残っている。特に初級クラスのブログでその傾向はよく見られた。上級クラスのブログでも形を変

え、言語学習者は「未熟」で「直される存在」として位置づけられている。

　だが、これはブログが実際の会話に近い状況に言語学習者をおくことができなかったのではなく、まさに実際の状況に言語学習者をおいたことになるのではないだろうか。日本での実際の生活では、日本語学習者は否が応でも「未熟者」として位置づけられ、話している内容を素通りして言語能力についてコメントされたり、間違いを直されたりすることがある。つまり、言語学習の「統治」のレジームは日本語の教室内のみでなく、教室外でも言語学習者にどこまでもつきまとい顔を出すのだと考えられる。

　ブログ活動は、学習者が、教室で行われる人工的なコミュニケーションではなく、創造的なコミュニケーションに参加することを可能にした。これからの課題は、本章で見たようなブログ上に見られる言語学習の「統治」のレジームを積極的に取り上げ、生徒と共に批判的に分析し、どのように対応していくかを考えていくことだろう。ミッチェル゠ディーン（Dean 1999）は、「統治」のレジームについて理解することが、それから逃れられるような行動の仕方を考えるきっかけになったり、自分たちの行動について理解し、より責任を持つことが出来ると言っている。言語教育の場合は、話の内容を聞こうとせずに言語能力のみに注意を払った発言や、言語を社会的関係から切り離して見たり、ネイティブ・スピーカーと言語学習者との上下関係を打ち出そうとする発言などがあることについて、そしてその意味することについて生徒に理解させることがそれにあたるだろう。そのように、実際の生活でも起こるような状況にどのように対応するかを批判的に考えていくことは、これから日本語話者として生きていく上で役に立つだろう。

　5章で取り上げたブログ活動の実践では、実際の会話に近い状況で日本語を勉強するということに焦点が置かれているが、なぜ人々が特定の形でコメントをするのかの分析までは至っていない。本章では、ブログのポストとコメントの分析を通して、ブログ活動は言語学習の場を離れた訳ではないということ、ブログは様々な「統治」のレジームを持ち出すことができる場であり、言語学習の「統治」のレジームも教室とは違った形で入ってくることを指摘した。以上のことを理解し、それをより有効に有用していくことが、学

習者が実際に直面する状況に根付いた日本語教育をめざすブログ実践のこれからの課題となるのではないだろうか。

注
1 「実践共同体」とは、ジーン＝レイヴとエティエン＝ウェンガー(Lave & Wenger 1991)の唱えた概念で、様々なトピックをもとに、それに関心のある人々が集まってなる共同体(アニメの好きな人の集まり、染物屋の集まり、人類学者のリストサーブ等)で、そのトピックについてよく知らない人でも自分で出来る限りで「見習い」として参加できるような共同体である。知識の有無にかかわらず皆参加し、参加することによって学んでいくという形を強調している。
2 レジームとは、ここでは行動のレジーム(regime of practice)という意味合いで使われている。行動のレジームとは、物事について考えたり行動する時のある一定のパターンをさす。例えば、どういう状態が「健康」な状態か(咳をしていない、ある範囲の体温を保つなど)、どうすれば「健康」な状態を保てるか(乾布摩擦、うがい、消毒など)、「健康」を害した場合はどうすれば「健康」にもどれるか(薬を飲む、休養をとる、針をするなど)の様な一連の「健康」に関する理解の仕方とそれにのっとった行動の仕方が「健康」に関する行動のレジームと言える。そして、例えば、気分的に落ち込んでいる状態が、「健康」な人の単なる気分の波と考えられたり、「病的」状態であり薬によって治療されなければいけない状態と考えられるなど、「健康」に関するレジームは社会、時代によって異なる(Dean 1999)。
3 日本人であっても育った場所によっては日本語が話せない人がいることなどを考えると、このように日本人と日本語の関係は必ずしも当然のものではない。また、「日系で日本に帰って来た人たちは日本人か」「国際結婚の子供は日本人か」「日本に何世代もすんでいる中国からの移民は日本人か」等を考えると、「日本人」というカテゴリー自体は単純に自明のものとして捉えられるものではない。
4 saxophoneの先生のおはなしです。今日は、私のおもいではsaxophoneの先生のおはなしです。高校生の時、saxophoneをいつもふきました。だい好きでした。わたしのsaxophoneの先生はとてもよかったですよ。先生はおしえてくれた時、よくおはなしをしました。ひとと゛おはなしはたのしくて、おもしろいでした。このおはなしはsaxophoneおんがくかのことです。昔々、saxophoneおんがくかがいました。毎日、saxophoneおんがくかのうちのまどでふきました。うちのそとに　いろいろな人がいました。ときどきそのsaxophoneのうたがきこえました。saxophoneおんがくかをふいた時、うたをひとつだけふきました。(melody from "Somewhere over the rainbow")。まず、いろいろな人はうたが好きでした。人は　もう一どふいてください

と言いました。(same melody again)。でも、おなじうたをたくさんきてから、好きじゃありませんでした。人は　好きじゃありません　と言いました。saxophone おんがくかはうちをそんなにでますから、とてもさびしでした。もう、うたをたぶんふきたいでしたが、うたをひとつだけふきました。(melody again)。まどでふいた時、いろいろな人がいじわるになりました。人は　ふかないでください　と言いました。ある日、saxophone おんがくかはとてもさびしでした。しにたいでしたから　saxophone おんがくかはとぶでまどからみちまででした。きゅきゅしゃがついた時、きゅきゅしゃはおとをつくりました。(play next melody from somewhere over the rainbow. (it's funny because it sounds like an ambulance!)) saxophone おんがくかのうたがみちました。

5　カニェウェストのアルバム
カニェウェストのアルバムは "Graduation" です。このあたらしいアルバムはいいです。そうそうてきです。アルバムのいちばんいいうたは "Can't Tell Me Nothing"。このうたはカニェウェストのおんがくのみほんです。
えいごでいいですか....
"Can't Tell Me Nothing" exemplifies Kanye West for a couple of reasons. First, the verses on the song are not meant to be lyrical gems like those of his other chi-town natives Common or Lupe Fiasco. In fact, the verses only truly flourish because of Ye's charismatic flow and egomaniacal, I-don't-care-what-you-think swagger. Kanye has developed these characteristics since before his first album and they are showcased in this song. However, putting aside the stylistic issues, the content of the song is also exemplary West. Centered around his uncontrollable persona, materialistic inclinations, and of course almost comically large ego, the song paints the picture of West probably better than even he could have imagined. "Let up the suicide doors / this is my life homie you decide yours/ ... / So I parallel double parked that m***** f***** sideways/ old folks talkin bout back in my days/ but homie this is my day / class started two hours ago, 'Oh am I late'." His self-centered and frankly a**hole tendencies, which would probably make you hate him in person, are exactly what makes his music so addictive. On a whole, Kanye is unwilling to do what many people, especially hip-hop heads, would want him to do; instead he chooses to make much more pop-inspired and generally simple-themed music, and that is exactly what makes it so good. "Don't ever fix your lips like collagen / and say somethin' when you gonna end up apologin' / Let me know if it's a problem then / alright man holla then."

6　この他に、てんぷらショーがすずらんへのコメントのお礼と、それに対するすずらんからのコメントが続くが、ここでは省略する。

7　日本語オンライン学校の代表が内容にコメントしつつ学校の宣伝をしているコメントが1つついていたが、ここでは省略する。この学校は同じようなコメントを他の生徒のブログにも残している。これは、ブログが公に開いていることによるものだろう。

第8章　確かな現実把握を踏まえた自律的学習者の育成をめざして：
今後のブログ・プロジェクトへの提案

佐藤慎司・深井美由紀・中澤一亮

1　はじめに

　本章では、6章(本林)、7章(ドーア)での分析で指摘された問題点について、プロジェクト実践者(深井・佐藤・中澤)による反省も交えてさらに掘り下げて考察するとともに、これからの実践への具体的な提案も行う。まず、ブログ・プロジェクトの目的として5章であげられた項目それぞれを検証することで、それが達成できたのか、今後何を考慮すべきなのかを明らかにする。そして、1)ブログやコメントを読んだり、コミュニケーションするだけではなくそれを批判的に分析することの重要性、2)ブログ・プロジェクトのような実践を行うにあたり、ブログの可能性を認識した上で、どのように目的、評価方法を設定するか、また、3)学習とブログ活動、という観点からこのプロジェクトの結果を整理し、今後のブログ活動に向けて示唆を与える。

2　ブログ・プロジェクトの目的の検証

　この節では実際に提示された目的が達成されているかいないか、達成されていないとしたら何が問題なのかを1つずつ検証する。

2.1　上級ブログ・プロジェクトの目的の検証

　上級のブログ・プロジェクトでは次の目的が掲げられた。

1. 自分の言いたいこと書きたいことを発信し、読者に自分の言いたいことを伝える。
2. 自分の興味のあるブログ、サイトを探し、分析したり評価したりして、批判的に考える。
3. 読者をつかむという活動を通して、自分の興味のあるコミュニティーに参加、あるいは、コミュニティーを作る。
4. 授業の中での話し合いで技術、言語、文化面の問題を提案し、皆で解決策を考える。

2.1.1 自分の言いたいこと書きたいことを発信し、読者に自分の言いたいことを伝える。

今回の活動は、特にブログに書くためのトピックを与えたわけではなく、好きなことを書くようにという指示であった。したがって、授業活動内で自分たちの言いたいことや書きたいことを発信できるような場は与えられていたし、実際の学習者のブログを見ると様々なトピックで書かれていた。しかし、本当に書きたいことを書こうとしていたのか、また、その書いたことが読者に伝わっていたのかということは、本人たちに確認しない限り、ブログのエントリーやコメントなどを見ただけでは、わからない。したがって、この問いに答えるためには、言いたいこと、書きたいことを実際に書いてるのか、そして、それが伝わっているのかを確認するなんらかの手段、活動が必要である。

2.1.2 自分の興味のあるブログ、サイトを探し、分析したり評価したりして、批判的に考える。

これは学習者によってまちまちであるが、この目的に関しても達成されたかどうかはわからないというのが、実践を行った教師としての正直な感想である。そもそも、実際のブログを見ているだけでは学習者がサイトをどう探し、どう分析し、どう評価しているかが見えない。上級の学習者には発信か受信か、コミュニケーションのどちらの活動に特に焦点をおくかを事前に決

めてもらったが、1名の学生を除いて、全員が発信を選んだ。そのため、この目的を積極的に促進するような指示を、教師が出さなかったということも、目的の「受信」の側面が達成できたか見えにくい理由として考えられる。

今後、この目標達成を明確化したい場合には、例えば、自分の興味のあるサイトを読んでリンクをはり、批判的に分析した結果をブログに書くという課題などが可能であろう。また、内容理解、他の視点からの様々な読み方などを確認するためにも、興味のある何人かが同じ記事を読み、ブログに書かれていた事柄の分析結果を読み合ってコメントをし合うようなフォローアップも必要であろう。この部分に関しては、4節「批判的に現実を捉える」の項でさらに議論する。

2.1.3　読者をつかむという活動を通して、自分の興味のあるコミュニティーに参加、あるいは、コミュニティーを作る。

この目的の達成度合いも学習者によってまちまちであるが、担当教師としては、ほとんどの学生は課題としてのブログをポストするのが精一杯で、それ以上のことには時間が回らなかったという印象を受けた。つまり、実際に書く時間、コミュニケーションする時間を授業内で取る必要があることを示している。

また、実際にコミュニティーに参加する、コミュニティーの形成に関わっていけるような活動を教師がデザインして、ブログ活動の中に盛り込む必要がある。例えば、学習者の興味によってグループを作り、どのようにそのコミュニティーに参加していけるか、ひいては、どのように新しいコミュニティーを作っていくかを考えながら活動を行っていく方法が考えられる[1]。また、ブログ上であるトピックについて意見のやり取りをしていくという活動を通してコミュニティーに参加している学習者も見られたが、自分の興味のあるグループ(コミュニティー)を見つけ、そのグループに関わっていくには、1学期(＝実質3ヶ月)という期間では短すぎるのかもしれないと感じた。

2.1.4 授業の中での話し合いで技術、言語、文化面の問題を提案し、皆で解決策を考える。

　クラスの中ではブログ活動の様々な問題が持ち上がり、それを皆で解決していく機会は何回かあった。例えば、どうやったらコメントがもっともらえるかといったような問題はよく取り上げられたが、それには、ブログをよく知っている学生がアイディアを出したり、ブログに詳しい教師をクラスに招いて、学生と話し合ったりした。しかし、これらの問題解決方法を提案するのは授業中の話し合いに限らず、ブログ上でも解決することが可能であろう。つまり、問題提起を発信の1つとして捉え、ブログで問題解決を図っていくこともできる。問題をみつけ皆に提示することを発信、解決にまでこぎ着けるために様々な人とやり取りをすることをコミュニケーションと捉えれば、この目標は1つとして数えず、前の3つの目標と統合することもできる。

　活動の際の問題解決の資源（resource）は、担当教師やクラスメートだけでなく、ほかにもいろいろあることが望ましい。例えば、教室活動には参加していないが、その問題について専門的な知識を持っている人や、専門知識がなくても解決方法を調べることができる人、あるいは解決方法のヒントを示す資源を手に入れることができる人や、資源それ自体などである。学習は人の一生において続くものであると考えた場合、学習者が1人で様々な資源を用いて学習していけるかということを考えることは大切なことである。また、自分が教えてもらうだけでなく、教えてくれた人やコミュニティーへ自分は何か返せないのかという視点もコミュニティーに生きる個人という視点から見た場合重要なことである。それは、学習者が知識や情報を教えられるだけの受身的な関わりだけでなく、他者にも知識や情報を与え、ともに「学び」という創造的な活動に携わるという能動的な関わりもできるようになるからである。このような学び合いの活動としては、例えば、中上級レベルでは、興味のある社会問題や世界の様々な問題をトピックにし日本語学習者と日本語母語話者がお互いに持っている情報や技術を提供しながら、同時にそれぞれの（学習言語、母語を問わず）コミュニティーに貢献していけるような

活動が考えられる[2]。
　次に初級で行ったブログプロジェクトの目的をもう一度振り返り、目的ごとに達成状況を検証する。

2.2　初級ブログ・プロジェクトの目的の検証
　初級のブログ・プロジェクトでは次の目的が掲げられた[3]。

1. 日本語を勉強しながらうれしかったこと、びっくりしたこと、わくわくしたことや大変だったこと、そして様々な疑問を表現／共有する。
2. クラスメートやクラスの外の人とコミュニケーションする。
3. それまでにしてきたことを振り返る(あるいは評価する)。

　この目的は上級での反省を活かし、コミュニケーションが発展していくように活動の中に振り返りの要素を取り入れたものである。以下、目的1つずつ振り返る。

2.2.1　日本語を勉強しながらうれしかったこと、びっくりしたこと、わくわくしたことや大変だったこと、そして様々な疑問を表現／共有する
　初級の学生は日本語、英語どちらの言語を使ってもよいということにしたこともあってか自由に自己表現ができ、この目的はおおむね達成されたと言ってもいいであろう。実際の担当教師の振り返りや、学習者の最終アンケートなどを見ると、ブログを取り入れることで教室コミュニティーがまとまりやすくなり、クラス全体がなごやかな雰囲気になることが多いようである[4]。それは、ブログを通して、例えば趣味などクラスメートのことをより深く知ることができたためではないかと思われる。実際、授業の前や休み時間などに、学習者同士がブログに書いてあったことについて話していることも多かった。

2.2.2 クラスメートやクラスの外の人とコミュニケーションする

　上述のように、クラスメート間ではブログ上で、また、授業前後などにコミュニケーションがよくなされていた。また、クラス外の人とのコミュニケーションについては、秋学期（初級1学期目）はあまり活発でなかったものの、春学期（初級2学期目）には日本語レベルが向上し、英語で書く必要がなくなったこと、また、できるだけクラス外の人とコミュニケーションをするようランゲージラボ[5]での活動の時間を増やしたこともあって、比較的コミュニケーションが図れたのではないかと思う。

2.2.3 それまでにしてきたことを振り返り（評価していく）

　この目標に関しては秋学期（初級1学期目）はあまりできなかったため、それを反省し、春学期のランゲージラボでの活動では振り返りの時間を取った。振り返りの時間では、自分がそれまでに書いたブログとそこに残されたコメントを読み、コメントに返事を書くという作業を行った。このようにブログを見返せばコメントへ返事を書いたり、自分が書いたポストを読んでいろいろ内省する機会が増える。この点を踏まえ、今後のブログ活動では、もっと頻繁に学習者が自分のブログを見返すようにする工夫が必要であろう。その際に、ただ見返すように指導するだけではなく、例えば「コメントを読んで、自分のポストが誤解されていないか確認する」など、どういった点に気をつけて見返すべきかについてもクラス全体で考える必要がある。

2.3 ブログ・プロジェクト目的検証のまとめ

　5章で述べたように、ブログ・プロジェクトを始めた当初の動機は、外国語教育における文化概念の問題点を乗り越えるというものであった。5章で指摘した問題点は、「外国語教育の文化概念は国民国家、あるいは、言語と密接に結びついていることが多い」、そして「外国語教育では学習者が積極的に文化を変えていく、作り出していくものとは考えられていない」という2点である。

2.3.1 外国語教育の文化概念は国民国家、あるいは、言語と密接に結びついていることが多い

　外国語の学習がその言語の国民国家文化の学習、つまり、日本語学習においては日本文化の学習と結びついてることが多いという問題は、上級の1から3、初級の1の目標と密接に関係している。ブログ・プロジェクトにおけるトピックは、日本のこと、特に「日本文化」に限って行われたのではない。上級レベルでは、トピックとして学習者の興味のあること、初級レベルでは日本語を勉強しながらうれしかったこと、びっくりしたこと、わくわくしたことや大変だったことなどをという形で提示した。しかし、教室活動の中で日本語と日本文化の密接な結びつきを積極的に検証するような活動は行われなかった。

2.3.2 外国語教育では学習者が積極的に文化を変えていく、作り出していくものとは考えられていない

　この問題は上級の3、初級の1の目標と密接に関係している。文化／コミュニティーを変えていく、作り出すという視点は上級学習者ではかなり意図されていたが、上述したように、時間的制約などから、その参加をなかなか発展させることができなかったのが現実である。しかし、学習者が文化やコミュニティーを作り出す、作り替えることそれ自体が目的なのではなく、学習者はそういうことも出来る存在(受け身でないという意味で)なのだと理解することが本来の意図であったため、その点を明確に伝える必要性があったと感じる。

　また、ここでこのブログ・プロジェクトを他の理論的視点から見て分析を行った6章(本林)と7章(ドーア)の本章への貢献をもう一度振り返ってみたい。6章の多様・多層なインターネット公共圏群という角度からの分析は、このブログ活動においてインターネットというものの特質を考慮する必要があることを示唆している。本林は、インターネットは、つながるのも簡単だが、そのつながりが切れるのも簡単であるということを指摘し、このような活動が、議論の場を維持することが目的なのかその場その場で日本語を

使用してコミュニケーションができることに主眼に置くのか、もう一度目的をしっかり考え直すことの必要性を明らかにしている。

　また、7章の統治の理論による分析は、教師と学習者という権力関係から離れた環境で言語を「自由に」使用できる空間を与えると考えられていたブログが、今度は逆に母語話者と非母語話者の権力関係に身を置くことになる様子を分析している。ここで、ドーアが明らかにしたことは、いかなる状況においても既存の様々な権力関係からは逃れることはできないということである。そして、ドーアはそのような権力関係を避けるのではなく、どのように既存の権力関係に関わっていくかを学習者とともに考えていくことが大切であることを強調している。

　次節では、2節で述べた反省点と上記、6章、7章の分析から共通して見えてくる問題を、批判的に現実を捉える、学習者の自主性と教師の関与、生涯学習とブログの3点に絞り明らかにしていく。

4　批判的に現実を捉える

　ドーア（7章）が述べているように、言語学習者が現実の状況に身をおいた場合に起こりうること、つまり、実際の生活において学習者は否が応でも「未熟者」として位置づけられ、話している内容ではなく言語能力についてコメントされたり、誤りを直されたりすることがあることがブログ活動中にも起こるということを理解し、そのような扱われ方を、どう捉えていくか考えることは大切なことである。現行のブログ活動の実践では、現実に近い状況で日本語を勉強するということに焦点が置かれているが、ドーアも指摘するように、なぜ人々が特定の形でコメントをして来るのかなどのコメントの分析にまでは至っていない。なぜ人々が特定の形でコメントしてくるのかということを学習者とともに分析し、考えていくことにより、自明の事柄をもう一度見直すことができるだけでなく、自分が納得できないと思われる事柄は実行しないという形で関わることで、変化のきっかけをつくることができる。しかし、現段階のブログ・プロジェクトにおいては、コミュニケーショ

ンできる喜びのようなものが強調されており（それはそれで大切なことであるが）、それで終わってしまっている。今後は、ブログ・プロジェクトの目的を「コミュニケーションする」といったことばの道具的側面のみを強調するのではなく、何のためにコミュニケーションを行うのか、コミュニケーションしていく中で自分の達成したいことを達成するためにはどうしたらいいのかといったコミュニケーションの目的についても学習者とともに考えていく必要がある。

また、今回のブログ・プロジェクトでは教室内外の他者と自由につながることができるというブログの側面が強調されているが、本林（6 章）の分析では、インターネット上にできた重層的な言説空間に学習者が主体的に参加していく可能性だけでなく、その難しさも明らかにしている。インターネット時代におけるコミュニケーションのあり方を考えるためには、ブログという媒体の様々な特性、そして、それをどうやって活用していくか、そのいい点悪い点を学習者とともに考え、テクノロジーを批判的に見つめ直し、どう関わっていくかを話し合っていくことも大切なことである。

5　学習者の自律性と教師の関与

このブログ活動において最も大切なことは、活動の目的とその評価方法をできるだけ合致させ、それを学習者に明確に伝えるということであろう。ブログを用いてできる活動には様々なものが考えられる。したがって、学習者にどんな目的でこの活動を行っているのかを明確に伝えないと、学習者は何を求められているのか分からなくなり、混乱してしまう可能性がある。「ブログという新しいものを使ってみましょう」というような理由だけでは学生自身「なぜブログを使うのか」という点が（特にテクノロジーに対して否定的な印象を持っている学習者には）理解できないので、学生へはその目的、ブログを用いる理由などを何度も説明し、了解を得る必要がある。

そして、ひとたび目的を設定したら、次にその目的に合うような評価方法を設定することが大切になってくる。例えば、このブログ活動で言語の正確

さを身につけることを目標とするのか、それとも実際に言語を使用する、コミュニケーションすることに目標を置くのかによって指示、評価方法はずいぶん変わってくる。例えば、ブログを書く際のトピックや長さ、使う語彙・文法についてどう指示を出すかが1つの例としてあげられる。もちろん、それらはプロジェクトの目的や学生のレベルなどによっても、また、設定した目的に応じてブログへのフィードバックの仕方も変わってくる。評価方法においても、長さや正確さを評価の対象に含めるのか、それとも、期日を守って提出したかどうかが評価の基準になるのかなど様々なやり方が考えられる。

　どの程度指示を与えるかという問題は、上記の言語的側面に関してだけでなく、ドーアの章でも提案されていたようにブログ記事を批判的に分析する活動や、ブログ活動を振り返る活動の指導に関しても同じである。批判的に物事を捉えたり、活動を振り返ったりする際、そのやり方がよくわからない学習者には、何らかの形で教師やクラスメートの手助けが必要になってくる。教師が具体的な指示を与えるのが効果的な場合もあるだろうし、あるいは、実際にどう批判的に分析したらよいのか、実際にどんな点に気をつけて振り返ったらよいのかなど、クラスで話し合い様々な意見交換をするようなやり方も考えられる。

　また、カリキュラム全体から見たブログ・プロジェクトの位置付けや、プロジェクトの約束事を考える場合、教師が忘れてならないのは、ブログの利点を最大限活用できるような約束事の設定である。コントロールし過ぎてしまうとブログの良さがうまく活かせないし、かといって、全てを学習者任せのままだと授業の一環としてブログ活動を行う意味がなくなってしまうだろう。両者のバランスは非常に難しいが、この部分は、それぞれのコースの目的や学習環境によっても変わっていくものである。どの程度の教師の関与が効果的なのかを明らかにするためにも、学生の感想や学習者の変化を観察するだけでなく、今後は、ドーア、本林によってなされたように学習者の書いたブログ上の文章、ブログ・プロジェクトの過程、学習者の変化などを様々な角度から分析し、ブログ・プロジェクトが学習者にどんな影響を及ぼすの

かを明らかにしていくことが必要である。

6 生涯学習とブログ

　学習を、知識を頭の中に詰め込むことではなく、個人の実践共同体への参加、つまり、共同体のメンバーと関わりながらお互いに影響を与え合って変化していくことと定義した場合、学習は学校の教室活動終了、あるいは、学校卒業と同時に終わるものではなく、一生涯続くもの(生涯学習)であると言える。今回のブログ活動は、授業の一環として行われた。しかし、受講中に学習者が作ったブログ、関わったコミュニティーはコース終了後も残るため、そのようなブログ上のコミュニティーへの参加を通してブログを使っての学習、コミュニケーションを継続することができる。つまり、ブログは生涯学習にも有効な道具であると言えるだろう。

　では、ブログを生涯学習に役立てるために、教師はどのようなブログ活動を実施すべきだろうか。生涯学習は、誰かに教えてもらうという態度では成立しない。ブログ活動ではその点も意識し、はじめは細かな指示を与えるところからはじめ、徐々に指示を少なくすることで、最終的には学習者が1人でブログを使って学習していけるように段階を踏んでいく工夫も必要である。また、活動の途中に、ブログを個人のニーズにあわせ日本語学習に役立てるためには、どのように用いたらよいかといった建設的な話し合いを持つことも大切であろう。このような話し合いも初級後半以上では日本語で行うことが可能である。

7 おわりに

　佐藤・深井・中澤によるブログ・プロジェクト(5章)は、外国語教育における文化概念の問題点を乗り越えることを目的として始められた。本林(6章)とドーア(7章)の分析結果から、テクノロジーの利便性、母語話者と非母語話者の権力関係など自明だと思われている事柄を見直す必要性が明らか

になった。本章では、ブログ活動の当初の目的とその活動の内容を再検討し、ブログ・プロジェクトが他者と日本語を使って関わること、コミュニケーションをすること自体が目的となっており、何のために関わるのか、何のために誰とコミュニケーションするのかという本質的な問題があまり考えられていないことを明らかにした。

　コミュニケーションの1つの目的を自己実現と考えた場合、もらったコメントを批判的に分析し、自明の事柄をもう一度見つめ直すことは非常に重要なことである。そして、自分が望ましくないと感じた場合、今後どのように関わっていったらいいのかということを考えることは、コミュニティーに属する皆が住みやすい環境を作るという上でも大切なことである。確かに知識としての(国民国家)文化、それを学習することは重要なことかもしれない。しかし、知識を身につけるだけではなく、それを用いてどう世界、社会、コミュニティーと関わっていくか、そして、それを変えていくかを真剣に学習者と考えることこそが、今の外国語教育に最も欠けているものではないかと筆者は考える。

注
1　2009年春学期には初級学習者のクラスで興味のあるトピックごとにグループを作り、定期的に情報を発信していくというコミュニティープロジェクトを行った。この活動では情報発信以外に、自分たちと興味が同じ人たちの日本語のブログを読んで、コメントを残したり、コミュニケーションを行うという活動も行った。
2　このような活動はすでに佐藤(2009a, 2009b)で実施されている。
3　ブログに掲示した英語は次の通り。
　　a)　To share/express your happiness, surprise, excitement, and/or frustration, as well as any questions you might have, while learning the Japanese language (or any other topics).
　　b)　To communicate with your classmates and other people outside of class.
　　c)　To reflect (or evaluate) what you have done so far.
4　2006年日本語上級クラスの学期末に行われたアンケートで何人かの学生はブログによってクラスメートのことをよく知ることができたと書いている。
5　言語学習専用のコンピュータルームのことを指す。

第 3 部　ポッドキャスト・プロジェクト

第9章　社会と関わる日本語教育を めざして:

ポッドキャスト・プロジェクト実践概要[1]

深井美由紀・佐藤慎司

1　はじめに

　ここ数年で爆発的な人気が出てきたポッドキャストというテクノロジーをどうして日本語教育の実践に取り入れたのか。それは、「学習とは何か」という問いに対する筆者らなりの答えである。筆者らはアメリカの大学という環境で外国語としての日本語教育に携わっているが、そのような環境では、プログラムで決められたカリキュラムがあり、指定された教科書があって、試験の日までに決められた文法と語彙を導入・練習する授業が行われることが多い。文法や語彙は「知識」として捉えられ、教師はその知識を与える者、学習者はそれを受け取る者であるという図式が成り立つ。もちろん、言語を知識や情報として伝えるだけではなく、それを応用してコミュニケーションできるように、多くの教師は様々な状況を設定して会話練習や読み書き練習を行っているだろう。しかし、それは教師が作り出した仮想状況であり、教室の外で実際に繰り広げられるコミュニケーションと同様に扱うことはできないだろう。

　さらに、学校機関における教育では、外国語に限らず、試験や小テスト、宿題という形で常に学習成果の評価が行われている。この評価もやはり教師から学習者へという一方向であることがほとんどである。つまり、教師が決めた評価基準と方法を使って、学習者がどの程度文法や語彙が使えるようになったのかが測定されるわけである。このような状況における「評価」は、コミュニケーションにおける「評価」とは、その性質を異にする。コミュニ

ケーションにおける「評価」とは、ことばを使って他者と対話する上で、相互理解を促進するためのやりとりの過程である。つまり、お互いがよりよくわかり合えるように、発話のわからない部分を指摘したり、発話が理解できたとあいづちをうつなどの形で、お互いに「フィードバック」を与え合う。教育現場における「評価」では、このような実際のコミュニケーションにおける「評価」とは違い、評価者である教師と評価される学習者の役割がはっきりしており、相互理解のためというよりも、評価する教師の期待を満たすために学習者が反応するという場合も出てくるのではないだろうか。つまり、教師によく見てもらおうとするあまり、学習者が「学習者はこうであるべきだ」という教師の基準に沿ってふるまう可能性があるだろう。さらに、日本語でコミュニケーションがしたいという動機付けから日本語ということばを学ぶのではなく、「試験などでいい成績がおさめられるように」という、ことばを学び、使う目的とは本質的に異なる目的を持って学習活動を行う学習者がいても当然だろう。

　知識を得ること、試験でいい点数を取ること、こういったことは必ずしも悪いことではない。しかし、現在の外国語教育では、教師から学習者への知識の伝達と評価が強調されるあまり、一歩教室の外に出ると、実際に他者と上手くコミュニケーションできないという学習者がいることも事実ではないだろうか。

　教室という枠を超え、ことばを使って伝えたいことを伝え、クラスメートと教師以外の他者と相互交流する機会を増やすにはどうしたらいいのだろうかと考えたとき、筆者らは他者とつながる手段としてポッドキャストを選んだ。ポッドキャストはインターネットを介して一般に公開される音声あるいは動画ファイルをさし、誰でも簡単に作ることができるという特長がある。また、ポッドキャストの制作者は、インターネットを使ってポッドキャストを目の前にいる人ではなくインターネットがつながっている全世界に向けて配信することができる。代表的な配信手段としては、ブログやYouTube (http://www.youtube.com)、iTunes (http://www.apple.com/jp/itunes/overview/) があげられるが、この３つはどれもポッドキャストを見た人・聞いた人が

コメントが残せる機能がついている。また、ブログと YouTube はコメント欄にコメントを残すという形で、ポッドキャスト制作者が視聴者・聴取者へのコメントに返答ができ、作り手と受け手の相互交流が可能である[2]。

本章で紹介するプロジェクトは、この、インターネットという世界中をつなぐ媒体を使って、「学習」を社会文化的な活動、つまり学習者をとりまく環境や他者と相互交流を通して起こると考える社会文化的アプローチ（石黒 2004, 田島 2003, 西口 2006, Gee 1990, Kern 2000, Lantolf & Thorne 2006, Lave & Wenger 1991, Wertsch 1991）を理論的枠組みとしてデザインされ、実施されたものである。以下では、まず社会文化的アプローチを概観し、アメリカ東海岸の私立大学の日本語初級・中級レベルで行われたポッドキャスト・プロジェクトについて、その手順を詳述する。

2　学習理論の変遷と外国語教育

人間が何かを学習するとはどういうことだろうか。「学習」ということばを辞書で調べてみると、「過去の経験の上に立って、新しい知識や技術を習得すること」（『広辞苑』）という記述がある。「学習（する）」にあたる英単語「learn」は、「to gain knowledge or understanding of or skill in by study, instruction, or experience（勉強、指導、あるいは経験によって知識、理解、または技術を得ること）」（Merriam-Webster's Online Dictionary）と定義されている。どちらも「学習」とはそれまでにはなかった知識、あるいは技術の獲得であるという見方が示されている。Sfard（1998）はこのような学習観で使われることばとして「知識の獲得」（knowledge acquisition）や「概念の発達」（concept development）をあげ、そこには「ある素材で埋め尽くされるべき容器としての人間の心、そしてその素材の所有者となる存在としての学習者」というイメージが連想されると指摘している（p. 5）[3]。つまり、学習とは新しい知識が学習者の頭に注入される過程であり、知識は学習者一人ひとり、個別に蓄積されるということである。

このような学習を個人による知識の獲得と捉える理論に対して、2つの大

きな問題点が指摘されている。1つは学習における個人差、もう1つは学習者の能動性へ配慮の欠如である。永野(2001)は、従来の学習理論は性格や学習スタイルなどの学習者が持つ個人属性への考慮がなく、学習に表れる個人差が説明できないとし、また石黒(2004)は、知識の伝達と獲得という学習観は、学習者は知識を受け取って溜め込むだけの静的な存在であり、学習者の能動性、つまり他者や社会に与える影響が無視されていると批判している。

　このような批判から、学習を状況に埋め込まれたものと考え、学習者が自身をとりまく社会や文化、そして他者と相互交流を通して起こる現象であるという学習観が生まれた。このような学習理論を代表する者として、ヴィゴツキー(Vygotsky 1962, 1978)の社会文化理論(sociocultural theory)があげられる。ヴィゴツキーは子供が大人の助けを借りて、それまでできなかったことができるようになる過程に注目し、学習とは他者から援助してもらいながら課題を達成し、最後には自分1人で課題達成できるようになる、つまり他者との相互行為を通して状況や人々との関係性が変化していくと捉えた(山下 2005, Hall 2003)。

　ヴィゴツキーと同様、周囲の環境(社会、文化、他者)との関わり合いの中で学習を捉えた理論として、レイヴとウェンガー(Lave & Wenger 1991)の「実践共同体(communities of practice)」があげられる。実践共同体とは「共通のアイデンティティを持ち、専門的、あるいはコミュニティーの目標を中心に据えた共通の目的のために集まった社会的活動の構成単位」(Hall 2003, p. 94)で、レイヴとウェンガーは、ある者が所属している、あるいはしたいと思う実践共同体、または仲間グループ(例えば、仕事場の仲間や共通の趣味を持つ者のグループなど)のメンバーと交流し実践に参加し、「そこへの参加の形態を除々に変化させながら、より深く実践共同体の活動に関与するようになる過程全体」(西口 2006, p. 38)として学習を定義している。ヴィゴツキーの理論では、学習はより「能力」の高い者が低い者を援助して起こると考えられており、学習において何らかの変化をするのは「能力」の低い者だけであるという一方通行の影響とみなしている。しかし、レイヴとウェン

ガーの理論では、学習が起こる環境やそれに関わる人間がお互いから影響を受け、そしてお互いに影響を与え、問題を発見し解決を図りながら、より望ましい方向へ変化していく、つまり学習者だけではなく周囲の環境や人々も変化するものであると見なしている。学習理論は、これまでの学習が個人による知識の獲得であるという「個体中心主義」(石黒 2004)から、状況や他者との相互行為を通してお互いが変化していく社会文化的な活動であるという見方に変遷してきたと言える。このような変遷にうかがえるように、これからの言語教育には、学習者の能動性や他者との関わりを強調し、さらに実践共同体への参加を促すような活動を取り入れることが望まれる。

筆者らは、社会文化的アプローチの「社会文化的」(sociocultural)を人間が活動を行う社会的、文化的な状況 (Schieffelin & Ochs 1986) と定義し、学習における社会文化的アプローチを、学習は社会、文化、他者との相互交流を通して起こり、それぞれが変容する社会文化的な営みであると定義する(石黒 2004, 田島 2003, Lave & Wenger 1991, Wertsch 1991)。そして、このような社会文化的アプローチの視点を次の4つのポイントにまとめ、言語教育の活動に取り入れる試みを行った(佐藤・深井 2008, 深井・佐藤 2008)。

(1) 知識・情報の解釈と検証
　実践共同体のメンバーは、対話に積極的に参加する中で、情報の発信者(話し手、書き手)として、相手に理解してもらうために伝えたい知識・情報を解釈したり、批判的に検証したりする。また、情報の受信者(聞き手、読み手)として、受け取った知識・情報を理解するために、送り手の解釈と検証を再解釈したり、批判的に再検証したりする。
(2) 伝えたいことの発信
　実践共同体のメンバーは、対話の中で知識や情報を伝達するだけでなく、自分自身を表現するために聞き手／読み手に向かってことばを使用する。
(3) 問題発見解決[4]学習
　実践共同体のメンバーは自己実現のためにその障害となっている問題を発見し、自ら解決を行う。

(4) 自己相互評価

　実践共同体のメンバーはよりよい実践共同体を作るために、ときにははっきり、ときには間接的に自分、また実践共同体の他のメンバーを評価したり、フィードバックを与えたりする。

　この4つのポイントのキーワードとなる「実践共同体」というのはレイヴとウェンガー（Lave & Wenger 1991）の用語であるが、本実践では様々な実践共同体が考えられる。例えば、ポッドキャスト・プロジェクトを実施したクラス、プロジェクトのグループ、ポッドキャストのトピックに興味を持つ作成者や協力者、そのポッドキャストの視聴者などである。つまり、ポッドキャストという媒体で日本語を使ってコミュニケーションをすることを目的とした者の集団として実践共同体を捉え、その集団を構成する者を「メンバー」と位置づけることができるだろう。

　(1)の「知識・情報の解釈と検証」は、社会文化的アプローチにおける従来の学習観への批判に基づいている。従来の学習観では、知識・情報は固定的・静的なもので、それが学習者の中に蓄積することが強調されてきたが、社会文化的アプローチでは、知識・情報は時代や状況、そしてそれを扱う人々によって異なり、変化する流動的・動的なものであり、学習とは知識や情報の蓄積という側面だけではなくその構築の過程に焦点を当てることを提唱し、学習者が周囲の環境から解釈した知識・情報を基に、自分なりに知識を作り出すことが学習であると見なしている。(1)のポイントはこの点を反映している。ポッドキャスト・プロジェクトでは、例えば、他者のポッドキャストを見て伝えられているメッセージを読み取る活動が、このポイントに呼応していると考えられる。

　(2)の「伝えたいことの発信」は、社会文化的アプローチの学習者の能動性を取り入れている。実践共同体への参加は他者と関わることであり、その中で学習者は他者に向けて積極的に自己表現を行う。(2)のポイントは学習者がただ単に知識を受け取るだけの受け身的な存在ではなく、自らの考えや知識を他者に表現して働きかける存在であるという考えに基づくものであ

る。ポッドキャスト・プロジェクトでは、ポッドキャストの作成と配信を通して、(2)の「伝えたいことの発信」を実現していると言える。

　社会文化的アプローチでは、実践共同体への参加は、他者や周囲の環境との交流を通して実現する。その絶え間ない交流の中で、実践共同体のメンバー同士の相互理解を深める、メンバーとして自分の存在意義を認めてもらう、そして実践共同体をよりよくしようとする。これらが全て問題なく行われるとは限らず、実践共同体のメンバーは相互理解、自分の存在の確立、そして実践共同体の発展のために問題点を見つけて解決していく。例えば、コミュニケーションにおいて誤解があった場合に、その誤解はどうして生まれるのかを考え、誤解の原因になっている要素を取り除くことで、相互理解に必要なコミュニケーション能力を高めることにつながる。(3)の「問題発見解決学習」は、社会文化的アプローチのこの視点に基づいている。後述するように、ポッドキャスト・プロジェクトでは、よりよいポッドキャストを作るために学習者同士でフィードバックをし合い、そのフィードバックをもとにポッドキャストを作り直す過程を設けているが、それが「問題発見解決学習」にあたるだろう。

　最後の(4)の「自己相互評価」は、社会文化的アプローチにおける学習が、他者や周囲の環境との相互構築であるという理論を反映している。社会文化的アプローチでは、学習者は能動的に学習に参加し、他者や周囲の環境、そして知識と影響を与え合う関係を持つ存在と考えられているが、それは学習に関わる実践共同体に参加する中で、学習者、学習者が参加するコミュニティー、知識など、学習に関わるものが変容していくのが学習であるという考え方である。この変容の過程において、メンバーとしての学習者は、実践共同体への自分と他者の変容への貢献を振り返り、評価し、次の変容につなげようとする。学習は学習者とそれを取り巻く他者や知識、環境との相互構築であるという社会文化的アプローチの視点が、この(4)に取り込まれている。ポッドキャスト・プロジェクトでは、学習者自身が評価基準を設定し、お互いにポッドキャストを見てコメントし合ったり、インターネットでポッドキャストを配信して世界中の視聴者からコメントをもらったりす

る過程が、この自己相互評価にあたると考えられる。

　つまり、この4つのポイントは、学習者を取り巻く様々な実践共同体のメンバー、例えば、他大学や他国で日本語を勉強している学生や、ポッドキャストの視聴者／聴取者、さらにはポッドキャスト制作に協力してくれる人(例えば、インタビューに答えてくれる人など)を含んでおり、文字通り、学習者の周囲に存在する多種多様なグループと交流し、実践に参加する(知識・情報の解釈と検証、伝えたいことの発信)ことによって、学習が起こる環境やそれに関わる人間がお互いに影響を与え(自己相互評価)、問題を発見し解決を図りながら、より望ましい方向へ変化していくものであるという捉え方をまとめたものである。

　言語教育においては、ことばを使った他者との相互交流を促進するという意味において、この4つのポイントを教師が作り出した仮想の状況ではなく、できるだけ実際の状況で使うような形で活動に取り込むことが大切になってくる。以下、この4点を取り入れた実践例として、初級中級レベルにおけるポッドキャスト・プロジェクトについて報告する。

3　ポッドキャスト・プロジェクト

3.1　ポッドキャストの定義

　ここ数年、町や電車の中でiPodと呼ばれる携帯用デジタル音楽プレーヤーで、音楽を聞いたり動画を見たりしている人を見かけることが多くなった。iPodはアップル社の商品で、2001年に第一世代が発売されて以来、2009年初頭には累積販売台数が2億7000万台に達したというヒット商品である。本章で論じる実践で行った「ポッドキャスト」は、このiPodと「放送する」を意味する英単語「broadcast」を組み合わせた造語で、インターネットを介して定期的に配信される音声あるいは動画番組を指す。アメリカでその技術の開発が進み、2004年後半ごろから一般に利用されるようになった。日本では2005年ごろからブログを含むポッドキャストの配信・受信用サービスの提供が開始され、ポッドキャストの利用者が急速に増加したと言

われている。

　ポッドキャストが急速に広がった理由にはいろいろあるが、何よりもまずその手軽さにあると言えるだろう（Godwin-Jones 2005）。ポッドキャストを配信する側はポッドキャスター（podcaster）と呼ばれ、音声あるいは動画ファイルを作成してウェブサーバにアップロードして一般に公開するのだが、ファイルの作成は無料、あるいは市販のソフトウェアを使って簡単にでき、また配信もブログやiTunesなどを介して誰でもすることができる。ポッドキャストが聞きたい人は、インターネットに接続してブログやサーバ上にあるポッドキャスト・ファイルにアクセスすることで、世界中どこででも、好きな時に好きなところで楽しむことができる。言い換えると、作り手にとっては技術的な制約が、受け手にとっては作り手と同じ時間、同じ場所にいる必要がなくなったのである。

図1　iTunes（日本）のポッドキャストチャンネル一覧画面

図2　Seesaa ブログのポッドキャストメインページ

　本章で報告するプロジェクトは、このポッドキャストの利点を活かし、社会文化的アプローチに基づいて自分が伝えたいことを他者に向けて発信する、知識や情報を解釈し検証する、問題を発見し解決する、そして自己相互評価を行うということを目的にした実践である。また、ポッドキャストというメディアを作り一般に公開するという活動を通して、メディアについて考える機会を持つことも目的とした。実践はアメリカの大学で開講されている初級（1年生1学期目）レベルのクラスと中級前半（2年生2学期目）のクラスで行われた。以下では、それぞれのレベルにおけるプロジェクトの手順を説明する。

3.2　プロジェクトの流れ

3.2.1　初級レベル

　初級レベルで行われたプロジェクトは、2006年秋学期（14週）に、アメリカ東海岸にある私立大学の日本語コース（1学期目）の2セクション（Aクラス、Bクラス）で実施された。Aクラスには19人（うち大学院生2人）、Bクラスには11人の学生が在籍していた。学習者は3〜4人ずつ10（Aクラス

6つ、Bクラス4つ）のグループに分かれて、第8週目から第12週目の約5週間にわたってプロジェクトに参加した。

　プロジェクトの目的は、上述した「誰でも番組の作成・配信ができて、時間・場所の制約を受けずにその番組を楽しむことができる」というポッドキャストの利点を活かして、聞き手を意識したコミュニケーションの実践の場を提供することであった。具体的には、「アメリカにある大学や、そこで勉強する大学生に興味がある日本語話者」を対象に、「アメリカの大学や大学生活を、大学生へのインタビュー番組を通して紹介する」と設定した。

表1　クラス概要

コース名	First-Year Japanese I
実践機関	私立キューブ大学
実践期間／時間	2006年度秋学期（9月5日～12月21日） 週4コマ（1コマ＝65分）
学生	Aクラス19名、Bクラス11名、合計30名
レベル	初級（『みんなの日本語I』1課から14課まで）
目的	「アメリカにある大学や、そこで勉強する大学生に興味がある日本語話者」を聞き手とし、「アメリカの大学や大学生活を、大学生へのインタビュー番組を通して紹介する」番組を作成し、インターネット（ブログ、iTunes）を通して配信する。
活動概要	①第8週：プロジェクトの概要についての説明 ②第9週：「いい・悪いポッドキャスト」について各自ブログにポストし、クラス内で話し合った結果を評価基準として設定 ③第9週～第11週：ポッドキャストの「下書き」を録音。クラスメートの「下書き」録音を聞いて、コメント ④第11週～第12週：クラスメートのコメントをよく読んで、ポッドキャストを再録音 ⑤第13週：ポッドキャスト配信

(1)　評価基準を決める

　学習者は「いいポッドキャスト・悪いポッドキャストとは何か」という質問に対する答えを考えた。Aクラスの学習者はクラスのブログ[5]にコメント

を残す、Bクラスの学習者は自分のブログにポストをするという形で使って回答した。回答は担当教師によって各クラスでまとめられて学習者に発表され、それをもとにクラスでのさらなる話し合いを経て、学習者の「いいポッドキャスト・悪いポッドキャスト」の定義に基づいて、それぞれのクラス用に以下のポッドキャストの評価基準が設定された。

表2 ポッドキャストの評価基準

Aクラス
1. 内容 　おもしろい・情報が豊富・聞き手を楽しませる・簡潔・ユーモアがある 　正直・アイデアの流れ／構成がいい・創造的 　テーマやトピックに一貫性がある・短い紹介で始まる 　音楽やムードを明るくする効果音がある 　何かユニークあるいは人の心を捉えるものがある 2. 聞き手 　聞き手を意識し、興味をそそる・聞き手を引きつける 　聞き手を知り、聞き手が楽しめるようにする 3. 録音の質 　はっきりとした発音・比較的ゆっくり話す・トーンに変化をつける 　わかりやすい・流暢・適切なことば・文法的に正しい台本

Bクラス
1. 聞き手 　キューブ大学、キューブ大学がある街、あるいはアメリカの大学での生活に興味があって、日本語がわかる全世界の視聴者、そしてクラスメート 　相互交流(聞き手と作り手)・相手を尊重すること・理解・関連がある 2. テーマ／話題 　創造的・多様性・自然／自発的／のびのびとした・的が絞れている 　理解の深さ・何をどう言えばいいのかわかっている 　ブログ上でコミュニケーションを発展させていく・興味深い・情報が豊富 　ユーモアがある・教育的・面白い

(2) ポッドキャストの「下書き」を録音する

　学習者は 3 〜 4 人でグループを作り、番組の台本を作成した。A、B 両クラスで 2 日間にわたって合計 30 分ほど時間をとり、完成しない場合は宿題とした。台本完成後、学習者は大学が購読していた音声ファイル録音交換システム・Horizon Wimba Voice Tools（現 Horizon Wimba Voice）[6] を使って番組を録音した[7]。

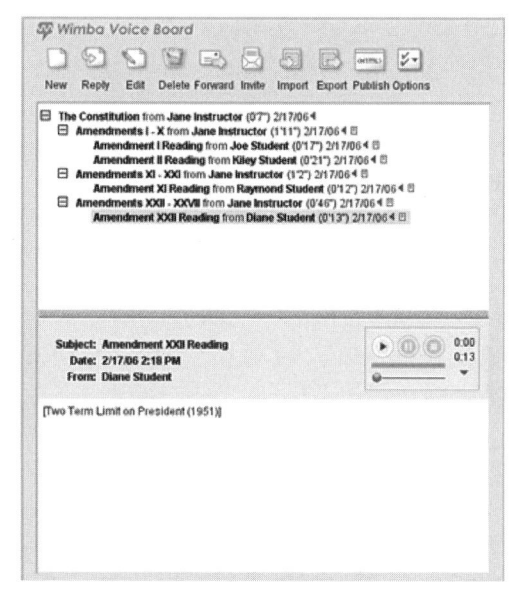

図 3　Horizon Wimba Voice のインターフェイス
（http://www.wimba.com/assets/images/v5_voiceboard.gif）

(3) クラスメートの「下書き」録音にコメントする

　学習者は Horizon Wimba Voice Tools の掲示板に投稿された「下書き」録音を聞いて、コメントシートに、いい点、改善すべき点、そしてどうやって改善すればいいかを書いて交換し、相互評価を行った。コメントシートはどちらのクラスでも共通のものを使ったが、相互評価はクラスが同じ者同士で、クラスの評価基準を使って行われた。なお、教師は「下書き」録音の言語面の添削（文法や語彙のあやまりの指摘など）は特に行わなかった[8]。

	Comments	Suggestions
What is good		
Things that need to be improved		

ポッドキャスト・プロジェクト
Comment Sheet (Due 11/14 (T))　　なまえ：＿＿＿＿＿＿＿＿＿＿

Group # ＿＿＿＿のポッドキャストをききました。

図4　「下書き」コメントシート

（4）　最終番組を録音する

　（3）のコメントシートは担当教師によって回収され、それぞれのグループに渡された。学習者はクラスメートからもらったコメントをもとに、グループで台本を書き直し、Horizon Wimba Voice Tools で最終番組を録音した。

（5）　ポッドキャストを配信する

　各クラスの担当教師は Horizon Wimba Voice Tools の掲示板から音声ファイルを MP3 に書き出し、それぞれのクラスブログ[9]と iTunes[10]を通して公開した。ブログでの配信は、学習者のポッドキャストを大学のサーバにアップロードし、ブログの記事にその音声ファイルへのリンクをはった。また、iTunes には担当教師がこのプロジェクト用に登録をして、学習者のポッドキャストを配信した。公開後、学習者は他の学習者のポッドキャストを聞いてブログにコメントするという形で相互評価を行った。

　筆者らがこの活動を初級レベルで実施した理由は2つある。外国語学習の初級レベルというのは、文法や語彙を学習し、それを練習し「正確に」使える、「理解」することが重要であり、実際に教室の外に出てのコミュニケーションは中上級になってからと考えられることが多い（Byrnes & Maxim

2004)。しかし、学習者は実社会での外国語の使用を基本文法を修得するまで待たなくてはいけないものなのだろうか。例えば、教科書を用いたいわゆる「文法積み上げ方式」でことばの知識を得つつ、実際の「ネイティブ・スピーカー」とのコミュニケーションを想定して、教室内である程度の準備をするというのは1つの外国語学習のやり方であり、必要なことだろう。しかし、その方法が全てではなく、実際に教室の外で自分たちの日本語がどう受け止められるのかを体験し、教室でその体験において自分たちにはどんなことをもっと学ぶ必要があるのかを話し合い、必要があれば教師がそれを補っていくことが重要であると、筆者らは考える。

　もう1つの理由は、一過性の教室内での発表ではなく、じっくりと共同作業をとおして学習者自身が納得のいく作品を作り上げ、実際にその作品をインターネットで公開して教室外の人々に見てもらうことにより、初級日本語学習者にもっと自分の日本語に自信を持ってもらいたいと願ったからである。そして、いつまでも日本語教師や「ネイティブ・スピーカー」に日本語を直してもらわなければならない日本語学習者であるのではなく、相手と対等にコミュニケーションができる一個人になってもらいたいという願いがあったからである。

3.2.2　中級レベル

　中級レベルのポッドキャスト・プロジェクトも、初級レベルと同じ大学で実施された。プロジェクトに参加したのは、2007年春学期に開講された日本語2年生（中級前半レベル）の1セクションの学習者4人である。このクラスを担当したのは、初級レベルAクラスの教師であった。中級のこのプロジェクトでは初級レベルよりも対象もトピックも広げ、「日本語がわかる人」を聞き手として「自分が伝えたいことを日本語で伝える」番組の作成という目標を設定した。表3は、実践の概要をまとめたものである。

表3　クラス概要

コース名	Second-Year Japanese II
実践機関	私立キューブ大学
実践期間／時間	2007年度春学期（1月16日～5月11日） 週4コマ（1コマ＝65分）
学生	4名
レベル	中級前半（キューブ大学日本語学科独自のコースパケット）
目的	「日本語がわかる人」を聞き手とし、「自分が伝えたいことを日本語で伝える」番組を作成し、インターネット（ブログ、iTunes）を通して配信する。
活動概要	①第2週：プロジェクトの概要についての説明 ②第3週～第4週：「いい・悪いポッドキャスト」について各自ブログにポストし、クラス内で話し合った結果を評価基準として設定。テレビコマーシャルを使った、メディアについての話し合い ③第4週～第5週：第1回ポッドキャストの「下書き」を録音。クラスメートの「下書き」録音を聞いて、コメント ④第5週～第6週：クラスメートのコメントをよく読んで、ポッドキャストを再録音 ⑤第8週：第1回ポッドキャスト配信 ⑥第10週：第2回ポッドキャスト配信 ⑦第13週：第3回ポッドキャスト配信 ⑧第15週：第4回ポッドキャスト配信

(1) ポッドキャストの概要を決める

　初級レベルの場合とは異なり、中級レベルではポッドキャストの内容と作成形態を自由と設定したため、まずクラスでこの2つについて話し合うことから始めた。担当教師はトピックの例（大学紹介、音楽番組）を示し、学習者はそれを参考にトピックのアイデアを出し合った。そして、作成形態については全員が「個人」を希望したため、4人がそれぞれポッドキャストを作ることになった。

　ポッドキャストの配信スケジュールについても比較的ゆるやかにし、学習者は担当教師が設定した複数の締め切り日から、自分の好きな日を選んでポッドキャストを作るという方法をとった。ただ、第1回目は全員が参加

する、その後は 3 回を目安にポッドキャストを作ることとした。

(2) 評価基準を決める

　初級レベルの場合と同様、中級レベルでもポッドキャストの評価基準を学習者の意見をもとに決定した。第 3 週目と 4 週目に、学習者は「いいポッドキャスト、悪いポッドキャストとは何か」を考えて意見を自分のブログにポストした。4 人の学習者は、いいポッドキャストというのは「大切なニュースだけ伝える」「おもしろい」「あまり長くない」「情報がたくさんある」「音楽やジョークがある」「聞きやすい」と回答した。この意見は上述の初級レベルの評価基準と共通点が多いことから、担当教師は自分の初級クラス（A クラス）で使用した評価基準を利用することにした。そこで、学習者 4 人が出した意見をクラスで話し合った後、表 2 の A クラスの評価基準を提示し、ポッドキャストの評価基準として採用することについて、全員から合意を得た。

(3) 第 1 回目のポッドキャストの「下書き」を録音する

　学習者は第 4 週目からポッドキャストの作成を開始した。第 1 回目のポッドキャストは初級レベルの場合と同様、台本を書いて「下書き」を録音し、第 5 週目にクラスメートから「下書き」へのコメントをもらった後、それをもとにポッドキャストを再録音した。録音には Horizon Wimba Voice Tools に加えて、無料ソフトウェアの Audacity（http://audacity.sourceforge.net/）とアップル社の GarageBand（http://www.apple.com/jp/ilife/garageband/）を使用した。この 2 つのソフトウェアは Horizon Wimba Voice Tools と異なり、録音だけではなく編集も可能であるため、その便利さを好んだ 2 人の学習者が使用した。

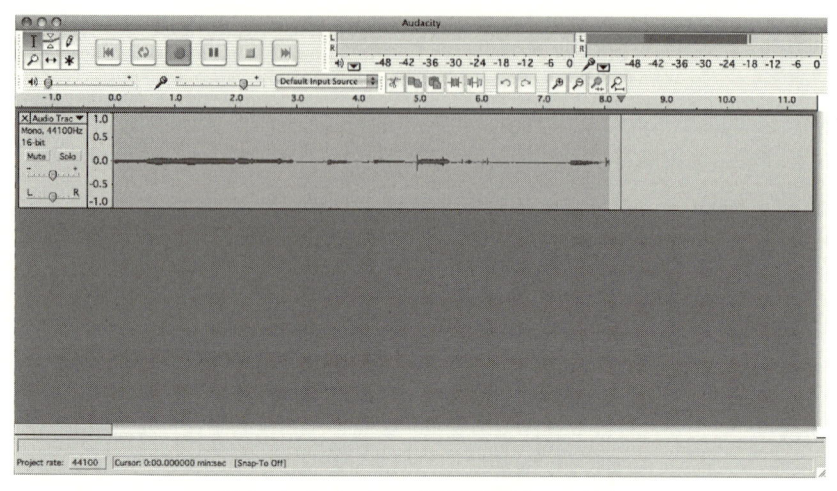

図5　Audacity (1.2.5) 録音編集ウィンドウ

図6　GarageBand (4.1.2) 録音編集ウィンドウ

(4)　ポッドキャストを配信する

　Horizon Wimba Voice Tools を使用した学習者2人のポッドキャストは担当教師によってMP3に書き出され、他の2人のポッドキャストはMP3形式でそれぞれ担当教師に提出された。これらの音声ファイル、つまりポッド

キャストは、初級クラスと同じ形で、クラスのブログと iTunes を通して、第 8 週目に 1 日に 1 つずつ配信された。

(5) ポッドキャストを評価する

　第 1 回目のポッドキャスト配信後、学習者はクラスメートと自分のポッドキャストを聞いて評価した。学習者は表 2 の評価基準に基づいて、担当教師が作成した評価シートに A から F までの評価と、いい点と直したほうがいいと思う点を書いて提出した。このコメントシートは担当教師が回収して評価とコメントをまとめ、ポッドキャスト作成者に渡した。なお、第 4 回目は配信が遅かったため、自己相互評価は行わなかった。クラス内の自己相互評価に加えて、ブログで公開されたポッドキャストにコメントという形で、クラス外からの評価も得た。

ポッドキャスト 1　評価シート (3/30(木)に出す)　　　名前：＿＿＿＿＿＿＿＿

みんなで考えた基準 (criteria) や、1 年生が考えた基準をもとにして、自分とクラスメートのポッドキャストを評価 (evaluation) してください。

		タイトル	せいせき (A, B, C, etc.)	コメント
1	ジュリー	健康のチャンネル		
2	コートニー	キューブ大学生		
3	ダニエル	リオデジャネイロ		
4	エリック	ソナタフォルム		

図 7　第 1 回ポッドキャスト　自己相互評価シート

(6) ポッドキャストを自分たちで決めたスケジュールに合わせて作成・配信する

　前述のように、中級レベルでは各学習者が 1 学期に 3 回を目安としてポッドキャストを作成・配信するように予定を組んだ。その結果、プロジェクト終了までに、2 人は 4 回、1 人は 3 回、1 人は 2 回ポッドキャストを作成し

た。ポッドキャストの作成手順は(3)、配信の手順は(4)に書いた通りである。ただし、第2回目以降は(3)のうち作り直しの作業は省略し、学習者は完成したものを配信用として提出した。表4はそれぞれの学習者のポッドキャスト配信スケジュールと内容をまとめたものである。

表4　ポッドキャストの配信スケジュールと内容

配信	コートニー	ジュリー	ダニエル	エリック
第1回	キューブ大学生	健康のチャンネル：健康な生活を暮らす方法	ソナタフォルム	リオデジャネイロ
第2回	森	健康のチャンネル：食べ物		旅行の準備
第3回	村の生活	健康のチャンネル：運動	バートックの音楽	日本語が上手になるために
第4回	犬	健康のチャンネル：幸せ		

4　ポッドキャスト・プロジェクトの分析へ向けて

　本章で紹介したポッドキャスト・プロジェクトでは、学習者のポッドキャスト(「下書き」録音と最終番組)、学習者のポッドキャストの台本(下書きと最終版)、「下書き」ポッドキャストへのコメントシート、プロジェクト終了後のアンケート(初級レベルと中級レベルでは内容が異なる)、ブログで配信されたポッドキャストへのコメント、そして、ポッドキャスト配信後の自己相互評価シート(中級レベルのみ)を収集した。この章に続く10章と11章では、それぞれ「学習者の自律性」と「マルチモーダルリテラシー」という異なる視点からポッドキャスト・プロジェクトを再分析し、この実践のさらなる可能性を探る。

　まず、10章(中澤・岩﨑)では、学習者が積極的に自分の学習に関わる態度、つまり学習者の能動性や主体性に主眼を置き、ポッドキャスト・プロ

ジェクトにおける学習者の自律性促進の可能性を考察する。従来の言語教育では、教師から学習者への一方向の言語知識の教授という形態が主だが、近年は、学習者が自分のニーズや目的に合わせて主体的に自らの学習をコントロールするという「自律学習」が言語学習に効果的であると考えられている（Benson 2000）。中澤・岩﨑は、学習者が評価基準の設定から作品製作まで全行程に携わるポッドキャスト・プロジェクトにおいて、学習者の自律性がどのように具体化され、学習につながるのかを、本章で詳述した2006年秋学期と2007年春学期のポッドキャスト・プロジェクトのスクリプトや学習者の相互評価などを分析して明らかにする。

11章（熊谷・深井）では、ポッドキャスト・プロジェクトがコミュニケーションの手段として画像や音楽などの言語以外の要素を使っているという点に注目してプロジェクトを再分析する。外国語教育でコミュニケーションというと言語が伝達手段として重視されてきたが、実際には、人間は言語以外の様々な手段を用いて意思疎通をはかっている。熊谷・深井は、このコミュニケーションの「マルチモード」に着目したマルチリテラシー理論（New London Group 2000）を用いて3つのポッドキャストを分析し、プロジェクトが学習者の多層的なコミュニケーション能力の育成に貢献する可能性を考察する。なお、11章の分析対象は、本章で紹介されたポッドキャスト・プロジェクトの作品ではなく、2007年秋学期の初級クラスで同様の手順で実施されたビデオを使ったポッドキャストである。

最後に、12章では実践担当者の内省と10章と11章での分析・考察に基づいて、ポッドキャスト・プロジェクトの今後への提案を試みることで部のまとめとする。

資料1　ポッドキャスト関連ウェブサイト

〈ポッドキャスト配信に利用できるブログ〉

- Blogger：http://www.blogger.com/
- ケロログ：http://www.voiceblog.jp/
- Seesaaブログ：http://blog.seesaa.jp/

〈ポッドキャスト配信サービス〉

・Podbeam.com：http://www.podbean.com/

・Podcasting Juice：http://www.podcastjuice.jp/delivery/

〈iTunesを利用したポッドキャスト配信〉

・アップルジャパン「Podcastを作成する」：

http://www.apple.com/jp/itunes/podcasts/specs.html

〈ポッドキャストに関する情報サイト〉

・mixPod：http://www.mixpod.jp/

・ポッドキャストの配信に使えるサイト一覧— 2008年度版：

http://podcast-j.net/archives/2008/09/podcast_journal_podcasting_site_index.php

〈音声ポッドキャストに必要な録音・編集ソフトウェア〉

・Audacity（英語）：http://audacity.sourceforge.net/

・Audacityの初心者お助け講座：

http://pohwa.adam.ne.jp/you/music/aud/bgnr.html

・GarageBand：http://www.apple.com/jp/ilife/garageband/

・GarageBandチュートリアル：

http://www.apple.com/jp/ilife/tutorials/#garageband

〈ビデオポッドキャストに必要なビデオ編集・変換ソフトウェア〉

・Apple iMovie（アップルジャパンの最新版サポートサイト）：

http://www.apple.com/jp/support/imovie/

・Apple iMovie 6 スタートアップガイド：

http://manuals.info.apple.com/ja_JP/iMovie_6_Getting_Started.pdf

・Apple iMovie '08 スタートアップガイド：

http://manuals.info.apple.com/ja_JP/iMovie_08_Getting_Started_J.pdf

- Apple iMovie '09 チュートリアル：
  http://www.apple.com/jp/ilife/tutorials/#imovie
- Final Cut Pro（上級者向け）：
  http://www.apple.com/jp/finalcutstudio/finalcutpro/
- Windows ムービー メーカー：
  http://www.microsoft.com/japan/windows/products/windowsvista/features/details/moviemaker.mspx
- Windows ムービー メーカー（Windows XP 用）を使って、ホームムービーを作成しよう（ソフトウェアの解説、「初級」「中級」「上級」の3段階にわたるビデオ作成の方法）：
  http://www.microsoft.com/japan/windowsxp/using/moviemaker/default.mspx
- Windows ムービー メーカー（Windows Vista 用）の概要
  http://windowshelp.microsoft.com/ja-JP/windows-vista/Getting-started-with-Windows-Movie-Maker
- Windows Live ムービー メーカー（Windows 7 用）
  http://windowslive.jp.msn.com/moviemaker.htm

資料2　初級レベルのポッドキャスト・プロジェクトで提示した指示

プロジェクトの説明(2006 年 10 月 27 日)

ポッドキャスト・プロジェクト：ラジオばんぐみ

みなさん、

ポッドキャスト・プロジェクト(Podcasting Project)をしましょう！

Goals: You will have the chance to...

1. Actively express your opinions to a real Japanese audience
2. Consider first-hand how big media operates and presents information

Audience:
The worldwide audience of Japanese-speakers interested in the city, Cube University, or life at an American university – and also your classmates, of course

Content:
We will create radio programs about life at Cube University using an interview format

Steps:
1. Discuss what constitutes a good podcast (radio program).
2. Everyone will decide on the categories that we will use to critique our own and each other's podcasts.
3. Keeping #1 in mind, we will form groups of 2–3 people and create podcasting scripts. The shows will be in the form of interviews. Everyone will write scripts that should be of interest to a Japanese university student curious about life at an American university.
4. We practice reading the scripts in a natural manner. (If it is necessary, students should memorize their scripts. The point is that the scripts must NOT sound stilted and unnatural).
5. Record the podcasts (We will be using "Wimba," which is on courseware).
6. Listen to your classmates' podcasts and make comments. (Examples: Grammar mistakes; Boring; etc.).
7. Correct and improve the scripts.

8. Record a second time.
9. We post the podcasts online, and allow a worldwide audience to listen.
10. Listen to the podcasts created by you and your classmates; critique them.

評価基準決定（2006 年 10 月 27 日）

いいラジオばんぐみ、わるいラジオばんぐみは　どんな　ばんぐみですか。

Before we start the podcasting project, let's put some ideas together. To do so, please answer to the following questions to this post by 11:00 AM on Monday, Oct. 30. Click on the "Comments" link at the end of this post and post your answers.

Questions

1. What constitutes a "good" (or "bad") podcast (radio program)?
2. What would you like to know about life at an American university if you were a Japanese student who would listen to your podcast? (or what would you like to know about life at a Japanese university if some Japanese college students were making similar podcasts?)

There will be no in-class quiz on Monday, Oct. 30. Instead, your answers to the two questions above will be counted as quiz (10 pts).

決定した評価基準（2006 年 11 月 8 日）

Evaluation Criteria

Here's the list of things you should check when you evaluate your classmates' Podcast programs. Remember that these are what you think are important to make a good Podcast program!

Evaluation Criteria (Suggested by all of you)

1. Content
- interesting
- informative
- entertaining
- concise
- humorous
- honest
- flow of ideas/organization
- creative
- consistent in its theme or the topic
- begin with a brief introduction
- music; sound effects to lighten the mood
- something unique or 'catchy'

2. Audience
- well-targeted, appealing to the masses
- engaging
- know your audience and cater to them

3. Quality of Recording
- clear pronunciation
- relatively slow
- with tone variation

- easy to understood
- fluent, and easy to understand
- proper words
- grammatically correct script

最終版提出に向けて(2006 年 11 月 16 日)

ポッドキャスト・プロジェクト : Final Product

The final version of your Podcast is due Wednesday, November 22. Read your classmates' comments and incorporate their suggestions into the final product. Remember that your Podcast is for those who are interested in life of American college students/Cube students and life in the city.

If you have any questions, please post them on this blog as a comment. Your classmates probably have similar questions, so let's share them :-)

相互評価(2006 年 11 月 27 日)

Podcast をききましょう！

Your podcasts are now available through iTunes and on the class blog. Please visit the main page for more information:

[URL]

By the last day of class, Monday, December, 11:

1. Listen to at least 3 podcasts of your classmates (sec. 2) and 1 podcast of B Class. All podcasts will be posted on this blog, regardless of sections.

2. Leave comments to the podcasts you listen.
3. Reply to comments you received.

If you have any questions/technical difficulties, please let me know.

資料3　中級レベルのポッドキャスト・プロジェクトで提示した指示

評価基準設定（2007年2月2日）

いいポッドキャスト、悪いポッドキャストはどんなの？

ポッドキャストを聞いたことがありますか。ポッドキャストはラジオのようなものです。今学期はみんなでポッドキャストを作ります。その前に、いいポッドキャスト、悪いポッドキャストは何か、みんなで考えてみましょう。

2月4日（日）午後5時までに、自分のブログに下の質問の答えを書いてください。

「いいポッドキャスト、悪いポッドキャストはどんなポッドキャストですか」

そして、クラスメートの答えを読んで、コメントしてください。

第1回ポッドキャストについて（2007年2月5日）

ポッドキャスト1

1回目のポッドキャストのスケジュールです。

1. 2／12までに、draftを録音（ろくおん）する。スクリプトはタイプして、Eメールで担任に送ってください。
2. 2／14までに、クラスメートのドラフトを聞いて、コメントする。
3. 2／19までに、クラスメートのコメントをよく読んで、ポッドキャストをもう一度録音（ろくおん）する。書きなおしたスクリプトは、Eメールでふかいにおくってください。

トピック：
なんでもいいです。

フォーマット：
なんでもいいです。一人だけでしてもいいし、日本人の友だちにインタビューしてもいいです。とにかく、「いいポッドキャスト」を作ってください。

例を聞いてみてください。
2006年春　2年生
2006年秋　1年生

第1回ポッドキャストの「下書き」へのコメント（2007年2月7日）

ポッドキャスト（draft）& Wimba

2／12（月）までに、Wimbaを使って、ポッドキャストのドラフトを録音（ろくおん）してください。Wimbaは courseware →［コース番号］→ Discussion Board に行くとあります。使い方は、

http://www.humnet.ucla.edu/itc/wimbahelp/student/voiceboard_s.html

を見てください(CourseWorks にもリンクがあります)。

そして、2／14（水）までに、Wimba でパートナー（2 人います）のポッドキャストを聞いて、コメントしてください。コメントする時、この evaluation sheet を使ってください。

学習者への注意：ポッドキャストの視聴者について（2007 年 2 月 8 日）

ポッドキャスト：聞いている人は誰？

今、初めてのポッドキャストを作っていますね。どうですか。ポッドキャストはたくさんの人が聞いていますが、みなさんのポッドキャストを聞く人はどんな人でしょうか。みなさんは誰に聞いてほしいですか。ポッドキャストを作るとき、考えてみてください。

学習者への注意：著作権について（2007 年 2 月 20 日）

ポッドキャストと著作権(ちょさくけん；copyright)について

この記事(きじ)をぜひ読んでください。

http://www.wired.com/news/digiwood/0,1412,68034,00.html

CD やダウンロードした音楽を使ってはいけないようですね…。ざんねんですが、しかたがありません。音楽が使いたい人は、自分でえんそう(play)するしかないですね。

注

1 本章で報告するポッドキャスト・プロジェクトは、Language Consortium の助成金を受けて実施された。
2 iTunes では、ポッドキャストの受け手が批評を書く（Write a Review）という形で制作者にフィードバックをすることができるが、筆者の知る限り、ブログや YouTube にあるような、作り手と受け手のやりとりの場はないようである。
3 以後、断りがない限り、英文参考文献からの引用はすべて深井による日本語訳である。
4 詳細は Dewey（1899）、Freire（1970）を参照のこと。
5 このクラスでは、ブロガー（http://www.blogger.com）を使ってクラス専用のブログを開設し、利用していた。また、オプションとして学習者個人がブログを開設して日本語でポストするという活動も行っていた。
6 Horizon Wimba Voice Tools（現 Horizon Wimba Voice）は Horizon Wimba 社の製品で、オンラインで音声ファイルを交換することができる。音声ファイルを送信すると、そのファイルは登録者のみがアクセスできる掲示板で公開される。詳細は、Horizon Wimba Voice のウェブページ（http://www.wimba.com/products/wimba_voice/）参照。Horizon Wimba Voice がない場合は、無料ソフトウェアの Audacity や Apple 社の GarageBand を使えば、音声を録音・編集してファイルを作ることができる。詳細は、3.2.2 節を参照。
7 2007 年秋学期には音声だけではなく動画を使ったビデオポッドキャストも取り入れ、2008 年春学期以降は完全にビデオポッドキャストへと移行した。プロジェクトの手順も多少変化し、2008 年秋学期には企画書の提出と推敲を繰り返し行うなどの準備段階を増やし、よりよい作品作りに取り組んでいる。ビデオポッドキャストの作成には、デジタルビデオカメラとビデオ編集用のソフトウェアが必要である。画質を問わないのであれば、デジタルカメラや携帯電話の動画撮影機能を利用することができる。キューブ大学では、日本語学科所有のビデオカメラの貸し出しを行っているが、学習者の多くは自分たちのビデオカメラを使用している。ビデオ編集には、アップル社の iMovie（http://www.apple.com/jp/support/imovie/）や Final Cut Pro（http://www.apple.com/jp/finalcutstudio/finalcutpro/）、マイクロソフト社の Windows Movie Maker（http://www.microsoft.com/japan/windows/products/windowsvista/features/details/moviemaker.mspx）が利用できる。
8 現在のポッドキャスト・プロジェクトでは、教師が「下書き」台本中の「あやまり」に下線を引き、表記、語彙選択、文法などの印を加えるという形で添削を行っている。
9 このクラスブログは、学習者による評価基準の設定に利用したブログである。本章で報告する実践では、ブロガー内で新規ポストを作成する際に、「HTML の編集」を選んで本文を書く部分に以下のコードを書き込み、大学のサーバにのせたポッドキャスト（音声ファイル）へのリンクをはるという方法をとった。

<embed src="ポッドキャスト（音声ファイル）の URL " width="170" height="30" autoplay="false" autostart="false" controller="true"></embed> ブログを使ったポッドキャスト配信方法については、mixPod（http://www.mixpod.jp/）も参照されたい。

10　iTunes で配信するには、RSS（Really Simple Syndication）を作成してサーバ上に置き、iTunes に登録する必要がある。ポッドキャスト作成者は新しいポッドキャストを配信するたびに RSS を更新し、聞き手が RSS フィードを自動的に読み込む iTunes を使って新しいポッドキャストをダウンロードできるようにする。iTunes への登録方法や RSS の見本などの技術面の詳細はアップルジャパンのウェブページ「Podcast を作成する」（http://www.apple.com/jp/itunes/podcasts/specs.html）を参照。

第10章　学習者の自律性を高める授業活動：
ポッドキャスト利用の分析

中澤一亮・岩﨑典子

1　はじめに

　近年、学習者が自分のニーズや目的に合わせて積極的に学習に関わり、様々な学習リソースを活用して主体的に学んでいこうとする自律性や、それが具体化した自律学習が言語教育でも注目を集め、多くの実践や研究がなされている。しかし、日本語教育での実践や研究はまだ数が少ない。

　また、IT技術の急速な発展による目覚しい情報化時代においては、テクノロジーを学習活動に効果的に利用できる力だけではなく、テクノロジーを媒体としてコミュニケーションできる能力を培う日本語教育法が求められている。

　本章では、9章で報告されているポッドキャストを利用した初・中級日本語コースの実践を、自律性を促進させる授業の可能性という観点から分析していく。

2　学習者の自律性

　近年の外国語教育では、文法・語彙といった言語知識中心の学習からコミュニカティブな言語運用能力の学習に焦点が移り、教師が教えたものを学習者が学ぶという一方向的な学習ではなく、学習者が積極的に学習に関わり合い、様々な学習リソースを活用して学んでいこうとする態度、つまり学習者の自律性が注目されてきている。このような変化は、様々な実践や研究

(服部 2002, Chia 2007, Cotterall 2000, Field 2007, Figura & Jarvis 2007, Little 2005, Luke 2006)が活発になされていることからも見て取れる。

　Dornyei(2001)も、最近の言語教授法は、学習者の主体的・積極的な態度が学習効率に影響することを前提に考えられていることが多いと指摘している。つまり、学習者が主体となった学習が、より効率的な言語習得につながっていく(Benson 2000, Little 1991, Omaggio 2001, Wenden 1991)と考えられている。また、横溝(2002)は、学習者が本当の学びを実現するためには、自らが学びを振り返ることが必要であると述べている。

　こういった学習者主体の授業の重要な要因の1つが学習者の自律性である(Dickinson 2000)。「自律性」とは、学習者が自ら学習に責任を持ち(Holec 1981)、自身の学習を自己管理する能力(Benson 2001)のことで、教師から教えられたり学んだりするものではない。学習者自身がもともと持っており、教育の現場では様々な学習過程を通してさらに養っていくものである。この「自律性」という学習者の能力が学習の最中に実践され表面化したものが「自律学習」であり、「日本語教育重要用語1000」(1998)では、学習者自身が自己の学習に主体的に関わり学習を孤立化せず、教授者や教材や教育機関などといったリソースを利用して行う学習と定義されている。

　このように定義される「自律性」であるが、研究者の解釈の仕方によって様々なことばが同義で使用されることがある(Chia 2007)。例えば、学習者の主体性(Learner independence)や学習者中心主義(Learner centeredness)、自己主導性(Self-direction)、主体的学習(Independent learning)などである。本章では、上述の定義に加え、Benson(2001, p. 50)が提唱するように、学習の3つの側面を学習者が自己管理する能力として捉える。

・学習の場(Learning situation)：教室外で教師の目が届かない場での学習
・学習管理(Learning management)：クラスでの学習や自習の際に、その学習過程や内容を管理する
・認知過程(Cognitive processes)：自身の学習を責任もって行えるようにする態度や能力

つまり、これらを実現するには、自主性や積極性を持って学習に臨むだけではなく、自己実現をめざして自己決定をし、自ら責任を持って学習することが必要となる。この能力を「自律性」と考える。

　自律性を促進させることの主な意義として、学習者は 1) 言語能力レベルや学習ニーズ、性格、学習スタイルなど、個人に合った学習ができる、2) 教師に頼らず自身の学習に責任を持つようになる、3) 教師からの全ての学習項目の提示を待つことなく、より効率的な学習ができる (Chia 2007) などがあげられる。これらの意義は、構成主義的アプローチ (constructivist approach) から見た学習と合致する。つまり、知識は教えられる固定的なものではなく、学習者自身が建設的に発見・構築するべきものであり、自律性を促進させることが個性を尊重した学習につながると考えられる。

　これまでの一般的な授業では、上述の点がなおざりにされてしまっているのではないだろうかという疑問から、深井・佐藤 (9章) は、「学習」が社会的活動を通して起こるとする社会文化的アプローチを理論的枠組みとしてポッドキャスト・プロジェクトを行った。このようなアプローチでは、学習者が得た知識や技能を社会的実践で使うことによって、意味あるものとなると考えられる。そのため、学習者自身が知識をどのように活用していけるのかを熟慮し実践していくことが求められ、従来の授業より自律性促進が実現しやすいと考えられる。本章では、9章で紹介された米国東海岸の私立大学の日本語初級 (日本語学習 1 年目) と中級 (2 年目) の授業で行われたポッドキャスト・プロジェクト (以下、プロジェクト) を分析し、自律性促進をめざした授業の可能性について考察する。

3　学習者の自律性促進を目指した授業

　上述した自律性を促進させるための具体的な方法として Benson (2001) が、以下の 6 つのアプローチをあげている。

　　・教材アプローチ (Resource-based approaches)：学習教材を自律的に活

用していく
- テクノロジー・アプローチ (Technology-based approaches)：教育目的のテクノロジーを活用する
- 学習者アプローチ (Learner-based approaches)：学習者が学習を自己管理する機会を与え、学習者の行動や心理に変化をもたらすこと（自律的な学習スキルの促進）を直接的にめざす
- 教室アプローチ (Classroom-based approaches)：学習者自身が教室内での学習を計画・評価する
- カリキュラム・アプローチ (Curriculum-based approaches)：学習者がカリキュラムの計画・評価まで携わる
- 教師アプローチ (Teacher-based approaches)：学習者の自律性促進を支える教師の役割を重視し教師育成をめざす

これらのアプローチは、実際の教育現場では個別に実践されるよりも、複数が組み合わされ実践されることのほうが多い。

　プロジェクトで用いられたポッドキャストは、言語学習目的のテクノロジーというわけではないが、目標言語を使って文章を産出したり解釈したりする機会を学習者に与え、結果としてメタ認知スキルやメタ言語意識を促進する可能性があり (Benson 2001)、言語学習への効果を期待できる。つまり、このプロジェクトはテクノロジー・アプローチ (Technology-based approach) と、学習者が主体となってプロジェクトを進めていくという意味で学習者アプローチ (Learner-based approaches) が組み合わされた実践と言える。

3.1　ポッドキャスト・プロジェクトの概要

　詳しい記述は9章にあるが、ここでは本章での分析に直接関わる手順を中心にまとめる。プロジェクトは学習者が自分をとりまく環境や他者との相互交流を通して「社会文化的な活動」としての学習をすることを目的とし、学習者へは (1) 自分の意見を実際に聞き手になる日本人に積極的に伝えるこ

と、(2) メディアがどのように情報を提供するのかを体験しながら考える機会を持つ、という2つの目標が提示された。

　手順としては、初級も中級もまずどういうものが「いいポッドキャスティングなのか」を考えることから始められた。そして、初級の場合は2–3人のグループでスクリプトを書き、それを録音した後、お互いにコメントをした。その後、コメントに基づいてスクリプトを推敲し、再度録音するという手順を経て、ポッドキャストをウェブに公開した。それから、オンラインでポッドキャストを聞き、自分のポッドキャストとクラスメートのものを評価した。中級のクラスでも、1回目の配信分については初級とほぼ同様の手順（スクリプト→下書き録音→相互評価→推敲と再録音→ブログとiTunesで配信）が取られたが、学習者の希望で個人でポッドキャストを作成した。また、学習者同士のコメントはブログにではなく教師が用意したコメントシートに書き込み、後日教師が回収した。2回目以降は下書き→相互評価という部分を省き、各自完成作品を提出した。また、学習者が学習者同士のコメントを重視するように、教師からのフィードバックは基本的に与えていなかった。

3.2　自律学習としてのポッドキャスト・プロジェクトの分析

　自律性は、前述したように、教師から教えられるものでも教科書から学ぶものでもなく、様々な学習過程を通じて養われるものである。そのため、自律性を促進するために決まった授業計画や活動があるわけではないが、学習者に自分の学習の様々な側面を管理できる機会を与える授業は、自律性を養う手助けとなると考えられる (Benson 2001, Pinkman 2005)。

　ある授業が自律性促進の助けになるかどうかを判断する際の焦点となるのは、Benson (2001, p. 111) によると次の2点である。

1) 授業(実践)がどのように学習者が学習を自己管理する助けとなるのか。
2) 授業がどのように言語学習を向上させるのか。

そこで、この2点に基づいて収集されたデータを分析・考察していく。

3.3　ポッドキャスト・プロジェクトの形式・内容

　本プロジェクトが一般的な外国語の授業で見られるプロジェクトと異なる点は、教師の役割が「知識を与える者」よりも、むしろ、「学習を支援する者」となることで、学習者自身が熟考・決定しなければならない機会が増えたことだと考えられる。一般的なプロジェクトであれば、「聞き手・読み手」となるのは教師の場合が多いが、ポッドキャストを媒体として使用することによって、本当の意味での「聞き手」を意識した内容を考える必要がある。そして、どのような内容が聞き手に興味を持ってもらえるのか、どのようなことばや文法を使って表現すれば効果的に伝えられるのか、と考えることでメタ言語への意識も促進される。このように、実際の対象を意識しながら、明確な目的を達成しようとして学習者が内容や言語を自己管理する一連の流れは、自律性を養うために非常に意義がある。

　また、評価の仕方も、教師1人が目を通してコメントやフィードバックを与えるのではなく、学習者同士で評価し合うことによって、問題点を見つける力やそれをどのように解決すればいいのかを学習する機会ともなる。

　今回のプロジェクトは、初級学習者と中級学習者で手順が若干異なるので、初級・中級別に評価方法、ポッドキャストの初稿・最終稿スクリプト、フォローアップインタビュー、学生の相互評価、プロジェクト後のアンケート、の順にデータを分析していく。

3.4　初級のポッドキャスト・プロジェクト
3.4.1　ポッドキャスト・プロジェクトの評価方法

　このプロジェクトでは、成果を教師が定めた基準で評価するのではなく、学習者が自ら考えた評価基準を採用して、ポッドキャスト作成の準備段階から評価まで、学習者が自律的に関われるように配慮されている。Benson (2001) が述べている「学習者に自己管理をする機会を与える」例と言える。

　評価基準を決める際に収集した初級学習者の意見の一部[1]を提示しながら

分析をしていく。以下のデータから、客観的に「良いポッドキャスト番組」の評価基準を考えているのが分かる。まず、「明確で分かりやすい(1^2–A)」、「論の展開がスムーズであるべき(1–B)」のように、学生がポッドキャストの内容（トピックの面白さや構成、論理展開）に注意している。そして、「普段よりゆっくり(1–C)」や「明確で安定した発音(1–D)」に表れているように、言語面（発音の明確さや発話スピード）にも注意を向けているのが読み取れる。

データ1
初級ポッドキャスト評価基準コメント[3]の質問：
良い(悪い)ポッドキャスト(ラジオ番組)の構成要素は何だと思いますか？

学生A：良いポッドキャストとは、明確で分かり易い。ポッドキャストの目的は、聞き手にアドバイスを与えたり楽しませたりすることだと思う。

学生B：ポッドキャストは、構成がしっかりとしていて、テーマやトピックに一貫性があり、論の展開がスムーズであるべきだ。逆に、悪いポッドキャストは、単調で面白みがないことが多い。聞き手を楽しませるためには、内容をよく考え、聞き手に訴えかけるものにしなければならない。最後に、明確、かつ、分かりやすい意見を伝えなければ、良いポッドキャストとは言えない。

学生C：簡単なイントロから始め、普段よりゆっくり、そして、はっきりと発音した方がいい。

学生D：明確で安定した発音。個人的なトピック（ゴシップ的なもの）やただの日常会話ではない内容。幅広い層の聞き手に興味を持ってもらえるトピック（ただし、1つのトピックは3〜5分程度

の長さが適当。長過ぎると飽きてしまう。)。番組の合間には音楽を入れてもいいかもしれない。(話だけが延々と続いても、無味乾燥)

　このように、「評価基準の設定」を学習者自身でする機会を得て、ポッドキャストについて考え、内容と言語両方の重要性に気づいた。この気づきが普段教師から与えれる評価基準の再認識であったとしても、自ら意識化したことは有意義であろう。つまり、実際に責任をもって評価基準を考えて定めることで、積極的に学習に取り組み、学習を自己管理しようとしている。

3.4.2　スクリプト

　初級のあるグループのスクリプトの初稿と最終稿を比較してみると、学習者の意識の変化が見えてくる。初稿では、日本語学習や自分が興味を持っていることについて、実体験を織り交ぜながら友達と話すという、彼らの教師やクラスメート以外の聞き手は、あまり興味をひかれないであろう内容であった。
　ところが、クラスメートからのコメントや評価を受けた後、最終稿では内容を大きく変更している。日本から来た留学生に大学の図書館やお勧めのスーパーを教えるユーモアを交えたスキットへと大幅に内容を練り直し、ニューヨーク訪問や留学を考えている一般の人にとっても有益な情報が盛り込まれていた。対象となる聞き手を具体的に想定して、その関心事を考慮した結果、自らスクリプトの大幅な書き換えを決定し、有意義な情報の発信へとつながっている。

3.4.3　プロジェクトに取り組む姿勢

　前述(3.4.2節)のスクリプトを書いた学習者は、ポッドキャストの作成後、どのようにトピックや構成を決めたかについてのアンケートに回答した。

3.4.3.1 トピックと内容

まず、どのように最初のポッドキャストのトピックや内容を決めたかについては、ポッドキャストの内容の面白さに注意していた。聞き手が分かりやすい内容と場面を考えた結果、「自分達が何故日本語を勉強しているのか、そして、どのように勉強しているのかを普段の生活の様子を含めて会話形式にした(2–C)」と答えている。教室の枠を超えて人に聞いてもらえるという可能性が、学習者の注意を内容の面白さにより引きつけたと考えられる。しかし、聞き手を自分たちのような学生と捉えているらしく、プロジェクトの目標となる聞き手(この大学のある町やアメリカの大学生活に関心のある日本人)に有意義な情報を提供できているかという部分までは、意識できなかったようだ。

> **データ2**
> 最初のポッドキャストをどのように思いついたか教えて下さい。特に、考えている過程について、詳しく教えて下さい。

学生C：まず、自分たちが大学で日本語を勉強している動機について話そうと思った。アメリカ人の学生だけじゃなく、日本人の学生にとっても、私たちが日本語を勉強している理由やどうやって勉強しているのかを理解することは、興味深いことなんじゃないかなと思った。内容をまとめる上で、自分だったら他の学生のどんなことを知りたいかについて考えた。

学生D：最初のゴールは、会話を面白くすることだったと思う。だから、ああいうちょっと変わった内容にした(本当のスクリプトと思えるような会話をしていながら、実はそれがスクリプトを作る過程の一部だった。分かってもらえるかどうか分からないが…)。

学生E：皆がよく知っている状況での会話を作ろうとした。友達と集

まってどんな内容にしようか話し合って、結局日常会話にしようということになった。そこで、皆が集まるのを待っている間にチャンさんと私がしていた会話(Wimbaを使ってポストするのがすごく不便だという話)を基に話を作ることにした。

　プロジェクトの大きな目標は提示したものの、トピックに柔軟性を持たせることで、聞いてくれる相手を想定しながら内容を考える機会が生まれていたようだ。これは、自分たちの伝えたいことを学習者自身が判断して日本語で表現する機会であり、Benson (2001)の言う自律性促進の助けとなるだろう。

3.4.3.2　学習者相互評価

　ここでは、前述のグループのポッドキャストに対する他のグループのクラスメートの評価コメントを分析する。まず、内容に関するコメントでは、「大学についてもっと広い話をした方がいい (3–F)」や「授業のプロジェクトであることは言わないほうがいい (3–H)」のように、どのようにすればもっと聞き手を引きつけられるか、そして、プロジェクトの目標、「アメリカの大学生活を日本人の学生に伝える」、に合致しているかどうかについて、「プロジェクトの目的とずれている。焦点を変えるべき (3–H)」と批判的なコメントをしている。

　次に、ポッドキャストの聞きやすさや魅力についてコメントをし、練習の必要性を指摘している。例えば、会話や声に感情がこもっていない、会話が棒読みに聞こえる、言いよどみがある、など具体的な問題点をあげている。さらに、「文法の間違いが見られる (3–G)」や「言いつかえがある (3–H)」のように、文法的間違いの存在や言い間違いなどを指摘して、日本語の正確さにも注意を向けるようにアドバイスをしている。

データ3
前述のグループのポッドキャストに対する他の学生からの評価コメント

学生F：日本語の勉強についての話から、大学についてもっと広い話、例えばどんな専攻があるかとか、をした方がいいかもしれない。ただのラジオ番組にするのではなく、ポッドキャストの特徴を活かしてもっとクリエイティブにできたらいいと思う。面白くするために、もう少し感情を入れて話したり、音響効果なども使えばいいと思う。

学生G：会話が無味乾燥で、単調な感じ。文法間違い（例：にほんのべんきょうはどうですか。）もあちこちに見られる。雑音も聞かれる。もう少し、明るく楽しそうに話した方がいい。それから、「おんー…」というような音も耳障りだ。「ポッドキャストは難しい」というように文句を言うのは、あまりいいとは思わない。

学生H：複数のトピックを扱ったり、もう少し細かい内容にも触れたりして、番組を長くしたほうがいい。話すスピードは良かったと思うが、言いつかえがあったので、もっとリハーサルをした方がいいと思う。ラジオ番組なので、もう少し内容を面白くして、授業のプロジェクトであるということは言わないほうがいい。内容は面白いし上手く構成されているが、スクリプトを読んでいるので、会話に感情があまり感じられない。それから、内容が、日本の学生にアメリカの大学について説明するというプロジェクトの目的とは少しずれている。だから、目的に合うように焦点を変えるべき。それから、前にも書いたように、声のトーンなどももっと自然に表現力豊かにするべきだと思う。最後に、勉強についてだけじゃなく、寮での生活や、学生がよ

くするアクティビティ、キャンパスなどについても触れたらどうだろうか。

　クラスメートのポッドキャストを客観的・批判的に評価することは、自分のメタ言語知識を活用するだけではなく、自分たちで定めた評価基準に照らし合わせてポッドキャストの内容も判断しなくてはならない。これは、学習を主体的に自己管理し、言語学習を向上させようとしている例と言える。また同時に、クラスメートにも批判的なコメントをすることで、自律的に学習を管理するように働きかけているとも考えられる。学習者がクラスメートからのコメントやアドバイスを取り入れるとは限らない（Berkenkotter 1984, Connor & Asenavage 1994, Fathman & Whalley 1990, Leki 1990, Min 2005, Zhang 1995）が、多くのピアレスポンス／フィードバックに関する研究（de Guerrero & Villamil 1994, Goldstein & Conrad 1990, Mangelsdorf 1992, Nelson & Murphy 1992, Tang & Tithecott 1999, Villamil & de Guerrero 1996）で指摘されているように、クラスメートからのコメントが有意義に働くことも十分ある。つまり、学習者が学習に積極的に向き合い、学習者同士でお互いを評価し合うことで、さらに自律性を養える可能性がある。ことに、プロジェクト終了後の評価ではなく、ポッドキャストの製作過程での評価であるため、次の「推敲過程」のセクションでも見られるように自己相互評価をポッドキャストの改善にすぐに役立てることができる。このような自己相互評価は、日本国内や海外での日本語教育の現場でも取り入れられ、評価の信頼性や自律性を養う可能性が論じられている（小山 1996, トムソン 2008）。

3.4.3.3　推敲過程

　3.4.3.2節で見たクラスメートからのフィードバックやアドバイスを、評価された側はポッドキャストの推敲にどのように取り入れたかについて、前述の3.4.2節で取り上げたグループに焦点をあてて詳しく見ていく。
　4-Cが「フォーマット（インタビュー形式から会話形式へ）、内容、声のトーンの3つを変えた」と答えているように、自分たちのポッドキャスト

をフィードバックに照らし合わせながら聞き返し、指摘された問題点を納得したうえで修正していこうとする態度が見られる。また、録音された声質や流暢さも、より感情を込めた日本人の話し方に近づくように練習を繰り返して、より良いものにしようと努力したことが4-Iの回答からもうかがえる。

内容については、情報の少なさや、面白みに欠ける部分に気づき、スクリプトの初稿の内容を大幅に変えている。プロジェクトの本来の目的に合致したポッドキャストにするべきだというクラスメートの意見を積極的に取り入れたということがわかる。このグループの推敲過程からは、どのフィードバックが自分達のポッドキャストをより良いものにするための助けとなるのかをグループで見直し、自分たちに欠けているものを補うことで、聞き手を考慮したコミュニケーションを達成するという学習を自己管理している。このように、評価をもとに自分の作成したものを見直し、どのようにプロジェクトの目標(と同時に学習目標でもある)を達成するかを検討し遂行する機会は、自律性促進の助けになると言える。

データ4
様々なコメントをもらっているが、スクリプトを推敲する時、どのようにこれらのコメントを取り入れたのか? 何故取り入れた/取り入れなかったのか?

学生C：内容を改善するために、まず、ポッドキャストのフォーマットを変えた。そして、内容も変えた。最後に、音響効果を加えて、声のトーンにも気をつけた。他の学生のポッドキャストを聞いた後、聞き手に合わせた内容へ変更するため、シナリオを一から作り直した。インタビュー形式も聞き手には分かりづらく、あまり面白くなかったようなので、会話形式にした。そして、学校についての話だけでは聞き手には興味を持ってもらえないかもしれないので、大学や大学のある町での日本語の勉強や、日本文化の経験などについて話すことにした。

学生I：自分達もあまり重要な情報を入れていなかったと思ったので、

スクリプトを最初から書き直した。日本から来たマキという人物を登場させて、大学に勉強に来た日本人とアメリカ人学生との会話というスクリプトにした。これで、もっと役に立つ情報（例えば、どこで何が買えるか、何が食べられるかなど）を入れることができたと思う。声のトーンや感情については、何度も練習してスクリプトをほぼ覚えて、少し大げさに表現した。

学生J：もらったコメントから、ポッドキャストの中で文句を言ったのは、あまりいいアイディアじゃなかったと思った。推敲の時に、もっと音響効果（電話の音やドアの呼び鈴など）を入れて、皆からのコメントを取り入れようと思った。それから、もっと社交的なこと、例えばキャンパスの近くではどこで食べられるかとか、を入れてもっとユーモラスにしようと思った。「もう少し明るい雰囲気が必要」というコメントに関しては、特に注意しなかった。

推敲の際、何に一番注意をしたかという質問に対しては、「どんなフォーマットが聞き手に一番気に入ってもらえるか（5-C）」のように、やはり聞き手の興味を考慮している。ポッドキャストの形式を日本から来た留学生との会話にするなど、どのような形式にするのが一番興味をひくものなのか、そして、自分たちが取り上げたい情報をどのように入れるべきなのかなど、いくつかの具体的なポイントに着目しながら推敲を進めていったようだ。また、「他のグループのポッドキャストを聞いてアイディアを練った（5-J）」というように他グループの内容と比較することで、アイディアをふくらませていくという工夫も見られる。

データ5
スクリプトを推敲する際、何に一番気をつけたか？

学生C：まず、どんなフォーマットが聞き手に一番気に入ってもらえるかに注意した。最初のインタビューのような形式をやめて、3人が色々なトピックについて異なる場所（キャンパス、本屋、レストラン）で会話をしている形式に変えた。それから、大学や大学のある町での日本語の勉強や日本人／文化との触れ合いについて触れるために「日常生活」の話にどうやって盛り込むかを考えた。だから、シチュエーションを「大学で勉強している日本人に会う」と変更した。そして、日常生活の中で、日本語や日本食などについても話した。

学生I：もちろん、話し方とスクリプトについて。最初の話し方はロボットみたいでおかしかった。でも、皆からコメントをもらって、何が良くて何が悪いのか、大体分かったと思う。

学生J：新しいスクリプトを考えている時、他のグループのポッドキャストを聞いてアイディアを練った。どのグループだったか覚えてないが、1つのグループが地元のレストランの中という設定でスクリプトを書いていた。でも、あまり面白くない設定だと思ったので、逆にそれを利用して面白くしようということで、そのレストランについて話すことに決めた。

ここまで、プロジェクトに初級日本語学習者がどのように参加してきたかを、学生からの評価基準に対するコメントやクラスメートのポッドキャストに対する評価などのデータを基に分析をし、それがどう自律性促進につながるか述べてきた。Benson (2001) が掲げる自律学習を培うかどうかを判断する2点を、どのように実現しているか考察する。まず、学習者が自ら評価

基準の作成に携わること、お互いを評価すること、ピアの評価を踏まえて推敲するなどの過程で、自分の学習を管理する機会を持てた。これは、自律学習を培うかどうかの1点である「授業（実践）がどのように学習者が学習を自己管理する助けとなるのか」の実現と考えられる。また、聞き手への配慮（関心や聞きやすさ）を考慮したコミュニケーションを実現させるために、発音や声のトーンなど自分の話す日本語に目を向ける学習ができたという意味で、「授業がどのように言語学習を向上させるのか」という2点目も実現していると言える。

次に、中級日本語学習者がどのようにこのプロジェクトに参加したのかを分析し、自律学習促進の可能性を探る。

3.5 中級のポッドキャスト・プロジェクト
3.5.1 ポッドキャスト・プロジェクトの評価方法

中級の評価基準に関するコメントでも、学習者が注意している項目が、トピックや分かりやすさといった内容に関することだけではなく、聞き手を配慮して、いい番組にすることにまで気を配っているのが分かる。例えば、「長過ぎなら面白くなくなる（6–F）」や「ちょうどいい長さ（6–G）」のようなコメントにある「長さ」である。面白いトピックでも、聞き手が疲れてしまうほど長い番組では、当然いいポッドキャストとは言えない。また、6–Gの「聞きやすい音」の意図する「聞きやすさ」や「明瞭さ」もそうである。面白い内容でも、声が小さ過ぎたり低過ぎたりして聞きづらければ、聞き手は聞く気を失ってしまう。さらに、聞き手の注意を持続するために、BGMなどの利用も必要だと考えている。中級の学習者も聞き手に伝えることを重視して、正確な発音など言語学習に直接関わる目標設定をしている。

初級と同様に、聞き手のために自分の発信するメッセージの内容やことばを調整しようとしている。これは、言語が使用される場面・状況に最も適合したことばを使用しようという意識の現れであり、単に語彙や文法を構造的に理解するだけではなく、ことばを場面・状況の中で理解していくことでもある。学習者自身がコミュニケーション能力（communicative competence）

(Canale & Swain 1980, Savignon 1997) の観点から見ても重要な点に気づき、言語学習の向上につながると言える。

データ6
2年生ポッドキャスト評価基準コメント (学生が日本語で回答していた[4])

学生E：だから、いいポッドキャストは大切なニュースだけ伝えると思う。

学生F：まず、いいポッドキャストはおもしろいし、あまり長くないです。長すぎならおもしろくなくなります。次、いいトピックを決めれば、人気があります。それはとても大切です。じょうほうもたくさんあったほうがいいです。最後、音楽とかジョークを使ったら、もっとおもしろくなるでしょう。

学生G：1. 面白いトピックと中身：トピックと中身が面白くなっかたら、つまないです。つまり、誰にも聞きたくないわけです。2. 聞きやすい：よくわかるために、ポッドキャストが聞きやすい音がいります。3. ちょうどいい長さ：忙しい学生に、長すぎるポッドキャストはだめです。時間がないから、聞き終わりません。たくさん短いポッドキャストのほうが、ひとつ長いポッドキャストよりいいと思います。10分はげんかいと思います。4. 音楽：いいポッドキャストは、音楽に欠かせません。

学生H：ポッドキャストはいいと思っています。ポッドキャストにたくさん外国のことを聞けます。ドイツのスピーチや日本のスピーチなど、ポッドキャストに聞けます。私は、ドイツ人の歌手の「ユリ」や「ディートルテヌホスヌ」など面白い歌を歌いました。ポッドキャストを使わないでそのスピーチや歌を聞けない

しまいました。ポッドキャストで有名な人のインタビューも聞けます。時間がある時、インターネットでインタビューを聞けて、時間がない時、後でポッドキャストを聞いてもいいです。

3.5.2 スクリプト

　次に、中級の学習者Fが書いたスクリプトを例に見てみると、聞き手を意識しながら聞きやすく興味を持ってもらえるポッドキャストを作ろうとしている姿勢が垣間見える。4つのポッドキャストのスクリプトを分析すると、まず、最初の回でポッドキャストのテーマが「健康な生活」であることを伝え、健康の大切さについて一般的な情報を交えて説明している。健康の大切さを訴えることで、聞き手の興味をひき、聞いてみようという気にさせる。そして、番組の最後には、「私のポッドキャストを聞いて是非健康になってください。」というようなメッセージを入れて、聞き手の定着を促そうとしている。2回目では、健康な生活を送るために必要な要素の1つ、食べ物、に焦点を当て、具体的な食材や分量を説明しながら1回目よりも詳しく話をしている。科学的な研究報告などに基づいていると思われる具体的な説明というのは、個人的な考えや意見を述べるだけと比較して、信頼性も高く聞き手には受け入れられるのではないだろうか。3・4回目も、運動やストレスといった要素について詳しい説明をしている。次週、どのような内容について話すのかに触れて、聞き手の興味をかき立てようとする工夫もなされている。

　一方、学生GやHのスクリプトでは、テーマの統一性が見られない。これは、次のセクションでみる学習者の動機や目的意識によるところが大きいようだ。

3.5.3 プロジェクトに取り組む姿勢

3.5.3.1 トピックと構成

　下のデータは、中級学習者がポッドキャストを作成した後、どのようにトピックや構成を決めたかについて学生の回答を質問別に分類したものである

（ただし、クラシック音楽を扱った学生Eはこの問いに対して回答しなかった）。まず、どのようにしてトピックを選んだかについて見ると、学習者がポッドキャストを単なる課題の1つとしてではなく、「もっと多くの人にも生活習慣に気をつけてもらいたい（7-F）」や「役立つ情報がいい（7-G）」に見られるように、実際の聞き手を視野に入れて作成しているのがよく分かる。そのため、学習者が特に注意を払っているのが、まず「トピックの面白さ」である。いかに聞き手の興味をひき、なおかつ、聞き手にとって有益な内容のトピックを選ぼうと注意をしている。特に学生Fのトピックの選択には、この学生の健康に関する深い関心とそれを発信したいという強い動機がうかがわれる。

データ7
どうやってトピックを思いついたのか？

学生F：トピック＝健康
　　　　私自身が「Freshman 15」（アメリカの新入生は入学してからよく15パウンド太ってしまうの意）で太ってしまって、ダイエットのために健康的な食生活や適度な運動に気を付け始めたので。健康的な習慣を守ることで元気に長生きできると思うので、他の人にも勧めていて、友達や家族も習慣を変えてきた。だから、このトピックをポッドキャストに使って、もっと多くの人にも生活習慣に気をつけてもらいたいと思った。

学生G：トピック＝リオデジャネイロ、旅行、日本語学習
　　　　どんなトピックが興味をひくか考えた時、日本語が分かる人にとって役立つ情報がいいと思った。だから、実生活で活かせるようなことにしようと思った。

学生H：トピック＝大学の生活、犬、村の楽しいこと

他の人が聞いていて面白いと思うようなことにしようと思った。

　次に、構成に関する問いの回答で、学生が重要だと考えているのが、「分かりやすさ(8–E)」や「論理的な明確さ(8–G)」である。トピックに聞き手が興味を持っても、内容が分かりにくかったり、聞き手が論理的に納得、あるいは共感するものでなければ、聞き手は途中で聞くのをやめてしまう。また、1つ1つのポッドキャストを学生Hは「導入・主要部・結論」という3段階のシンプルな構成でまとめ、外国語を使って言いたいことを伝えるという不利を補おうとしていた。つまり、全ての学生に共通して言えるのは、聞き手の興味を番組の最後まで引きつけるために、分かりやすさに配慮していることである。

データ8
ポッドキャストの構成をどうやって決めたか？

学生E：分かりやすくするために、カタカナ語の数を減らしたかった。

学生F：健康に関して最も大切なことを中心に構成を考えていった。

学生G：一つ一つの副トピックを別の段落にして、論理的になるように構成を考えた。

学生H：外国語を使ってポッドキャストを作成したので、シンプルな構成が一番だと思って、それぞれのポッドキャストを、イントロ、本文、結論という構成にした。

　また、ポッドキャストを作成している時に、どのようなことに注意したかという問いに対する回答を見てみると、「文法と発音(9–E)」、「聞き手に分かってもらえる論理展開(9–G)」、「限られた言語力でどうやって一番重要な

ポイントを伝えるか(9–H)」のように、教師に指示されるのではなく自主的に発音や文法、構成に注意を払っており、ポッドキャストの利点である「実際の聞き手」を常に念頭に置いて作成している。このように、内容、構成、留意点を自ら決定する学習態度は、学習を自己管理しようとしていることの現れではないだろうか。

データ9
ポッドキャストを作成している時、何に一番気をつけたか？

学生E：文法と発音に一番気をつけた。トピック自体が難しいので、自分のスピーチでそれをさらに複雑にはしたくなかった。

学生F：内容に一番注意した。文法を気にし過ぎると、自分が本当に伝えたい難しいことを言い表すのをためらってしまうと思ったので、あまり気にしないようにした。

学生G：聞き手に分かってもらえて、論理的な展開になるように、構成に一番注意した。分かりやすい構成であれば、聞き手に内容をもっとよく覚えておいてもらえると思う。

学生H：基本的な言語スキルを使って、どうやって一番重要な点を伝えるのかが大切だと思った。

さらに、学習者の課題への取り組み方を、教師からのコメントやアドバイスに対する反応から見てみる。複数の回答から、「作ったら終わり」というように単なる課題をこなすという姿勢ではなかったことがうかがわれる。例えば学生Eは、プロジェクト終了後に、「先生の作ったポッドキャストに影響を受けたと思う。Jingle[5]が楽しいムードにするので、私もやってみようと思った。Jingleがわりと大きな変化を与えるので、試してみたかった。」と

いうように教師が例として作成したポッドキャストと自分のものを比較し改善しようと試みたと答えている。さらに、学生Fのポッドキャストを分析し自分のものと比較し、「学生Fはポッドキャストで生活習慣について話していて、それと同じように元気のいい声で話していた。この元気の良さは、健康的な生活によるものだと思ったので、私のポッドキャストでもJingleが聞き手に同じような印象を与えられたらいいなと思った。」というように、言語面だけではなく、それにともなう音や声が聞き手に与える印象についても注意を払うようになったことが分かる。また、学生Gは「聞いた後で、私のポッドキャストには自己紹介がない方がいいと思いました。」と教師からのフィードバックを受けて作った後にも聞き返したりするなどして、作成したポッドキャストをより良いものにしていこうという向上心が見られる。

3.5.3.2 自己・相互評価

中級のポッドキャストも、教師だけが評価するのではなく、学習者が自ら考えた基準をもとに、自分の作成したものとクラスメートのものを評価シートに記入をするという形で評価した。評価シートには、「みんなで考えた基準（criteria）や、1年生が考えた基準をもとにして、自分とクラスメートのポッドキャストを評価（evaluation）してください。」と指示が与えられていた。

初級の評価コメントにも見られたように、クラスメートのポッドキャストを聞いて「もっと速く話したほうがいい」・「もう少し詳しい内容のほうがいい」というような批判的なコメントや、発音や声質に関して「聞きやすい」・「声がおもしろい」などの肯定的なコメントをしている。批判的なコメントはクラスメートに対してだけではなく、自己評価として自分が作成したものも客観的に評価し、「速すぎる」・「長さが短い」というような批判的評価をしている。

最後に、プロジェクト終了後、学習者が回答したアンケートから、Benson (2001) の自律性促進の焦点となる学習の自己管理と学習の向上がどのよ

うに実現されていたのかを、学習者自身の視点から見ていく。加えて、プロジェクトのどのような点を改良すべきか、について考察する。

3.6 初級のアンケート結果

プロジェクトに対する意見や受け止め方についてのアンケートが実施され、28名の初級学習者が以下の質問[6]に回答した。

(1) プロジェクトを楽しんだか。どうしてそう思うのか。
(2) この活動を通して何を最も学んだか。
(3) 何かコメントや提案があるか。

3.6.1 プロジェクトに対する態度

「プロジェクトを楽しんだかどうか。」という問いに対しては、半数の学生が「楽しんだ」と肯定的に答えているものの、残りの半数は「分からない」もしくは、否定的に答えている。このように学生からの答えが分かれているのには、いくつか理由が考えられる。

データ10
ポッドキャスト・プロジェクトは楽しかったですか？　どうしてですか？

肯定的な回答をした学生　（50.0%）
・クラスメートと交流できた　（10）
・日本語をクリエーティブに使う機会を得た　（5）
・日本語学習に役立った　（3）
・達成感があった　（2）
・話す練習をする機会を得た　（2）

どちらともいえない回答の学生　（25.0%）

否定的回答をした学生 （25.0%）
・時間がかかり過ぎた （4）
・コンピュータやソフトの問題があった （1）
・グループのミーティングを計画するのが難しかった （4）
・トピックに限りがあった （2）

　否定的回答の中には、「得るものがなかった」や「学習に役立たなかった」といった回答が見られる。このような学生の回答には、いくつか理由が考えられる。まず、初級ということで、日本語を勉強するのが初めての学生も当然いたであろう。そのような学習者にとっては、自分で日本語学習の目標を定め、その目標達成のために必要なプロセスを考えることが必要とされるプロジェクトは、少しハードルが高かったのかもしれない。自律性を養うということは、全てを学習者任せにして教師が楽をすることとは全く違う（Chia 2007）。教師は、これまでの教師中心の授業から学習者中心の授業への橋渡し役をしなければならない。また、Luke（2006）で取り上げられた学習者のように、学習者がこれまでの外国語教育の経験から得た学習のあり方が教師主導のものであり、自律的な学習に慣れていなかったために戸惑ったという可能性もある。戸惑う学習者に従来と異なる教室活動や課題の意図を伝えていくことの重要性はLuke（2006）やIwasaki & Kumagai（2008）でも指摘されている。このプロジェクトについて言えば、動機付けの弱い学生を自ら積極的にプロジェクトに参加させるために、ポッドキャストの形式や目的など、教師がある程度道筋を示したほうがいいのではないだろうか。次の回答からも、この可能性が見えてくる。

データ11
否定的回答の例

・時間もかかったし、得るものあまりなかった （F10）
・学習に役立たなかったし、グループワークだと他のメンバーの参加の

仕方が成績に影響してしまう。自分の成果や言語学習を問うものであるべきだ。（S03）
・楽しくなかった。どちらかというと言語についてもっとべんきょうしたかった。話すことは楽しくなかった。（S04）
・ミーティングを計画するのは大変だったし、聞き手はだれなのか、どんな形式でするのかなど、指示がわかりにくかった。でも、クリエーティブになれるいい機会だった。録音の時自然に話すのは難しかった。（F06）

また、プロジェクトの形式も否定的な回答に関係しているだろう。今回、初級学習者のプロジェクトはグループワークだったので、ポッドキャスト作成のためにグループメンバー全員で授業外で会う機会を設けなければならなかった。勿論、それによってクラスメートのことをより深く知ることができて良かったと肯定的に感じている学生がいるものの、逆に時間がかかり過ぎたというような否定的な意見も見られる。

これらのデータが示すように、プロジェクトへの取り組み方には個人差が大きく影響しているようである。それが学年によるものなのか、個人的好みによるものなのか、今回のデータからは判別できないが、1つ言えることは、自律性を養うためには、最初から全てを学習者に任せてしまうのではなく、段階的に学習者に自律的に選択や決定をさせる機会を増やしていくことが大切だということだ。このようなプロジェクトでは、学習目標は提示されていても文法項目のような具体的学習項目は明確には提示されていない。そのため、動機付けの弱い学習者、あるいは、自律性が発達していない学習者にとっては、何をどう学ぶべきなのかが分からないこともあるだろう。Spratt et al.(2002)の研究では、自律学習の鍵となるのは動機であり、まず動機を高めることによって自律学習を促すことができるということである。教師の役割としては、プロジェクトを通してどのようなものが学べるのか、学習可能な事柄の例を提示するだけでも、かなりの助けになるのではないだろうか。提示された例をもとに、自分の興味やニーズに合った学習項目を学

習者自身が選択し、学習目標として定めることで、学習に主体的・積極的に関わる自律学習が実現されると考えられる。

3.6.2 プロジェクトから学んだ点

　また、「どんなことを学べたか」という問いに対しては、下に示した通り、やはり、ポッドキャスト（ラジオ番組制作）というプロジェクトの特徴上、話す力や発音が学べたと感じている学習者が一番多かった。ポッドキャストを作成する過程でおのずと学習者が発音や話す能力を高めたと言えよう。その他の能力に関しては、若干人数が少ないものの、文法、グループで協力し合うこと、学んだ知識を実際の会話に活かすなどがあげられていた。

　今回のプロジェクトが、一般的なプロジェクトと異なる点は、不特定多数の聞き手の存在である。通常、聞き手・読み手は主に教師、あるいは、クラスメートといった教室で顔を会わせる人たちだ。しかし、このプロジェクトでは、教室という枠を越え、不特定多数の聞き手がポッドキャストを聞く可能性があった。そのため、より一層真剣にプロジェクトに取り組み、結果として発音や話す力だけではなく、文法やグループのメンバーと協力してプロジェクトをやり遂げることなども学べたとも考えられる。同様に、新聞投稿という目的を設定して作文を指導した市嶋他（2006）も学生の最終授業の振り返りをもとに、これと似た報告をしている。市嶋他によると「投稿をすることで、自身の主張を広く社会に発信する」という目的のために、積極的な自律的学習を行えたということである。

データ 12
このアクティビティを通して何を一番学びましたか？

・話すこと・発音　（11）
・学んだ知識を会話に応用すること　（3）
・文法　（3）
・グループで作業する　（2）

・テクノロジーに関係すること　（2）

回答の具体例
・ラボでの練習と実際の話すことの違い　（F03）
・異なる場面で日本語の知識を使うこと　（F05）
・感情を込めて話すことの難しさ　（F06）
・適切な内容を用いての文法、語の発音　（F07）
・お互いの文法を直したこと、発音がおかしいことに気づけたこと　（F09）
・協力すること、いろいろな学生がいかに多種多様な場面やストーリーをつくれるかということ　（F12）
・教室の外でどのように話したらいいかということ　（F13）
・自分が日本語を話せるということ　（F16）
・テキストからことばを習うのと実際に話すのは違うということ　（S02）
・Wimbaの使い方　（S03）
・もっとまとまりのよい文章の書き方　（S04）
・自分が実際に日本語で本当にいろいろなことが表現できるということがわかった！　（S07）

3.6.3　プロジェクトの改善点

　プロジェクト全体を通してのコメントとして、肯定・否定的意見の両方が見られ、手順やガイドラインについての提案もなされていた。具体的な理由は明確には書かれていないが、数名の学習者は「グループワークはお互いを知るのに役立った。間違いなくいいプロジェクトなので、続けるべきだ（F3）」のようにプロジェクトを好意的に受け止め、今後も続けて欲しいと答えている。

　一方、改善の余地がある部分としては、大きく分けて以下の4点があげられる。まず、数名の学生が、「指示があいまいだった（S07）」や「もっと系統だったやり方（F14）」のようにプロジェクトのガイドラインや方向性の

より明確な指示があったほうがよかったと答えている。このプロジェクトでは、教師は主導的な立場ではなく、大きな2つの目標は伝えていたものの、目標達成のためにどのようなポッドキャストを作るべきか具体的なアドバイスはあえてしていなかった。そのため、教師主導型の授業に慣れている学生は、教師からの指示やアドバイスを期待していたという可能性もあり得る。

2つ目に、色々な意味でもう少し柔軟性のあるプロジェクト形式が望まれていたようである。具体的には、「もっと色々なトピックでするべき(S01)」や「パートナーを選ばせて欲しい(S02)」、「もっと時間が欲しい(S05)」などがあげられている。ポッドキャスト・プロジェクトは、学習者が主体となって内容を決め、実際に録音するという作業が必要とされるので、準備に多少時間がかかり、学生に十分な準備期間を与えることが必要となる。

学習者があげた1つ目と2つ目の改善点を比較してみると、ある意味矛盾した意見を学習者が持っていることが分かる。ある学生は、もう少し明確な方向性・指示を期待していたのに対し、他の学生はもう少し柔軟性を持たせたプロジェクトを望んでいる。自律性を伸ばすためには、教師は学習者が自ら学習内容や方法を選択・決定をする機会を与えることが必要不可欠であり、その意味で柔軟な課題やプロジェクトを提示しなければならない。しかし、その「柔軟性」が、ある学習者にとっては「曖昧」と感じられたり、「何を求められているのかよく分からない」というように否定的に受け取られてしまう可能性がある。これは、Chia(2007)が指摘しているように、教師中心の授業に慣れた学生にとっては、学生中心へと変化する場合、かなり抵抗感を感じることがあるためだろう。これまでは「教師の役目」と思っていた学習内容・方法の決定が、急に「学生の役目」として任された場合、その変化に適応するのにかなりの労力を必要とすると推測される。

そして、3つ目は機械的な問題(マイクの質、使用するソフトの使い勝手など)である。「ラボのマイクの質がよくなかった(S09)」や「Wimbaの音量が低過ぎた(F02)」の意見ように、テクノロジーを利用したプロジェクトや授業活動を実践する場合、問題が起こる可能性があることを承知しておく必要があるだろう。教師自身が、使用する機材やソフトの使い勝手をしっか

りと把握しておくことで、学生が直面しそうな問題をある程度回避することはできる。しかし、予期せぬ問題も起こりうる。学習者がこのような機械的な問題解決を常に教師に頼るのではなく新しいテクノロジーを積極的用いてコミュニケーションを高めていくために、自分で解決を試みる姿勢を養うことも必要である。その際は、プロジェクトの目的を明確に説明し、何故自分自身で問題解決に取り組むことが望ましいかを学習者が理解できるようステップを踏む必要があるだろう。

最後に、教師側からのフィードバックを求める「学生の発音は先生がチェックして訂正するべきだ（F04）」というコメントがあった点に注目したい。今回のプロジェクトは、学生中心のプロジェクトであるがゆえに学習者の自律性を促進させる可能性があるが、全てを学習者に委ねることは当然できない。特に、発音や文法といった言語そのものに関する部分は、教師の介入が必要ではないだろうか。ピアレスポンスに関する先行研究では、クラスメートの言語知識に不安があるため、教師のフィードバックをより聞き入れるという報告もされている（Connor & Asenavage 1994）。また、特に作文においては、学生の多くが教師からのフィードバックを期待していることも報告されている（Chandler 2003）。さらに、Ferris & Hedgcock（1998）や Leki（1991）が指摘しているように、教師からのフィードバックの欠如が、学生の動機低下につながる可能性も忘れてはならない。ポッドキャストの原稿や出来上がった後など色々な段階でフィードバックを与えることができるが、いつ何に対してどのようにフィードバックをするかは、今後さらに慎重に考慮すべき課題だろう。勿論、教師のフィードバックだけではなく、学習者同士での評価を併用するのも選択肢の1つである。その場合は、学習者にピアフィードバックの必要性や効果などについてある程度説明をし、理解を得ることが必要だろう。

3.7 中級のアンケート結果

中級のアンケートでも、初級と似た次の4点についての回答を得た。

(1) 何かを学んだか。どんなことを学んだか。
(2) このプロジェクトで最も好ましかったことは何か。
(3) このプロジェクトで最も好ましくなかったことは何か。
(4) 今後改善すべき点があるか。

　どんなことを学べたかという問いには、「前より発音の仕方がよくなった（学生 F）」のように 4 人中 3 人の学生がより流暢に話せる／読めるようになったと答えた。これも、恐らくポッドキャストの特徴によるものと考えられる。残りの学生は、「他の学生が健康や音楽、旅行についてポッドキャストを録音していたので、学ぶことがあった」とクラスメートのポッドキャストの内容から、健康や音楽、旅行について学ぶことができたと感じていた。ポッドキャストを発信する側としての学習と、聞き手としての学習の両方を意識していたことがうかがえる。

　次に、ポッドキャストのどんな点が特に好ましいかという問いには、4 者 4 様の答えが見られたが、どの回答もポッドキャストの特徴によるものと言える。「自分自身で創り出す宿題が好きだ（学生 E）」や「他の宿題とは全然違っていた（学生 H）」と、従来の宿題や課題との違いを楽しんだ学生もいれば、「世界中の人に健康がいかに大切か伝えられた（学生 F）」のように自分が選んだトピックについて言いたいことを世界中の人に伝えられる点があげられていた。このように、自由なトピックで自分の意見を発信する機会を得たことで動機が高まり、さらに自分が会ったことのない人々に学んでいることばを使って伝えたい気持ちがさらに動機を高めたと考えられ、同様の報告が市嶋他（2006）にも見られる。

　逆に、どのような点が気に入らなかったかという問いには、3 人の学生が「話したいトピックを探すのも、時間を見つけるのも難しかった。（学生 E）」や「時間がかかり過ぎた。（学生 G）」のように時間がかかるという点をあげていた。その主な理由は、自分の本当に言いたいことを限られた語彙で表現するには時間が必要であるということと、原稿を書いてさらに録音しなければならないということの 2 つである。また、長過ぎると録音が途切

れてしまうという機械的な問題に悩まされた学生もいたようだ。

　今後改善すべき点としては、教師からのフィードバックが必要という学生が2人、機械的な問題により使うソフトを変えるべきだという学生が1人、そして、ポッドキャストの長さを自由にすべきだという学生が1人いた。初級のアンケート結果と比較して興味深い点が2つあげられる。まず、「先生がスクリプトを手直しして欲しい（学生F）」のようにフィードバックを求める学生の割合は中級の方が高いことだ。中級学習者ということで、日本語の基礎的知識はすでにあるので、ある程度自分で日本語の間違いを探すことはできるだろう。しかし、ポッドキャストという書きことばとも話しことばとも違う新しいメディアのことばでスクリプトを書かなければならないような状況で、どのような構文や語彙を使うのが適切なのか自分では判断しかねた可能性が考えられる。また、不特定多数の人に聞いてもらえるということで、より一層正しい日本語を使いたいという意識が働いたのかもしれない。前述したように、このようなプロジェクトでの教師フィードバックの方法や必要性を引き続き考えていく必要がある。

　もう1点は、初級のようにプロジェクトのガイドラインや目標に関して、改善したほうがいいというコメントをした学生はいなかったことだ。初級学習者からは、もっと明確なタスクや課題があったほうがいいという意見が見られたが、中級学習者の回答にはそういった意見は見られなかった。中級学習者はすでに日本語の授業をいくつか取ったことがある学生なので、自律的に自分の学習を管理するということに慣れていた可能性がある。一方、初級学習者にとっては、普段期待しているような教師からの指示やアドバイスがもらえず、戸惑ったのではないだろうか。

4　まとめと今後の実践への提言

　このプロジェクトは、(1)自分の意見を実際に聞き手になる日本人に積極的に伝えることと(2)メディアがどのように情報を提供するのかを体験しながら考える機会を持つ、という目標を掲げて実施された。この2つの目標

は、自律学習を促すのに大きく役立ったようである。学習者がポットキャストというメディアを体験することで、不特定多数の聞き手を意識した結果、内容だけではなく、それを伝える言語面、例えば発音の明確さや文の長さ、文法の正確さ、声のトーンなどにも注意を向け、メタ言語知識を活用した言語学習の向上へとつながっていく可能性が見られた。実際の聞き手に積極的に伝えようとしたからこそ効果的な学習につながり、その成果として各グループや個人が実際に社会に伝えたいメッセージを発信できたのである。

　また、学習者自身が作成したものを積極的・客観的に評価して改善を加え、自分達が考えた基準で評価するという活動を通して、学習者の自律性を促進させる学習の自己管理の機会を提供していたと言える。

　しかし、このようなテクノロジーを利用し自律性促進を目指したプロジェクトを行う場合、注意点もいくつかある。まず、教師がある程度テクノロジーに関する知識を持っていることが不可欠だと言える。プロジェクトに取り組むためにどのような機材やアプリケーションが必要なのか、そして、それらの使い方や起こりうる問題点を把握しておくことで、プロジェクト開始後のテクニカルな問題に素早く対応でき、学生の混乱も最小限に抑えられるであろう。もちろん、教師が手取り足取り全て教える必要はないが、学生が質問しそうな部分を想定しておくことは、プロジェクトを円滑に進める上では重要な教師の責任ではないだろうか。

　それから、初・中級のデータに見られた違いが示すように、学習者がどのような自律学習ができるかを見極めることが、教師の大切な役割になる。また、中級の学習者間の違いに見られたように、学習者主導のプロジェクトでは、モチベーションの個人差が課題への取り組みに大きく影響すると考えられる。押しつけや強制ではなく、学習者が積極的に取り組むためには、課題の前の動機付けが大切ではないだろうか。そのためには、最初に学習者にその意義、その課題を通してどのようなことが学べるのか、何が実現できるのかを、明確に理解させる必要があるだろう。つまり、ポッドキャストという実際の聞き手や読み手にとのコミュニケーションを可能にするメディアを使えば世界に自分の意見を発信できるという利点を最大限に生かし、何を伝え

て社会へ働きかけたいのかを熟考させ、動機を高めるといいのではないだろうか。

　自己相互評価を取り入れる場合にも、学習者がどの程度自己評価やピアレスポンスに慣れているかを把握しておくことや、自己評価・推敲の大切さを学習者に伝えることは、教師と学習者がプロジェクトに対して同じ期待（心構え）を持つためにも重要なプロセスと言える。学習者が自らの学習を管理することで自律性が養われるとは言え、全てを学習者の責任として任せてしまうには、荷が重過ぎる可能性もある。学習者の日本語レベルやモチベーションを踏まえ、どの程度教師がフィードバックを与えるかを考慮すべきだろう。

　最後に、本プロジェクトでは、概ね学習者は自律的な取り組みの姿勢を見せ、アンケートからも多くの好意的意見が観察された。しかし、同様のプロジェクトをそのまま他の大学でも取り入れられるかと言うと、当然のことながら疑問である。実践の分析からも見えたように、課題へ取り組む姿勢には、モチベーションや日本語レベル、これまでの学習経験など様々な要因が影響をしている。各大学の学生のレベルやニーズに合ったプロジェクト形式を模索しなければ、プロジェクトの効果は半減してしまう。今後、さらに学習者の取り組みを観察・分析し、学習者の日本語レベルやモチベーション、学習スタイルなどの要因がどのように自律学習に影響するのかを研究していくことで、より効果的なプロジェクトを言語教育に取り入れられるようになるだろう。

注
1　分析結果を論じるにあたって、分析の対象となるデータは分析結果の議論のすぐ下に提示することにする。
2　数字は、データ番号に応じ、アルファベットは個々の学生を示す。
3　本章で提示されるデータは、学生がアンケートに英語で記述したものを筆者が翻訳して提示したものと、学生が日本語で回答したものをそのまま提示しているものの2種

類がある。後者の場合のみ、そのことを明記する。
4 日本語での回答は、学生が記述したまま表記してある。
5 GarageBand を使用して作成した音楽。教師は、それをポッドキャストの最初と最後にテーマ音楽のように挿入した。
6 初級・中級ともに、学生に配布されたアンケートの質問は英語で書かれており、学生の回答も英語であった。

第 11 章　日本語教育でのマルチモーダルリテラシー育成への可能性：
日本語初級ポッドキャスト・プロジェクト分析

熊谷由理・深井美由紀

1　はじめに

　従来、外国語教育でのコミュニケーションの育成においては、言語を伝達手段として考え指導の重点に置いてきた。しかし、実際には、人間は言語だけではなく、画像、色、レイアウト、音楽、ジェスチャーなど様々な「デザイン要素」を使ってコミュニケーション活動（リテラシー活動）を行っている。より最近のリテラシー研究では、このコミュニケーションの多層性に着目し、言語能力だけではなく複数の要素、つまりマルチモードによるコミュニケーション能力の育成の重要性を指摘している（Cope & Kalantzis 2000, Lo Bianco 2000）。本章では、初級日本語学習者が行ったポッドキャスト・プロジェクトをマルチリテラシーズ理論、その中でも特に、「デザイン」という概念とマルチモーダルリテラシーの視点から分析し、プロジェクトを通して、学習者がいわゆる言語学習の 4 技能（書く、話す、聞く、読む）だけではなく、自らが伝えたいことを伝えるために、「未熟な」言語能力を補いつつ、どのようにデザイン要素を利用したのかを検証する。そして、自己表現と創造的言語使用を主目的として行われたプロジェクトが、日本語教育においてマルチモードを使ったコミュニケーション能力の育成にどのように貢献できるか、その可能性を考察する。

2 マルチリテラシーズ：デザインとマルチモード

　マルチリテラシーズという理論は、グローバル化とテクノロジーの急速な発展により多様化をつづける（広義な意味での）テキストを読み解くためのリテラシー能力に深い関心を持つ言語学者、社会学者、人類学者、教育学者らからなるニューロンドングループによって提言されたものである（New London Group 1996, 2000）。マルチリテラシーズ理論において、最も重要なのは「デザイン」という概念である。彼らは、言語活動をはじめ、あらゆる意味構築の活動はデザイン活動であり、「既存のデザイン（Available Designs）」、「デザインの過程（Designing）」、「再デザインされたもの（The Redesigned）」という3つの側面を伴うものであるとしている。

　「既存のデザイン」とは、デザインをするための「リソース」であり、テキストを構成する様々な「文法」（言語の文法だけにとどまらない）や「ディスコースの秩序（Fairclough 1995）」、さらにはデザインを行う者（デザイナー）の言語・ディスコースに対する経験を指す。「デザインの過程」とは、デザイン要素を使って新たな表現をし、意味を構築する「プロセス」を指し、既存のデザイン要素が「デザインの過程」を通して、常に変容しつづけるという点を重視する。そして、その変容したものが「再デザインされたもの」、つまり「プロダクト」であり、それは、デザイナーによって新しい意味づけをされ、新しく創造されたさらなる「既存のデザイン」となる。つまり、デザイン活動を行うということは、既にあるリソースを使い、新しい意味を創りあげ、新たなリソースを提供するという過程を通して、積極的に今後の社会へと貢献することであるとしている。

　従来の言語教育では言語の仕組みや使い方を学ぶことにもっぱら時間がさかれ、現実のコミュニケーションで使われる多様な要素についてはあまり触れられてこなかった。もちろんコミュニケーション手段として、言語が重要であることは言うまでもないが、言語を主体に構成されていたテキストからより様々な要素を含んだテキストへと、そして、テキストを分配する主な媒体が本や雑誌、新聞といった紙の媒体からスクリーンへと変わりつつある現

代において、意味構築のために使われる複雑で多様な要素を考察するのに、デザインという概念は有効である。デザインは、言語だけではなく、視覚的イメージ、音響効果、ジェスチャー、空間のデザインなど、様々なモードをコミュニケーションを目的とするテキストの構成要素として認め、それらの要素が意味生成に果たす役割について分析するための理論的枠組みを示している。そして、デザインの過程は、テキストの受け手などの他者との関わりを含んだ社会文化的・循環的なプロセスとして提示され、近年重視されている学習の社会文化的な側面とも呼応している。

　本章では、初級日本語コースで課題として作成されたポッドキャストを、デザインという概念とマルチモーダルリテラシー理論(Kress 2003)を用いて分析する。特に、デザインの概念の３つの側面(「既存のデザイン」、「デザインの過程」、「再デザインされたもの」)の中でも、ポッドキャストという「作品」自体に顕著に現れている「既存のデザイン」、と「再デザインされたもの」に焦点を当て、学習者が視聴者にメッセージを伝えるためにどのようなモード(映像、音楽、文字など)を、どのように利用したのかを見ていく[1]。このような分析を通して、ポッドキャストが実際に学習者に様々なモードを利用した意味構築の場を提供しうることを示し、学習者が能動的にマルチモーダルリテラシーの実践に参加してその能力をのばしていけるのではないかという提案を行う。

3　ポッドキャスト・プロジェクト

　本章で分析するポッドキャストは、アメリカ東海岸にある私立キューブ大学で行われたポッドキャスト・プロジェクトに参加した初級日本語学習者の作品である。プロジェクトは、2007年秋学期の1年生1学期目の5クラスで、約2ヶ月に渡り行われた。これは、9章で紹介された初級クラスポッドキャスト・プロジェクト(2006年秋学期)から数えて3回目の実践である。後述するが、プロジェクトには複数の段階があり、10月中旬のプロジェクト開始時点(評価基準を考えたり、アイデアを出したりする)とポッドキャス

トを作り始めた時点(11月上旬〜中旬)では、既習事項にかなり違いがある。ポッドキャスト作成開始時は、存在文や形容詞文、また日常生活に関する動詞文などの初級前半の文法項目を学んだ段階であった。それぞれのクラスの担当教師は異なるものの、プロジェクトの方法、手順、そして学習者に与えた指示は同じであるため、ここでは1つのプロジェクトとして扱う。

　プロジェクトの主な目的は日本語による自己表現(伝えたいことを伝える)で、テーマは他校・他国の日本語学習者や日本人などの日本語がわかる人を対象に、学習者らが通う大学や大学近辺、あるいは大学のある町を日本語で紹介することであった。まず、学習者はいい／悪いポッドキャストとは何かを考え、意見をブログで共有し、さらにクラスで話し合った。この話し合いの結果をポッドキャストの評価基準とした。

　その後、学習者はグループを作り、台本を書いて下書きポッドキャストを作成した。本章で分析する3回目のポッドキャスト・プロジェクトでは、音声だけではなく、ビデオ撮影したものを編集して作成するビデオポッドキャスト(「ポッドキャスト("vodcast")」とも呼ばれる)も作られた。この下書きをお互いに見てコメントし合い、クラスメートからの評価・コメントを基に、ポッドキャストを作り直した。最終版ポッドキャストは、担当教師によってiTunesとブログを通して配信された。

　それぞれのクラスで独自のスケジュールを立ててプロジェクトを実施していたため、学習者がどのクラスにいたかによって、プロジェクトに費やした時間数は異なる。しかし、概ね、5〜6回のクラスで合計約3時間半をプロジェクトの作業時間に割り当てた。これらの時間はグループでポッドキャストについて話し合ったり、他のグループの作品を見て評価・コメントしたりする活動にあてられた。つまり、撮影や編集などのポッドキャスト制作作業は、実質的にクラス外活動として行われた。

4　ポッドキャスト3作品の紹介

　上記のプロジェクトでは、5つのクラスで合計23(音声12、動画11)の

第 11 章　日本語教育でのマルチモーダルリテラシー育成への可能性　245

ポッドキャストができ上がった。本章では、そのうち、デザインという概念から見て特に示唆に富んでいる作品 3 つを取り上げて分析する。

　まず 1 つ目は、ジョン、ミンジ、エリン[2]による大学紹介のポッドキャストである。この大学紹介のポッドキャストは紹介する大学に関するヒントを並べたクイズで始まる。その後、各自自己紹介をして大学構内の建物や近所の店を紹介する。まずジョンが学生会館、2 つの図書館を、エリンが学生寮を紹介し、最後にミンジが大学周辺にあるレストランやスーパーを紹介する。エリンがフローズンヨーグルトの店から出てくるシーン 1 カ所以外は、どのシーンでも学生は声のみで姿は見せない。

　2 つ目は、サラ、アンディ、カイル、マットによる「（町の名前）ラブ・ストーリー」である。この作品は、まず手前から奥に向かって吸い込まれていくような日本語のテロップでストーリーの説明と警告が流れ、カイルがサラとアンディに地下鉄の駅で会うところから始まる。下のスクリーンショットは、冒頭のタイトル画面と警告のテロップである。

カット 1	カット 2–1	カット 2–2
タイトルが右から左へ向かって流れる	下から上へ英語で「WARNING」が流れる	英語に続いて、日本語で誘い文が流れる

全編を通してマットがナレーションを担当し、状況を説明する。カイルとアンディは友人という設定で、アンディはサラをカイルに紹介する。3 人は地下鉄に乗って町の中心部まで行く。カイルが地下鉄の車内から窓の外を眺めるシーンの後、目的地に着いた 3 人は簡単な町の感想を言いながら、日本料理のファーストフード店へ行く。そこでメニューを見たサラは食べるものがないと言って先に帰り、残されたカイルとアンディはそれぞれ注文したも

のを食べて帰路につく。最後のシーンはベッドで寝ているアンディにカイルがマシュマロを食べさせているところで、突然マットがアンディの寝ているベッドの中から掛け布団をまくりあげて登場して終わる。

最後に3つ目は、デレク、トム、スティーブによる「このせいかつ」という大学生の生活を紹介する作品である。これはいわゆる「プロモーションビデオ」、あるいは、「ミュージックビデオ」の形式を使い、3人が作詞・作曲した歌を歌いながら、その内容を映像化したビデオである（♪はその部分の歌詞、「／」はオリジナルでの改行を示す）。

1番	2番	3番
♪あさごはんをたべます	♪まいにちろくじにおきます	♪なに　もう　たべません／おかね　が　ぜんぜん／ポケト　に　ありません／この　こうえん　でながらく　とむません

1番、2番、3番の歌を、デレク、スティーブ、トムがそれぞれ歌っているのだが、例えば「朝ご飯を食べます」という部分では、起床したデレクが床に置いてあったピザの箱を開けてピザを一切れ食べたり（上の左のスクリーンショット）、2番の「友達に電話をかけます」とスティーブが歌うところでは、受話器を逆さまに持ったスティーブに続いてブッシュ大統領（当時）が電話をしている写真が挿入される。3番はトムによるヒップホップで、デレクやスティーブが歌う1番と2番に出てきたシーンが一部使われている（トムの視点から撮影されている。上の右のスクリーンショットで、左端にスティーブが見える）。1、2、3番のどれも最後は主人公（歌い手）が実際に日本語科がある建物にある教室への階段を駆け上って席につき、2番のス

ティーブはすでに日本語の教室にいるデレクと、3番のトムはデレクとスティーブと落ち合うという形になっている。

5 分析

　本節では、前節で紹介した3つの作品を事例として、その形式と内容について、学習者が作成した「下書き」ポッドキャストとそれを作り直し最終的にインターネット配信した作品と台本をデータとして分析する。その際、形式については、メッセージの受け手である視聴者の視点から、出来上がったポッドキャストのジャンルと使用されているモード、そして作品から読み取れる目的と対象視聴者を分析する[3]。モードに関しては、特に使用したモードとその効果を、さらに内容については台本と実際の作品の両方を検証し、ことばと画像／映像の関係を、それぞれ分析する。

5.1　事例1「大学紹介」
5.1.1　形式
　冒頭、紹介する場所（この場合、大学）にまつわるヒントを出して、「ここはどこでしょう」という質問から始まる「大学紹介」は、クイズ番組を思い起こさせる。その後、大学内外の様々な場所をナレーションつき映像で紹介するという形式は、ドキュメンタリー番組に似ている。つまり、この作品のジャンルは、制作者3人が考える大学を代表する要素を、情報として見ている人に提供するノンフィクションドキュメンタリーだと言えるだろう。
　大学のいろいろな場所を紹介している点から見て、対象とする視聴者はこの大学に関する情報を得たいと考えている人々であったと考えられる。さらに、ポッドキャストの最後の部分で大学付近のフローズンヨーグルト店を紹介する場面では、フローズンヨーグルト自体やトッピングのフルーツなどのことばに合った絵、つまりことばを補足説明していると思われるような絵を使用している。このことから、制作者であるジョン、ミンジ、エリンは、視聴者がこれらの単語がわからないのではないかと考えているような印象を受

ける。言い換えると、自分たちの仲間である日本語学習者を視聴者として想定しているのではないかとも考えられる。

　「大学紹介」の中で使われているモードは、静止画と動画の画像、語り（ナレーション）、そして3カ所に出てくる文字（クイズの場面で大学の設立年、大学近辺のレストラン紹介のはじめに「だいがくのちかく」、最初に紹介されたレストランの名前と住所）の3種類である。

　主なモードである画像は、静止画と動画の両方を使用している。そこに、それらを描写するナレーションが加わって、大学とその周辺を紹介するという目的が達成されている。最初のクイズの部分では、黒い背景にヒントとなる静止画が映し出されている。視聴者の中には、何かミステリアスな印象を受ける者もいるかもしれない。また、最後の大学近辺のレストラン紹介では写真などの静止画が主な素材となっているが、これはレストラン内で撮影が禁止されていた可能性もある。しかし、ナレーションに出てくる単語を表す絵をふんだんに使うことで、その単語を知らない視聴者にも理解しやすくしているということは言える。この手法を、日本語教室で教師が絵を使って新出単語を導入する行程と結びつけて考えることも可能だろう。さらに、異なる画面変化の効果を用いて、話題の転換をわかりやすくしている。例えば、大学の教室から地下鉄の駅への場面転換では、画面をキューブの一面に見立てそれが右から左へと移るという効果が用いられている。他にもフェードアウトして黒い画面をはさむなどの効果も使っており、これら画面変化の効果は画像と画像をつなぐ「接続詞」のような役割を果たしているのではないかと思われる。

　構成としては、上述したように冒頭で問題が出されるというクイズ番組のような形で始まるのだが、これは視聴者を引き込もうする工夫だと考えられる。残りの部分では、大学のキャンパスとその周辺をナレーションつきの画像で紹介するという形をとっている。画像の中にはほとんど人物は登場せず、演技の部分はない。このようにドキュメンタリー形式を採用することで、ジョン、ミンジ、エリンのポッドキャストは「事実」で構成されたノンフィクション作品として、視聴者にテーマに沿った情報提供をしていると言え

る。

5.1.2 内容

次に内容について、特にことばとことば以外の要素で何が伝えられているのかを見ていく。

「大学紹介」には、地下鉄、キャンパス、学生会館とその中にある施設、付属図書館と東アジア研究専門の図書館、大学のシンボルである彫像、3つの寮、大学周辺の喫茶店(有名テレビ番組にも登場した)、ピザ屋、そしてフローズンヨーグルト店が登場する。すでに述べたように、ことばによる伝達は主にナレーションを通して行われ、「Xです」「あります」[4]や形容詞を使ってそれぞれの場所を描写している。最終的に提出された台本と実際のナレーションにはいくつか違いがあるのだが、これは録音時にアドリブで変更し、台本を書き直さずに提出したと考えられる。

ことば以外の要素は主に画像であるが、使われている画像を通して、視聴者はナレーション以外の情報を得ることができる。ナレーションはごく単純な文型と単語で構成されているため、大学の施設など紹介されているものに関する詳細な描写はない。しかし、画像を見せることで、建物の様子、部屋の中のものの配置などが一見してわかる。その一方で、画像だけではわからない情報、例えば図書館の蔵書冊数や洗濯室が何階にあるかなどを、ナレーションの中でことばで伝えている。つまり、画像とことばの関係は、ことばだけでは不十分な部分を画像として提供し、それと同時に、画像だけでは伝えられない情報をことばで説明するという相補関係を保っている。

5.2 事例2「(町の名前)ラブ・ストーリー」
5.2.1 形式

「ラブ・ストーリー」はドラマ形式で話が進む。登場人物は大学生2人と大学院生1人で、そこにナレーターが参加している。また、タイトルの後に出てくる、「WARNING(警告)」と称する作品の内容をにおわす英語と日本語での「前ふり」、登場人物の名前のテロップ、そして最後の出演者と制

作者の名前のエンド・タイトル・ロールは、映画的な要素も醸し出している。

　この作品では、登場人物が町の中心部へ遊びに行くというストーリーが展開され、地下鉄や有名地域など、町を代表する事物が登場する各シーンを見ることで、視聴者は大学がある町の特徴について知ることができる。

　「ラブ・ストーリー」が対象としている視聴者は、本章で取り上げる3作品の中で一番範囲が広く、日本語学習者に限らず日本語が理解できる者全てという印象を受ける。「ラブ・ストーリー」は、町とそこで展開するフィクションの物語で、特に日本語学習者に視聴者を絞った情報を提供しているというわけでもなく、また作品を見る限り、難しい単語の意味を文字や絵で見せたりするなどの、日本語学習者を意識した手法は使っていない。このような点から、「ラブ・ストーリー」の制作者が想定した視聴者は、「日本語学習者」というよりも、「日本語がわかる人」なのではないかと考えられる。

　作品の「前ふり」テロップ、ドラマ、エンド・タイトル・ロールという要素で構成される「ラブ・ストーリー」には、様々なモードが使われている。まず、テロップの色使いがモードの1つとしてあげられる。一番最初の画面に出てくる「(町の名前)のラブ・ストーリー」というタイトルはピンク色、次の「WARNING」はオレンジ系の赤が使われている。ピンク色は「愛」や「恋」などのイメージと合致し、オレンジ系の赤は注意を引きつけるための「WARNING」の趣旨と合うだろう。また、バックグラウンドに流れる音楽、日本語でのテロップ、語り(ナレーション)、動画、静止画、会話、演技なども、モードとしてあげられる。これら様々なモードは「ラブ・ストーリー」で採用されたドラマ形式を支えている。登場人物の会話や演技を通して人間味を出し、さらに落ち着いた雰囲気の音楽をバックグラウンドに使用して、視聴者を引きつける工夫もしている。

5.2.2　内容

　「ラブ・ストーリー」は、町で3人の学生が過したある夜をドラマ化したものである。最初は、カイルとサラの「ラブ・ストーリー」になるかのようなナレーションが入っているが、エンディング近くにサラは退場する。その

第 11 章　日本語教育でのマルチモーダルリテラシー育成への可能性　251

代わり、最後はカイル、アンディ、そしてナレーターであるマットが登場し、冒頭でほのめかされた男女のラブ・ストーリーではなく、男3人の三角関係をほのめかす結末となっており、そこに作品の意外性が工夫されている。また、ドラマである以上登場人物には台詞があるが、この作品には台詞とナレーションの量が同じくらいあるという特徴がある。そうすることで、登場人物の感情など、短い映像の中には入れられない情報を、ナレーションを通して表現するという工夫が見られる。

　台本を見ると、登場人物の台詞は自己紹介、町の印象、店での注文など、非常にシンプルなことばで構成されている。ナレーションも地下鉄の切符の値段や、3人が行くファーストフードの店の説明など、簡単なことばで伝えられる内容である。しかし、台詞に追加してナレーションを入れることで、ことばによって伝達される情報量を増やしている。そして、そこに地下鉄や町、ファーストフード店の映像や音楽が付け加えられることで、ストーリーのメッセージ（都会で起こるラブ・ストーリー）を補足している。つまり、台詞ということばにナレーションということばをかぶせ、さらにネオンがきれいな町の映像や落ち着いた音楽、恋愛を連想させるピンク色の「ラブ・ストーリー」のテロップなど、ことば以外の情報をふんだんに利用して、作品を完成させている。

5.3　事例 3「このせいかつ」
5.3.1　形式

　「このせいかつ」は大学生の生活を歌った歌であるが、作品はその歌を映像化したもので、ジャンルはミュージックビデオである。歌は大学生の生活のテーマ曲とも言えるが、歌詞の中には日本語のクラスへの言及があり（特に3番）、1番から3番までどれも最後は「（日本語の担当教師）が一番」というひとことで締められていることから、特に日本語の学生が出演するドラマ、あるいはパロディーのテーマ曲という印象も与える。制作者の1人であるトムは、プロジェクト終了後のアンケートで「（この）プロジェクトはアメリカ人日本語学習者によく合っている」（原文英語、筆者ら訳）と回答して

おり、はっきりと対象者を意識していたことがうかがえる。その一方、もしこのクラスや教師のことを知らなければ、「○○って誰？」「××ってどういうこと？」となり、歌の内容、面白みを真に理解することはできないだろう。このことから、見る者の側からすれば、この「ミュージックビデオ」が対象とする視聴者は、「アメリカ人日本語学習者」とは言っても、ポッドキャスト制作者と同じクラス（あるいは大学）で日本語を勉強していて、名前が上がっている担当教師のことを知っている学生（つまりクラスメート）であると考えられる。従って、ある意味、3つのポッドキャスト作品の中で一番狭い範囲での聴衆を対象としていると言えるかもしれない。

「このせいかつ」が伝えようとしている内容は、タイトルの「せいかつ」に示されているように、誰かの生活であり、その「誰か」というのは制作者自身である「大学生」である。歌詞で日本語のクラスについてふれていることから、日本語のクラスを履修している大学生の生活ということがわかる。

大学生の生活を紹介するというテーマを表現するために使われているモードは、文字、作品冒頭のテロップ、音楽、演技、服装、画像、動き、ダンスである。まず、作品の冒頭と最後、画面右下に「このせいかつ／ざんねんさんにん」というテロップが出るのだが、これは商業用ミュージックビデオの作りと同じであり、このポッドキャストがミュージックビデオであることを示している。

音楽は1番と2番はフォークソングのようなメロディーであるが、3番はヒップホップに変化している。登場する人物（歌い手）はその音楽のジャンルに合わせた服装をしており、特に3番のヒップホップでそれが顕著に見られる。3番のリードシンガー、トムは黒いフードをかぶって黒いサングラスをかけているのだが、これはヒップホップの歌手によく見られる服装だという印象を受ける。同様にダンスも、ヒップホップの手や腕の動きをしている。これらのモードの使い方は、我々がMTV（音楽専門チャンネル）などのメディアで見るミュージックビデオとよく似ており、その影響が色濃く出ていると言える。

この作品の中で音楽とともに大きい役割を果たしている画像は、歌詞を劇

化している映像である。まず、「アメリカの大学」を表すために、冒頭で大学の校旗やキャンパスの映像を使うなどして、状況設定をしている。さらに、朝起きて大学に行くという自分たち学生の1日の生活をおもしろおかしく劇化している。

5.3.2 内容

繰り返しになるが、「このせいかつ」は大学生（日本語のクラスの学生）の1日の生活がテーマの作品である。その内容は、起床、朝食、シャワーの後クラスに行く、地下鉄で大学へ行く、友達と電話で話す、そして宿題をするなど、ごくありふれた学生生活の描写である。歌詞自体は、基礎的な文型を使っており、比較的単純であると言える。ポッドキャストを見ずに歌詞だけを読んでも、受け手は「大学生の生活は忙しい」という情報が得られるだけである。

「このせいかつ」の歌詞（1番）

まいにちおきます。／あさごはんをたべます。
そして、／おふろにはいります。／ともだちとクラスにいきます。

Chorus

このせいかつはおもしろくないです。／にほんごのクラスだけたのしみます。
○○せんせいはいちばん！

注：「／」はもともとの改行を示す。

しかし、ミュージックビデオである作品を見ると、その印象が一転する。例えば、1番と2番に出てくる朝食を食べるシーンでは、1番では前の晩したと思われるパーティーの残りのピザを、3番では公園に捨てられていたファーストフードのハンバーガーの残りを食べている。他にも、お風呂に入

るという歌詞の部分では大学の噴水に入ろうとしたり、友達にノートを借りるという歌詞のシーンでは、「ありがとう」と言いつつ、友達を突き飛ばしたりする。このように、歌詞の内容をおもしろおかしく演じることで、「このせいかつ」の制作者である3人はコメディー的な要素を作品の前面に出しており、歌詞だけを読むのと映像があるものとでは雰囲気が全く異なる結果となっている。つまり、ことばだけでは表現しえないユーモアをそれに伴う音楽と映像で表現し、全く違う意味を作り出しているのである。

6 考察

　前節では、ポッドキャストを見る者の視点から分析した。その際、特に出来上がったポッドキャストから推察される目的と視聴者、さらに使用されているモードを検証した。分析した3つのポッドキャストは、目的、対象とする視聴者、形式、そして内容に大きな違いが見られる。「大学紹介」はドキュメンタリー形式で大学とその周辺を紹介し、「ラブ・ストーリー」は、大学がある町で起こる3人の学生のストーリーをドラマ仕立てにしている。「このせいかつ」は、大学生の1日の生活をフォークソングとヒップホップが融合した歌で描写している。作品からうかがえる対象とする視聴者は、それぞれ「アメリカの大学に興味があり、日本語がわかる人、あるいは日本語学習者」、「日本語がわかる人全般」、「アメリカの大学で日本語を勉強する学生、特に制作者のクラスメート」である。

　これらの特徴を比較すると、教師が提示した「日本語を使って、大学とその近所、あるいは大学がある町を紹介する」という課題に最も忠実に沿っているのは、「大学紹介」であると言える。これは、使用した日本語の量の点から見ても言えることである。「大学紹介」の台本は3つの中で最も長く、学習者の発話量が最も多い。クラスで学習した文型や語彙をふんだんに使い、作品を製作しているのがわかる。しかし、他の2つも「大学がある町」「大学生の生活」という要素を含み、課題からはずれているとは言えない。このような違いは、学習者が課題や教師の指示をどのように理解し、解釈し

第11章　日本語教育でのマルチモーダルリテラシー育成への可能性　255

たのかを表しているのかもしれない。

　3つの作品は、それぞれ個性的である一方、共通する点もある。それは、画像の意味と役割である。どの作品の制作者も日本語を勉強し始めて数ヶ月の初級学習者であり、使える言語知識には限界があった。しかし、ビデオを用いたポッドキャストには、ことばだけではなく、画像、音楽、文字、ジェスチャーなど、様々なデザイン要素を取り入れることができた。それらのことば以外のデザイン要素と初級レベルの日本語を組み合わせることで、ことばだけでは表現しきれないことも、効果的に伝えることができた。学習者たちは、言語だけでは伝えられないから、あるいは、言語の限界を超えて伝えたいことがあるから、積極的にいろいろなデザイン要素を利用してメッセージの伝達を行ったと言えるだろう。そうすることで、デザイン要素がことばの「未熟さ」を補い、伝達できるメッセージの量や質に影響を与えるという役割を果たしたと言える。プロジェクト終了後に実施したアンケート調査では、「プロジェクトで学んだことは何か」という質問に、エリン、マット、ジョンの3人が「映像編集ソフトの使い方」と答えている。これは、学生が画像やテロップ、音楽などのことば以外のデザイン要素を積極的に取り入れようとしたことの結果かもしれない。

　様々なデザイン要素の中でも、本章で分析した3つのポッドキャストを作った学習者は、特に映像を効果的に用いていた。「百聞は一見にしかず」と言うが、ことばでは描写しきれない建物の様子や街のにぎわい、歌詞には出せないユーモアなどを、映像を通してうまく視聴者に見せることに成功したと言えるだろう。その一方で、デザイン要素としての文字は、画像ほど効果的な使い方はされていなかった可能性がある。例えば、「このせいかつ」の「下書き」ポッドキャストを見たクラスメート数人から、わかりやすくするために歌詞を見せてほしいというフィードバックがあった。トム、スティーブ、デレクはそのコメントを検討した結果、YouTubeでの配信分には「Information」欄に歌詞を掲載した。しかしポッドキャスト自体にはテロップとして歌詞を挿入しなかったので、ブログとiTunesで見た視聴者は歌詞を文字化したものを見ることはできなかった。また、「大学紹介」では冒頭

のクイズとレストラン紹介の部分にのみ、「ラブ・ストーリー」では冒頭とエンドロールで文字が使われているだけで、主要部分は音声と画像だけで構成されていた。文字があればナレーションがわかりやすくなるなどの効果が期待できることから、今後は、意味構築を考える上でデザイン要素としての文字の効果的な使い方の育成が必要かもしれない。例えば、文字があるものとないものを比較して、わかりやすさ、画面の見やすさなどを検討する活動などが考えられる。また、既存のデザイン要素を有効に利用するためには、文化の違いによる要素の解釈の違いについても考慮すべきだろう。特にジェスチャーなどは普遍的な側面がある一方、社会文化的に意味合いが異なる可能性もあるので、動画を使って人物の動作を見せるポッドキャストを作る場合には、学習者にこの点に留意させる必要があるだろう。

　本章で分析したポッドキャスト・プロジェクトは、デザインという概念から見て、特にプロジェクトの手順の中にその可能性があると言える。ポッドキャスト・プロジェクトでは、学習者はポッドキャストの下書きを作り、クラスでコメントしあい、もらったコメントをもとにポッドキャストを作り直すのだが、このような過程を経ることで、最終的なポッドキャストを作る前に他の学習者の作品を見ることができ、そこから自分の作品に使えるデザイン要素が広がる可能性をもつ。また、ブログを通して配信されるポッドキャストは誰でも見ることができるため、クラスメートだけではなく、将来、ポッドキャストを作ろうと思っている人が利用できるリソースとなる。つまり、未来に向けてのデザイン要素の構築に貢献できるのである[5]。

7　まとめ

　本章で分析したポッドキャスト・プロジェクトは、従来の課題の閉鎖性、つまり、教室内での「言語使用の練習」を目的とした活動を超え、教室の外へむかって発信した点に特徴がある。「このせいかつ」に限って言えば、製作した学習者は自発的に自分たちの作品を YouTube に発信し、多数の視聴者から作品に対してのコメントを受け、そのコメントに対しての返答もして

いる。このような他者との双方向のコミュニケーションを行うことは、学習者にとって非常に有意義である。

　さらに、このプロジェクトを通して、ことばとことば以外の要素を利用して意味伝達を行う機会を学習者に提供することで、彼／彼女らが通常の日本語の授業では発揮できないような特技や才能をふんだんに発揮でき、他者とコミュニケーションすることができた。つまり、様々なデザイン要素を利用して、新たな意味を創造するというマルチモーダルリテラシー活動の実践ができたと言える。

　今後は、学習者に過去の作品を見せることで学習者のもつデザイン要素を増やすことが、課題の1つとして考えられる。過去の作品を見本として見せることで、学習者を特定の枠に縛りつけ、新たな視点が生まれるのを妨げる可能性も考えられる。しかし、過去の作品を見るだけではなく、それに人々がどのように反応したのかを検証したり、ブログやYouTubeなどを通して世界中に配信し、クラスメートや教師以外の人々からフィードバックをもらうことで、学習者の創造性を刺激でき、新たな視点が生まれるのを促進することができるのではないだろうか。例えば、ポッドキャストの企画書や完成前の作品をブログで公開して一般の人々の意見を聞くなどすることで、自分の作品へのアイデアを幅広く得ることができるかもしれない。つまり、学習者の作品作りに対するイメージや視点が限定されないためにも、学習者の使えるデザイン要素に広がりが出るように配慮し、そしてそれが新たな意味の創造へとつながって、将来のデザイン要素となるような工夫が不可欠であろう。

　学習者は何を目的として日本語を学習しているのだろうか。もちろん、それぞれ様々な個人的理由があるわけだが、1つ共通して言えることは、他者の発するメッセージを理解し、自分の伝えたいことを相手に伝えるというコミュニケーションが目的としてあるのではないだろうか。だとすれば、ことばは有効なコミュニケーションを行うための一手段に過ぎず、視覚的情報が主流をしめる現代において、マルチモードを利用したデザイン要素を無視してコミュニケーションを語ることはできない。テレビ、ビデオは言うまでも

なく、アニメやまんが、ビデオ／テレビゲーム、音楽ビデオ、絵文字をつかったテキストメッセージといったヴィジュアルな時代に生きる学習者は、得意・不得意の差はあるにせよ、皆がある程度のマルチモードな意味生成の能力、あるいは、その素地や可能性を持っていると言えるだろう[6]。そのような学習者のマルチモーダルリテラシーの能力は、本章で分析したポッドキャストの作品にも顕著に表れていた。本実践を実施した際には、実践教師らはマルチリテラシーズの育成を学習目的としては掲げていなかった。しかし、本章の分析を通して言えることは、ポッドキャスト・プロジェクトを通して学習者にマルチモードを使うことで可能になる意味生成の側面を意識化させることができるということである。また、作品を作る過程において、自分の得意分野・不得意分野、また、多層的なコミュニケーションにおいて最も効果的に使うことができるデザイン要素とそうでない要素に気づき、得意分野はさらに伸ばし、不得意な分野を育成していくことで、総合的なマルチリテラシーズ能力の育成へともっていくことが可能であろう。

注
1 「デザインの過程」を分析するには、ポッドキャスト作成の過程に焦点を当てる必要があるのだが、今回は残念ながら必要なデータ不足のため「既存のデザイン」と「再デザインされたもの」の分析のみにとどまる。
2 学生の名前は全て仮名である。
3 今回は、想定した視聴者や意図したジャンルなどについて、ポッドキャスト作成者である学習者から収集したデータがないため、視聴者の視点から分析する。
4 ドキュメンタリー番組などでは普通体（だ・である）も使われることがあるが、本章で分析するポッドキャスト作成時に学習者が知っていたのは、丁寧体（です・ます）のみであった。
5 例えば、2008年秋学期に、ある教育機関の中級レベルの日本語コースの学習者がポッドキャスト・プロジェクトに参加したのだが、プロジェクトの事前説明で担当教師は「大学紹介」と「このせいかつ」を作品例として学習者に見せた。その結果、「大学紹介」の形式に似た作品が提出されたという事例がある。また、別の教育機関の初級レベルでも2008年秋学期に同様のプロジェクトを実施し、「ラブ・ストーリー」や「大

学紹介」などを例として提示したところ、学習者が作ったのはドラマ形式の作品が多かったという事例もある。これらは、上述の「未来に向けてのデザイン要素の構築に貢献する」という可能性を示唆していると言える。

6 学習者のおかれている年齢的、社会的、経済的な状況によっていろいろなメディア、テクノロジーへのアクセス、さらには、メディア自体に対する意識や価値観が異なるという点も指摘されるであろう。本実践に参加した学習者たちは、日常生活でのメディアとの関わりという点では、比較的恵まれた状況にあったと言える。より様々な状況におかれた学習者を交えてのメディアを利用した学習設計には教師側の学習者に対する配慮や必要に応じた支援が必要であるということは言うまでもない。

第12章 マルチモーダルリテラシーの育成とコミュニティー・社会との関わりをめざして：

今後のポッドキャスト・プロジェクトへの提案

深井美由紀・佐藤慎司・熊谷由理

1 はじめに

　本章は、10章（中澤・岩﨑）、11章（熊谷・深井）でのポッドキャスト・プロジェクトの分析・考察をもとに、プロジェクト実践者（深井・佐藤）による反省も交えてより深い考察を行うことで、今後同様の実践を行うにあたっての示唆・提案をすることを目的とする。まず初めに、初級・中級レベルで実施されたポッドキャスト・プロジェクトの目的をそれぞれ振り返り、実際にその目的が達せられたのか否かについて検証する。さらに、ポッドキャスト・プロジェクトの分析と考察のまとめとして、コミュニケーションにおけることばの役割、コミュニティー・社会との関わり、学習者のレディネスと教師の指示という3つの観点から、今後のポッドキャスト・プロジェクトへの提案を行う。

2 ポッドキャスト・プロジェクト目的の検証

　ポッドキャスト・プロジェクトは、9章（深井・佐藤）で詳しく述べられているように、社会文化的アプローチを理論的枠組として計画・実践されたもので、教室活動に参加する者を「実践共同体のメンバー」（Lave & Wenger 1991）であると定義している。そして、「誰でも番組の作成・配信ができて、時間・場所の制約を受けずにその番組を楽しむことができる」というポッドキャストの利点を活かした上で、社会文化的アプローチに基づいて、1）自

分が伝えたいことを他者に向けて発信する、2) 知識や情報を解釈し検証する、3) 問題を発見し解決する、4) 自己相互評価を行うとしている。さらに、ポッドキャストというメディアを自ら作成し、一般に公開するという活動を通して、5) メディアについて考える機会を持つことも目的としたとしている。ポッドキャスト・プロジェクトの目的が実際に達成されたのか否かを検証するにあたり、まず、9章で深井・佐藤が社会文化アプローチの学習目的として掲げている4点を今一度振り返る(9章参照)。

(1) 知識・情報の解釈と検証

実践共同体のメンバーは、情報の発信者(「話し手・書き手」)と情報の受信者(「聞き手・読み手」)という両者の役割を担い、対話に積極的に参加するために、自らの伝えたい知識・情報を批判的に内省・検証すると同時に、受け取った知識・情報も発信者の意図を熟慮した上で、批判的に再検証・再解釈する。

(2) 伝えたいことの発信

実践共同体のメンバーは、知識や情報を伝達するだけでなく、対話の中で自分自身を表現するために聞き手／読み手に向かってことばを使用する。

(3) 問題発見解決学習

実践共同体のメンバーは、自己実現のためにその障害となっている問題を発見し、自ら解決を行う。

(4) 自己相互評価

実践共同体のメンバーは、よりよい実践共同体を作るために、ときにははっきり、ときには間接的に自分、また他のメンバーを評価したり、フィードバックを与えたりする。

以上4点の社会文化的アプローチからの目的とポッドキャストの特長を加味し、初級では「アメリカにある大学や、そこで勉強する大学生に興味がある日本語話者を対象に、アメリカの大学や大学生活を、大学生へのインタビュー番組を通して紹介する」、そして中級では「日本語がわかる人を聞き

第 12 章 マルチモーダルリテラシーの育成とコミュニティー・社会との関わりをめざして 263

手として、自分が伝えたいことを日本語で伝える番組を作成する」という課題を設定した。以下では、この課題における4つの目的の達成度を検証する。

(1) 知識・情報の解釈と検証

　学習者はこのプロジェクトにおいて様々な知識、情報を解釈・検証する機会があった。まず、その1つは「下書き」段階におけるフィードバック作業である。学習者はクラスメートの「下書き」ポッドキャストを見て／聞いて、いい点と改善すべき点、その方法を提案した。この作業では、学習者は「視聴者」という立場からポッドキャストがどんな情報を伝えているのかを考え、改善すべき点を指摘し、改善方法を提案している。そのような作業を行うためには、ポッドキャストをただ単に「見る／聞く」のではなく、ポッドキャストの受け手として作成者の意図をよりよく理解するためには何が足りないのかを深く、そして真剣に考察しなければならない。

　また、「作成者」としての学習者は、自分たちの「下書き」ポッドキャストについて受け取ったコメントを読み、それが自分たちの意図と合致するかどうかを検証する作業を行った。つまり、「視聴者」からのフィードバックをもとに、発信者（自己）と受信者（他者）の解釈の同じ点や違う点を知り、ポッドキャストに反映された自分たちのメッセージについて振り返った。

　つまり、学習者は「受け手」としては、ポッドキャストが伝えようとしている情報を、「作り手」としては、受け手からのコメントを解釈・検証することはできた。しかし、ポッドキャストの視聴者としての制作者へ与えた学習者のフィードバックの内容を詳しく見てみると、ポッドキャストの「わかりやすさ」や「面白さ」に焦点が当たっていたことがわかる。この2点は、多く視聴者（ターゲットオーディエンス）に受け入れられるためには重要である。しかし、ポッドキャストが対象者にとってふさわしい内容であるかという、重要な点についてのコメントは他と比べて少なかった。「知識・情報の解釈と検証」という目的には、ポッドキャストが受け手に伝える内容を批判的に解釈・検証するという作業が含まれるが、この作業は今後さらに強調す

べき課題として残った感がある。例えば、初級クラスの「大学を紹介する」という課題では、ポッドキャストに映し出される大学や大学生の情報が限定的、断定的でステレオタイプに陥っていないかなどの批判的考察、検証が大切であろう。

　また、メディアとしてのポッドキャストについて考える機会がなかったという点も、今後プロジェクトを改善していく際に考慮する必要があるだろう。中級の実践ではコマーシャルや広告を見てメディアが伝えるメッセージについて話し合う活動を行ったが、その活動の結果がポッドキャストの作成に十分に反映されたとは言えないだろう。メディアが意図する情報を伝えるために何をしているのか、そしてそれは情報を受信する側にどのような影響を与えているのかなどを批判的に分析する「メディアリテラシー」の視点を活動の一環として取り入れ、実際に配信されているポッドキャストを見て分析する活動などを行うことで、ポッドキャストという新しいメディアが伝える情報を批判的に検証することもできたであろう。そうすることで、自分たちがポッドキャストを作る際に、その内容や伝達手段をより批判的に吟味する力が養えるのではないかと思われる。

(2)　伝えたいことの発信

　ポッドキャスト・プロジェクトは、誰もが世界に向けて音声・動画ファイルをインターネット配信することができるという利点を活かしたプロジェクトである。昔は高価な機材(ビデオカメラ、編集ソフトウェア)と高度な技術(音声・映像編集、配信)が必要であったが、今では(「digital divide」と呼ばれるテクノロジー格差は存在するが)機材にしても技術にしても以前に比べて、アクセスがかなり安易になった。つまり、音声・動画を使った番組制作は特別なことではなくなってきたわけである。

　ポッドキャスト・プロジェクトに参加した学習者は、テーマに沿って自分たちの伝えたいことを伝える機会を持つことができた。例えば、中級クラスでの実践に参加したある学生は、大学入学後の自分の食生活の変化と健康への影響を背景に、健康問題について取り上げるポッドキャストを配信した。

中澤・岩﨑（10章）は、学習者の自律性という視点からポッドキャスト・プロジェクトを分析しているが、彼らの分析によると、学習者は自分たちなりに内容と言語面の両方に注意を向けて自己表現を行うことができたと言える。

　しかし、大まかに設定された課題に対して、はっきりとした方針がないままにポッドキャストを作ってしまった学習者がいたのも事実である。学習者の中には、何を伝えたいのか、聞き手は誰なのかをしっかり意識せずに、ただテーマに沿った内容のものを作ればいいという姿勢が見られる場合もあった。例えば、「このせいかつ」というポッドキャストは、熊谷・深井（11章）の分析によると、その内容からみて、あらかじめ設定した聞き手が「同じクラスで日本語を勉強しているクラスメート」であると考えられる。つまり、「内輪の人」をターゲットとしており、インターネットを通してクラス外の社会に広く働きかけられるというポッドキャストと利点が最大限に活かされていなかったとも言える。

　ポッドキャストというメディアは音声だけではなく画像の使用が可能であるが、その点を活用して（2）の目的である自己表現を実現したという部分がおおいに見られる。熊谷・深井（11章）の考察にあるように、映像を使うことで、初級のポッドキャストは不十分な言語能力を動画やキャプションで補強しつつ、大学のキャンパスやその近辺を紹介することに成功している。絵や文字といった言語以外の「デザイン要素」を使うことが可能になったことで、ことばだけでは描写しきれないメッセージを視聴者に提示することができたわけである。言語以外の要素を使うことでより効果的な自己表現が可能になったわけであるが、それは学習者の中で意図的に行われていたのだろうか。この点について、授業内で特に時間をとって意識化させるための指導は行われなかった。しかし、人がコミュニケーションをするときに、ことばだけではなく声の大きさや表情、ジェスチャーなどの様々な要素を使ってメッセージを伝えるように努めるというのは誰もが日々行っていることである。ポッドキャスト・プロジェクトが自己表現、メッセージの発信という目的を持つ以上、このコミュニケーション手段の多層性について、明確にし、意識

化させる必要があるだろう。この点については、次節の「コミュニケーションにおけることばの役割」で、さらに考察する。

　コミュニケーション手段の多層性を意識化した上で、伝えたいメッセージがどのように伝わっているか・伝わっていないかという点についても考える機会を持つことが大切である。本章で考察しているポッドキャスト・プロジェクトには「下書き」ポッドキャストを評価するプロセスが組み込まれていたが、その際には作り手のメッセージの伝わり方についてはっきりと確認する作業は含まれていなかった。しかし、より効果的な自己表現のためには、コミュニケーションで使われる要素の組み合わせを考えてポッドキャストを作成し、それが作り手の伝えたいメッセージの伝達に貢献したのかどうかを他者に評価してもらうことで、さらに受け手を意識したポッドキャストを作ることができると思われる。

(3)　問題発見解決学習

　様々な活動には問題はつきものであり、何が活動の目的達成の障害になっているのかを見つけ、それを解決し、取り除いていくことは重要な過程である。ポッドキャスト・プロジェクトでは、学習者が「下書き」ポッドキャストにコメントをしてお互いに問題点を指摘し合った。実際に「受け手」から問題を教えてもらうという形で問題発見のきっかけを得たわけである。例えば、中澤・岩﨑の章（10章）で取り上げられた初級クラスのあるグループ（学生C、I、J）は、クラスメートからの「ポッドキャストの中で文句は言わないほうがいい」というコメントを採用して、最終版から文句を言うシーンを削除したり、「音楽を入れたほうがいい」というコメントを受けて、音響効果を入れたりした。

　このように、ポッドキャスト・プロジェクトでは相互評価を行うことで、他者に問題を「気づかせてもらった」と言うことができる。しかし、学習者は作り手として、視聴者である他者が問題だと思った点に自分自身で気づくことができたであろうかという疑問が残る。「実践共同体の中で自己実現のために障害となっている問題を発見し、解決する」ということには、もちろ

ん他者からの具体的な指摘による問題発見も含まれているが、自分が作ったポッドキャストを客観的・批判的に分析して問題点を見つけ、伝えたいことを伝えるためには、作り手が受け手の立場に立って作品を見つめ直すという作業が欠かせない。「下書き」ポッドキャストを見たクラスメートに具体的に問題点を指摘してもらうことに加え、例えば、ポッドキャストで伝えかかったことについてクラスメートと話し合い、その中から問題点を見つけること、そしてその話し合いを内省の材料にして自ら問題を発見する機会を設けることも必要かもしれない。

(4) 自己相互評価

　評価は学習の一部であると考えられるが、従来の日本語教育の現場ではそれを教師だけが行うことが多く、学習者は日本語を学ぶ教室コミュニティーの一員として存在するにもかかわらず、そのコミュニティーのメンバーを評価する機会はあまり与えられていない。しかし、ポッドキャスト・プロジェクトには「「下書き」ポッドキャストを見てフィードバックを与える」という過程があり、学習者がクラスメートのポッドキャストを評価する機会があった。また、完成したポッドキャストについても同様に評価を行い、この際には自分たちの作品も評価をし、その結果は最終的に学習者の成績に反映された。つまり、教師だけではなく学習者も評価活動に参加して、よりよいポッドキャストを作ること、そしてその成果を判断することに貢献できたわけである。

　このように学習者が評価活動に参加することは、自らの学習に責任を持つという意味でも意義のあることである。その一方で、これまで教師だけの「特権」と考えられがちだった評価を学習者の手にゆだねることに、とまどいや抵抗を感じる学習者、教師もいるかもしれない。自己相互評価の意義を理解せずに評価活動を行っても、その効果はあまりない可能性もある。その対策として、中澤・岩崎（10章）が指摘するように、学習者の自己相互評価やピアレスポンスへの慣れや態度を把握しておくことが重要であろう。また、どうして自己相互評価をするのか、ピアからの評価をどのように受け入

れていくのかについて、学習者の理解を深めることも大切であろう。教師からの評価にしか慣れていない学習者の中には、自分と同じ「学習者」という立場にあるクラスメートによる評価の意味を疑ったり、その評価を軽視する者もいる可能性がある。そういったことを考えると、事前に自己相互評価の意図とその意義を学習者にしっかりと伝え理解させることは、自己相互評価という目的を達成する上で、非常に重要な過程であると考えられる。

　さらに、教師の介入の度合いも今後考慮すべき点としてあげられる。今回の実践では教師が与える影響を考え、教師による評価への関わりは最終版ポッドキャストへのコメントのみという最低限にとどめた。中級クラスでは学習者の1人が台本へのコメントを希望したため、1度だけ教師が台本にフィードバックを与えたが、それ以外のコメントはしなかった。学習者間の相互評価の一部で言語面へのコメントが見られ、文法や語彙の正確さに注意が向いていることが窺われたが（中澤・岩﨑、10章参照）、作品をさらによくするためには、教師は言語面だけでもコメントした方がよかったのかもしれない。例えば、ポッドキャストの録画・録音の前に、台本の語彙や文法のあやまりを指摘したり、発音指導をするなどが考えられる。また、学習者が自己相互評価に不慣れな場合、教師がフィードバックを与えることで、ポッドキャストの改善に役立つ評価のモデルを示すこともできたのではないかと思われる。

　最後に、作品ができあがった後の評価については、その実施時期とあり方に改善すべき点も多い。特に初級の実践では、最終版の完成が学期末で、しかも配信が次学期であったため、教室内外の人々からもらった最終版への評価の結果を、クラスで検討したり、次の作品に活かす機会を持てなかった。アメリカの大学のように、学期ごとにクラス編制が変わるシステムを採用している教育機関では、学期が終了するとメンバーがバラバラになってしまう。つまり、「実践共同体」であるクラスが解体されてしまうわけである。その点を考慮した上で、今後は配信や最終評価の時期を前倒しすることで、次に活かす評価を行うことができるかもしれない。

　また、ポッドキャストを配信したブログでは、コメント機能を使って視聴

第 12 章　マルチモーダルリテラシーの育成とコミュニティー・社会との関わりをめざして　269

者との交流も可能であったが、初級・中級両クラスともでそれは実現しなかった。この点については、4 節の「コミュニティー・社会との関わり」でさらに検討する。

　ここで、当初の理論とは異なった角度から分析を行った 10 章（中澤・岩﨑）と 11 章（熊谷・深井）の貢献を考えてみたい。10 章ではポッドキャスト・プロジェクトの学習者の自律性を高める可能性について考えているが、そこで学習者のモチベーションの個人差と課題への取り組みの関係について明らかにしている。そして、学習者が課題に積極的に取り組むためには、教師が押しつけたり、強制したりするのではなく、課題の前に適切な動機付け（例えば、最初に学習者にその意義、その課題を通してどのようなことが学べるのか、何が実現できるのかなどについて明確に提示する）を行うことが大切であることを指摘している。

　11 章では人は言語だけではなく、画像、色、レイアウト、音楽、ジェスチャーなど様々なデザイン要素を使ってコミュニケーション活動を行っているというマルチリテラシーの視点から分析を試み、視覚的情報が主流をしめる現代において、マルチモードを利用したデザイン要素を無視して、ことばの教育、コミュニケーションを語ることはできないことを強調している。そして、今後の課題として、学習者に過去の作品を見せる、ポッドキャストの企画書や完成前の作品、あるいは完成した作品に関してブログや YouTube などを通して様々な人々からフィードバックをもらうことで、学習者が使えるデザイン要素に広がりを持たせるようにすることが大切であることをあげている。

　上記の目的の検証から、ポッドキャスト・プロジェクトは概ね当初設定した目的を達成したことが指摘された。その一方で、データの再分析から、プロジェクトには反省すべき点もいろいろあり、改善に向けて新たな課題も明らかになった。以下では、それら反省点を、コミュニケーションにおけることばの役割、コミュニティー・社会との関わり、学習者のレディネスと教師の指示の 3 点にまとめ、問題点や今後の課題を特定した上で、それらを克服する方策を提案する。

3 コミュニケーションにおけることばの役割

　外国語学習の目的を「コミュニケーション」、つまり、「他者の発するメッセージを理解し、自分の伝えたいことを相手に伝えること」であると考えると、外国語の学習の目的を、「語彙や文法、表現を学習し、それを正確に使えるようになること」と設定するだけでは不十分である。特に、現代のようなコミュニケーションにおいて多種多様な媒体、視覚情報が利用される時代、つまり、テクノロジーの発展によりマルチモードを活用したデザイン要素を無視できない状況では、以前にも増してことばは有効なコミュニケーションを行うための一手段に過ぎなくなってきている。このようなマルチモード、ビジュアルの時代におけることばの教育にとって、様々なデザイン要素（言語的要素、視覚的要素、聴覚的要素、など）を活用したコミュニケーション能力の育成は、積極的に取り組むべき課題だろう。

　11章で熊谷・深井も述べているように、今後、このマルチモーダルリテラシーの視点を積極的に教室活動に取り込むためには、メディアにおけるイメージ・音声・音楽・文字などの役割について教師があらかじめ予備知識を持った上で、学習者にマルチモードを駆使した意味生成を意識化させることが重要である。さらに、多層的なコミュニケーションを行うにあたり「最も効果的に使うことができるデザイン要素」と「そうでない要素」への学習者の気づきを促すことや、得意分野の強化と不得意分野の克服を支援することで、総合的なマルチモーダルリテラシー能力を育成していくことも大切である。例えば、スクリーン上に文字があるものとないものを比較して、わかりやすさ、画面の見やすさなどを検討するといった活動を通して、より具体的な話し合いをすることができる。また、「文化」の違いによる要素の解釈の違いについて考察することも大切である。特にジェスチャーなどは普遍的な側面がある一方、社会文化的に意味合いが異なる可能性もあり、学習者にいろいろな国のメディアを比べさせるなどして具体的な例を取り上げ、学習者と話し合っていく必要がある。

　大切なことは、そのような活動を通し、学習者の持つデザイン要素を増や

していくことである。そのような積み重ねが、学習者のより豊かな表現力につながっていくはずである。また、デザイン要素に関する話し合いを重ねていくことで、学習者の創造性を刺激し、新たな視点が生まれるのを促進することも必須なことである。ことばの学習は、文法などの規範の習得だけにとどまらず、ことばやそれ以外のデザイン要素を用いて、いかに自分の言いたいことを効果的に他者に伝えることができるのかを考え、実際に多層的なコミュニケーションを体験し、その体験をもとにより効果的なコミュニケーション能力を身につけていくことである。そのようなことばの学習のためには、例えば、「下書き」の段階からブログやYouTubeなどにポッドキャストを載せてさらに幅広い視聴者からのフィードバックを求め、その反応を検討して、最終的な作品の完成に活かす過程を取り入れることが大切である。

　また、学習者が使えるデザイン要素の幅を広げ、それを将来の意味の創造へとつなげていくには、例えば、過去の学習者の作品を見て、自分と同様の立場にある学習者が、いかにことばや他のデザイン要素を創造的に使用してメッセージを伝えているのかを経験することで、その可能性を発見し、自分自身の作品への意欲を刺激することが肝要であろう。そして、実際にブログなどで一般に公開するにあたり、自分たちの作品も将来の学習者、ひいては日本語話者のコミュニティーにも影響を与える可能性を秘めているという点を理解させる必要がある。これは、未来のデザイン要素への貢献（特に学習者のコミュニティーにおいて）という点で非常に重要であり、次節「コミュニティー・社会との関わり」とも密接に関係してくる。

4　コミュニティー・社会との関わり

　ポッドキャスト・プロジェクトは、社会文化的アプローチを出発点とし、実践共同体への参加をめざすことを目的とした。そこには、プロジェクトを実施した教師らの、「ことばの学習とは、ことばを使って他者と関わり、影響を与え合うことで起こる」という教育理念を反映している。ポッドキャストの作成と配信は、学習者の創造的なことばの使用と教室外の人々との交流

を可能にした。作文やスピーチなど、テーマが与えられて行うプロジェクトは多々あるが、その多くは評価者としての教師にだけ向けられるか、教室内でクラスメートを相手に発表するという場合が多い。しかし、ポッドキャストという媒体を利用することで、ポッドキャスト・プロジェクトは時間と空間の制約を越え、教室外の人々に向けてメッセージを発信し、その人々の反応を知り、それに対応することで、日本語使用者というコミュニティーに参加することを可能にする。

　データを検証すると、学習者と教室外に広がる世界（コミュニティー、社会）との関わりは、まだまだ限られたものである。教室内、つまり教室コミュニティーでは、クラスメート同士で「下書き」へのフィードバックや完成作品を聞いてコメントをすることで、他者との関わりを持つことができた。しかし、ポッドキャスト・プロジェクトがめざしていた教室外のコミュニティー・社会との交流、例えば、ブログで配信されたポッドキャストにコメントをくれた人へ返事を書いて交流するというような活動は、頻繁には行われていない。つまり、本章で取り上げたポッドキャスト・プロジェクトにおける学習者と社会の関わりは、教室内のコミュニティーという場所に限定されたものか、あるいはインターネットを通したポッドキャストの配信という学習者から他者への一方向の発信という形にとどまっている。

　ポッドキャスト・プロジェクトを通して、学習者のコミュニティー・社会との関わりを促進するためには、まず一方向の関わり方を双方向にすることが必要である。ポッドキャストを聞いた／見た人がブログに残したコメントに返事をすることはもちろんのこと、他のポッドキャスターの作品を見てコメントをしたり、その作品への「返事」としてポッドキャストを作って公開・共有するなどの活動も考えられる。

　ポッドキャストへのコメントを奨励することは、プロジェクトの当初の目的である(4)(自己相互評価)達成の過程において、コミュニティー・社会との関わりを持つことを実現する。「コメントを与える・もらう」ということは、聞いた人／見た人がポッドキャストについてどう思ったのかを述べる・受けるというコミュニケーションであり、ポッドキャスターたちがお互いの

作品について意見交換をすることは、「相互評価」ともなる。つまり、コメントの授受という相互評価活動を通して、学習者はコミュニティー・社会と関わることができるわけである。さらに、ブログに残されたポッドキャストへのコメントは、その後ずっとブログ上に残るため、その場・その時点だけではなく、その後生まれるコミュニティー・社会との関係を築くことも可能にする。熊谷・深井（11章）では既にあるポッドキャストを利用して学習者のもつ「デザイン要素」を豊かにすることを提案しているが、ポッドキャストへのコメントは、「対象とする視聴者（ターゲットオーディエンス）に受け入れられるポッドキャストを作成するためのアドバイス」とし新たにポッドキャスト・プロジェクトに参加する学習者に提示することで、作品を作る上での有益なリソースとなり、過去と未来のコミュニティー・社会との関わりを可能にするだろう。

　9章で、目的(4)について詳述したように、我々は日々ことばを使って社会的な営みを行う中で、常にお互いを評価しあっている。教室という隔離された場所では、限られた人々としか関わることがなく、社会を構成する多種多様な人々、考え、環境などの存在を忘れてしまいがちである（あるいは、忘れてしまっても教室内での作業にはあまり支障をきたさない）。しかし、ポッドキャスト・プロジェクトのような活動は、教室の外にある世界に目を向けること、教室外の人々と相互評価活動を通してその世界に積極的に関わっていくことを可能にする。それは、言語教育に課された使命の1つである「ことばを使った社会的な営みに参加することを支援する」ことにつながっていくのではないだろうか。

5　学習者のレディネスと教師の指示

　前述したように、ポッドキャスト・プロジェクトでは教師の介入は最小限にとどめられ、学習者主導で行われた。つまり、学習者が自律的にプロジェクトに、ひいては、日本語学習に携わることが期待されていたわけである。中澤・岩﨑（10章）でも指摘されているように、学習者の自律性を効果的に

引き出していくには、学習者が自律学習、自己相互評価に関してどの程度準備ができているかを把握しておくこと、そして、学習者の準備ができていない場合には教師がある程度明確な指示を与えることが、教師の大切な役割の1つになると考えられる。

　自律性を引き出す学習者主導のプロジェクトでは、最初に学習者にその意義、また、その課題を通してどのようなことが学べるのか、何が実現できるのかを、明確に理解してもらう必要がある。ここで重要なのは、学習者がポッドキャストというメディアの利点を考慮した上でそれを最大限に活用する方法を考えることにある。ポッドキャストの利点は、実際の聞き手や読み手とのコミュニケーションを可能にするメディアを使うことで、世界に自分の意見を発信できるという点である。学習者には、この点を踏まえ、何についてどのように伝えることで社会・コミュニティーへ働きかけたいのかをよく考えて、プロジェクトへの動機を高めてもらう必要がある。そのためには、自分の興味のあるトピックを選ぶことが大切なのは言うまでもないが、それ以外に、例えば、グループ内で話し合いを重ね、それを企画書などの形で目に見えるようにした上で、クラスメートからコメントをもらうといった、より段階を踏んだ準備作業を行う必要があるだろう[1]。

　また、自律学習を支援する方法として自己相互評価を取り入れる場合にも、学習者がどの程度自己評価やピアレスポンスに慣れているかを把握しておくこと、自己評価・推敲の大切さを学習者に伝えることは、大切である。特に相互評価は前項のコミュニティー・社会との関わりという視点と密接に関係しており、自分のコメントが他者にどのような影響を与えるのか、自分の与えるコメントがコミュニティーや社会の将来に影響を与える可能性をおおいに秘めているということを理解し、責任を持ってコメントをすることを伝える必要もある。このような話し合いは学習者の日本語レベルによっては、その一部、あるいは全てを日本語ですることも可能である。

　さらに、教師の介入の度合いも今後考慮すべき点としてあげられる。前述のように今回の実践では教師が学習者に与える影響を考え、その介入を最小限にとどめたが、今後、言語面をはじめ、適宜、目的や必要性に応じたコメ

ント与えるなど、他の可能性も考えた上で、目的を達成するのに最善だと思われる形の介入の仕方を選択していく必要がある。

6　まとめ

　ポッドキャスト・プロジェクトは、学習言語を用いて現実の視聴者を対象に番組を作成するということによって、実際に社会と関わることを目的として始められたものである。異なった視点からポッドキャスト・プロジェクトを再分析したところ、中澤・岩﨑(10章)は、ポッドキャスト・プロジェクトが学習者の自律性高める可能性を、また、熊谷・深井(11章)はマルチモーダルリテラシーを育成する可能性を持つことを、それぞれ明らかにした。そして、教師の役目として、学習者自身の持っているプロジェクトに活かせる「デザイン要素」やプロジェクトに対する心構えがどの程度できているかをしっかり把握し、効果的に指示を出していく方法をさらに考える必要があることが分析を通して指摘された。そのような指示は活動の目的と学習者の準備の出来具合により、教師が適宜見極め、与えていくことが必要である。

　言語教育をコミュニケーション教育と捉えた場合、それをもっと広い文脈の中に位置づけて考えなければならない。つまり、ことばを1つの独立した要素として取り出して扱うのではなく、ことばとそれ以外のマルチモード要素を、常に社会・コミュニティーとの関係の中で考える必要があるということである。そのような考え方、実際の行為は社会・コミュニティーを創造していく上で大切なことであり、それに言語教育が担うことのできる貢献は、与えられた知識をただ単に習得するだけでなく、それをしっかりと吟味し、その知識とどう関わっていくかということを考えられる人を育てることであろう。これからの社会・コミュニティーをともに生きていく人材、つまり自分自身で考え行動できる能動的、積極的な人間を育成すること、それも、ことばの教育の1つの重要な目的であると我々は考える。

注

1 その際に企画書の中で教師がどういう問いかけをするのかということも大切になってくる。例えば、「どうしてこの企画を立てたのか」「誰に向けてこの企画を立てたのか」「この企画を通して、ポッドキャストを見る人は何を得ると思うか(どんな効果が期待されるか)」といった質問が可能であろう。

おわりに　3つの実践を振り返って：
社会参加をめざす日本語教育の未来へ向けて

佐藤慎司・熊谷由理

　本章では、「はじめに」の章で定義した社会参加という視点から、本書で取り上げた3つの実践を、達成された要素とされなかった要素に着目し、今後の課題を明らかにする。その後、共通の問題意識を持った異なる分野の研究者が進めたこの編集本プロジェクトを社会参加という視点から捉え直し、日本語教師・研究者の社会参加の重要性を唱える。最後に、外国語教育の目的の1つとして、教育とは次世代の育成であるという観点から学習者と教師がともに将来のビジョンを共有することの大切さを強調する。

1　社会参加と3つのプロジェクト

　カタカナ・プロジェクトは、言語の規範を鵜呑みにせず、それを検証し、些細なことで様々な意味の構築がなされていることへの気付き、ポッドキャスト・プロジェクトは伝えたいことの積極的な発信、そして、ブログ・プロジェクトは、伝えたいことの発信に加え、上級レベルにおいては、自分の興味のあるコミュニティーへの参加、あるいは、コミュニティーの構築を目標にし、初級レベルにおいては、様々な情報交換、クラスメートやほかの学習者との気持ちの分かち合い、励まし合いなどを目標とした活動であった。本節では、この3つの実践を、「はじめに」で明示した社会参加の様々な側面から振り返る。

1.1 活動のポイントを振り返って

　本書で取り上げた3つの実践は、活動を計画する際、それぞれの実践者が考える狭義の社会参加を意図したものではあったが、「はじめに」で明示したような様々な側面を持つ広義の社会参加を考慮していたわけではなかった。したがって、本節では、これらの実践をさらによいものにしていくためにはどうしたらいいのかを、「はじめに」で紹介した社会参加の定義に照らし合わせることによって、見直して行きたい。

　「はじめに」で示した社会参加をめざす活動を計画する際のポイントは以下の通りであった。

---
①内容を重視する活動
②学習者個人の興味を尊重する活動
③多様性を理解する活動
④文脈を重視する活動
⑤学習者の自己実現を支援する活動

　まず、①「内容を重視する活動」、②「学習者個人の興味を尊重する活動」に関しては、カタカナ・プロジェクトでは、自分が興味を持ったカタカナことばを集め持ち寄りその使われ方を吟味するという作業、また、ブログ・プロジェクト、ポッドキャスト・プロジェクトでは、カリキュラムでは対応できない自分たちの興味のある内容についてブログを書いたり、ポッドキャストを作成したという点で、どの実践も言語だけでなく内容も包括しており、この2つのポイントは取り込まれていたと言える。

　次に、③「多様性を理解する活動」、④「文脈を重視する活動」に関しては、カタカナ・プロジェクトにおいては、実際に用いられているカタカナことばを教科書のカタカナの説明、つまり、規範と比べて分析することによって、すべての文脈に対応できる1つの正しい意味構築の方法や解釈があるわけではなく、作者の意図や読み手の置かれる状況などによってカタカナの用いられ方、そして、解釈のされ方が変わることを確認するという形で取り

込まれていた。そして、それはカタカナに関する日本語の教科書の記述、つまり、規範と照らし合わせるという形でも確認されていた。また、ブログ・プロジェクトとポッドキャスト・プロジェクトにおいては、学習者は何度もブログの記事やポッドキャストの下書きを書き、それがどう受け止められるのかということを体験することで、間接的には制作者の作品に表れる多様性、視聴者の解釈の多様性などに触れてはいた。しかし、活動の主な目的として、自分達の言いたいことを積極的に発信するということがより重視されていたため、グループ内に存在する多様性について、例えば、異なった考え方や意見やそれぞれの視点や立場の違いについて、話し合うという機会を持つまでには至らなかった。

　文脈を重視するという点に関しては、ブログ・プロジェクトでは、ブログという媒体の特性をクラスで話し合い、その特性を効果的に用いるにはどうしたらいいかなどの話し合いが行われ、ポッドキャスト・プロジェクトにおいても、視聴者や媒体の特徴を考慮して作品作りがなされていた。したがって、文脈を重視する指導はなされていたと言える。

　ここで、文脈を重視するという観点から、テクノロジーの発達との関係において、狭義の言語以外のモード（視覚的イメージ、音響効果、空間の利用など）の意味構築における役割という点からも、それぞれの実践を見直したい。例えば、どんなコミュニケーションの方法（＝文脈）（例えば、電話での会話、対面での会話、インターネット上のチャット、電子メール、手紙）をとるのかによって、言語以外のモード（例えば、身振り手振り、声の大きさや調子、フォントの種類や色、顔文字など）をどう組み合わせるかは、必然的に異なってくる。カタカナ・プロジェクトは、ひらがな、カタカナ、漢字という文字使いの選択による視覚的イメージを考えることがその目的の1つであったため、文字使いがどのように意味構築と関係があるかということへの気付きは十分に考察されていた。しかし、ブログ・プロジェクト、ポッドキャスト・プロジェクトでは、実践の計画・実施段階では、多様なモード（マルチモード）の意味構築における役割や意義を教師側が意識していたわけではなかった。しかし、結果的にではあるが、ブログ、ポッドキャストという

メディアの特質上、ブログの場合はフォントの種類、顔文字、写真、ビデオの埋め込みなど、また、ポッドキャストにおいては、声の大きさや調子、間の取り方、音楽、絵や写真などの多様なモードが有効に利用されていた。

最後に、⑤「学習者の自己実現を支援する活動」に関しては、どの実践も、教師に頼るのではなく自己を振り返ったり、周りの人からコメントをもらったりすることで、自分自身を見つめ直し、今後どうしたらよいのかを自主的に考えてもらうために、ピア評価や自己評価を取り入れていた。しかし、社会参加をめざすためには、ただ単にそのような評価法を取り入れるだけでは不十分で、学習者の自己実現に直接関係のある事柄について（例えば「言語を使って何がしたいのか」「どんな言語使用者になりたいのか」「何のためにコミュニケーションするのか」など）、もっと内省できるようなステップを実践に組み込む必要があった。また、ブログ・プロジェクト、ポッドキャスト・プロジェクトに関しては、テクノロジーを利用し、情報に能動的に関わることをめざした。しかし、中澤・岩﨑（10章）でも論じているように、学習者にトピックと自分の関係、つまり、「自分は他者に何を伝え、社会へどう働きかけたいのか」というような問いを深く考えられる機会の提供が不十分であり、そのようなステップをどうしたら実践にもっと組み込むことができるのかが課題として残った。

1.2 活動上の留意点を振り返って

「はじめに」で紹介した活動上の留意点は以下の通りであった。

(a) 実際に用いられている言語に触れる
(b) 言語の使用、内容などを分析する
(c) 様々な人と意見交換をする
(d) 多様な理解、解釈が存在することを確認する
(e) 言語の規範と実際の使用を比べ、規範の恣意性・信憑性などについて考える
(f) 実際に言語を使って、創造的に社会に関わる

(a)実際に用いられている言語に触れ、(b)言語の使用、内容などを分析するという手順は、カタカナ・プロジェクトでは、学習者がカタカナが実際にどう使われているのかを調べるために、事例を集めて分析を行うという過程に取り込まれていた。しかし、ブログ・プロジェクトでは、ブログのコメントを読むことによって、(a)(実際の)言語に触れるという観点は含まれているものの、(b)そのコメントの書かれ方(言語の使用)や内容を分析するまでには至らなかった。これについては、今後、クラスで教師があるコメントを取り上げ、みんなで分析するといった方法で取り入れることは可能であり、是非行っていきたい。ポッドキャスト・プロジェクトでは、(a)実際に用いられている言語に触れたかどうかは、学習者がどのような準備をし、どのような過程を経て作品を完成させたかによって異なり、それぞれの学生に委ねられていた。しかし、プロジェクトの背景には、メディアを制作者の立場から理解していくことを目的としたメディアリテラシーの理念があったため、メディアの特徴を理解・把握し、(b)作品の構成や内容を分析することが制作上での前提となっていた。

　(c)様々な人と意見交換をするという点に関しては、カタカナ・プロジェクト、ブログ・プロジェクト、ポッドキャスト・プロジェクトではコメントを交換し合ったのはクラスメート、日本語科のTA(ティーチングアシスタント)など身近な人々であった。世界に向けて発信することをめざしたポッドキャスト・プロジェクトにおいても、一般のポッドキャストの視聴者から実際に反応を受け取るという状況は稀で、受け取ったフィードバックをどのように今後のコミュニケーションに活かしていくか、受け取ったコメントの中の多様性をどう理解するかといったような視点は、活動設計に欠けていたと言わざるをえない。社会参加という視点から外国語教育実践を捉える場合、熊谷・深井(11章)も述べているように、今後より積極的に視聴者からのコメントを取り込み、それに対応していく必要があることは明らかである。また、社会参加への架け橋にもなりうるインターネットによる「つながり」は、様々な可能性を生むものではあるが、本林(6章)が指摘しているように、「つながり」と言語教育の関係自体をもう少し深く検討しなければな

らないだろう。外国語教育において、人とのつながりを維持することを目的とするのか、その場その場で学習言語を使用してコミュニケーションしていくことを目的とするのか、また、それはなぜなのかといった問いについても考える必要がある。これは教師が外国語教育の目的や使命をどう考えるのか、そして、学習者の言語学習の長期的な目標設定(「言語を使って何がしたいのか」「どんな言語使用者になりたいのか」「何のためにコミュニケーションするのか」など)にも密接に結びついてくる。

次に、(d)多様な理解、解釈が存在することを確認し、(e)実際の言語を規範と比べることでその恣意性や信憑性について考えるという手順であるが、これは、③「多様性を理解する活動」と重なる点が多い。カタカナ・プロジェクトではカタカナ使用の効果の多様な解釈、また規範(教科書のカタカナに関する記述)と実際の使用の比較がそもそもの目的であったため、この手順はしっかりと取り込まれている。一方、ブログ・プロジェクト、ポッドキャスト・プロジェクトは発信することに主眼が置かれるため、この2点を手順として組み込むことは難しい。ブログ・プロジェクト、ポッドキャスト・プロジェクトで(d)(e)の視点を取り入れるためには、自分たちの書いたブログの記事、自分たちの作成したポッドキャスト作品を、クラスで読んだり見たりして、意見や感想を述べ合い、また、ブログやポッドキャストについたコメントを分析したり、ブログ上でのコミュニケーションのルール(ルールがあるのかないか、あるのならそれはどんなものなのか、それはどの程度守られるべきものなのか)などについて考察するといった手順を組み込むことが必要である。このような活動は、実際にクラスメートや視聴者からどんな感想やコメントがつくのかによって話し合えることの内容が左右されるため、教師の臨機応変な対応が求められるだろう。

そして、(f)実際に言語を使って創造的に社会に関わるという手順であるが、テクノロジーの発達によってもたらされた新しいメディアの特徴に着目し、自分の興味に基づいて色々な社会(コミュニティー)参加への機会を積極的に取り込んだのが、ポッドキャストとブログ・プロジェクトである。この2つの実践では、当初からインターネットでの他者との関わりや交流が意識

されていた。ポッドキャスト・プロジェクトは、様々なコミュニティーへつながることを目的としたもので、それぞれのグループが自分たちの興味にそったメッセージを創造的に視聴者に発信していた。また、ブログ・プロジェクトでは、自分の興味のあるオンラインコミュニティーとつながることでコミュニティーに参加して、そのメンバーとコミュニケーションをはかることをめざした。さらに、中上級の場合は、新しいコミュニティーを自ら作ることの可能性も視野にいれており、社会参加の視点、実際に社会に創造的に関わる機会が与えられていた。しかし、カタカナ・プロジェクトでは、深井・佐藤（2章）が示しているように、プロジェクトの過程をもう一歩進めて、学習者自身が実際にカタカナを創造的に使用してみるという活動までは行われなかった。結果的に、学習者によっては学んだことを自分の作文などに活かしているというケースも見られはした。しかし、今後、様々な用法のカタカナを使って文芸作品（ショートストーリー、まんが、川柳など）を作ってみるといった形で実践にその手順を取り込み、そこで出来上がった作品を他者と共有することで新しいカタカナの使い方を社会へと提案したり、言説（例えば、「外国人の話した発音の違う日本語はカタカナで書いてよい」というような言説）の変革に関わっていくことが大切である。次節では、社会参加という視点からみて、本書の3つの実践に欠けていた点、今後の課題をもう一度包括的に見直し、外国語教育全体の問題と絡めて論じたい。

2　社会参加と日本語教育の問題：今後の課題

　本書で紹介した3つの実践は、「はじめに」で定義した広義の社会参加のある側面のみを考慮して計画した実践であった。そのため、すべてではないが、①内容の重視、②文脈の重視、③多様性の理解、そして、④学習者個人の興味を尊重するというポイントのいずれかはそれぞれの活動に取り込まれていた。しかし、どの活動も、実際の言語使用をデータとして集め現状を知ること、「本番」でコミュニケーションすることが主な目的となっており、その後、学習者が社会・コミュニティーの中でどうありたいのかという学習

者の自己実現に対する意識、また、どのように社会に参加していきたいのかという将来へのビジョンが欠けていたと言える。長期的な目標を見据えて社会に関わっていくためには、まず、最初のステップとして、知識や意味が歴史的、社会的に構築されているという事実を確認するような活動が必要である。そして、その過去をしっかりと認識した上で、どのように社会に参加していくのかという展望を考えるという2点のバランスが大切である。そうすることによって、規範・慣習をただ闇雲に受け継ぐのでなく、よいものは受け継ぎ、そうでないものはよいと思う方向に変えていくような機会を積極的に持つことが可能になるだろう。例えば、カタカナ・プロジェクトの場合、歴史的、社会的に構築されている知識や意味を意識させるだけではなく、創造的に関わるといった側面を積極的に取り入れたり（深井・佐藤の章参照）、ブログ・プロジェクト、ポッドキャスト・プロジェクトでは、自分や仲間の作品に寄せられたコメントなどを分析することによって、歴史的、社会的に構築されている知識や意味を意識させ（ドーアの章参照）、責任を持って他者との関係を築くという側面を取り入れていくといったことが必要である。

　本書のテーマである社会参加に関連して、ニューロンドングループはマルチリテラシーズの概念について触れる中で、教育に携わる者は、（世界、国家などの）市民としてだけでなく、職場をはじめとする様々なコミュニティーに属するメンバーとして、いろいろなレベルでの社会・コミュニティーとの関わりを考えるために、学校が果たすべき役割について真剣に考える必要があると述べている（New London Group 1996, 2000）。そして、彼らは、学校における活動だけでは世界の様々な問題を解決することはできないが、解決への何らかの糸口となるような展望を共有するきっかけを作ることはできるとも主張している。それは、例えば、ある問題に対して、1）協働し（collaborate）ながら、2）お互いに責任を持って関わり合い（commitment）、3）創造的に参加する（involvement）ことを念頭に置いて学習活動を設計・実施することで、学校という限られた枠組みの中でも、社会参加への一歩を踏み出すことは十分に可能である（New London Group 1996, 2000）ということである。本書で

紹介した実践と考察はそれが十分に可能であることを示している。

3　日本語教師の社会参加

　本章では学習者の社会参加に焦点を当て活動の紹介、分析を行ってきたが、本節では、この「編集本プロジェクト」の根底にある日本語教師・研究者の社会参加という点についても考えてみたい。「はじめに」で明示した我々の「社会参加」の定義を日本語教師に当てはめた場合、日本語教師は、例えば、日本語教育学会や外国語教師会などの教師会、言語学や文学など自分の学問領域の研究学会、言語・教育政策について考えるような団体、また教師の所属する地域や学校の様々なグループなどのコミュニティーに関わることが可能である。したがって、日本語教師の社会参加とは、上記のコミュニティー（グループ）に自分から積極的に働きかけ、コミュニティー（グループ）のルールなどを学ぶとともに、批判的に物事を考察し議論を重ね、そのコミュニティー（グループ）をよりよいものにしていくことであると言える。

　そのような社会参加はネットワークづくりとそこからの学び、そして、実際に行動を起こすという形で可能である。ここでいう、ネットワークづくりとは、現状や動向を学び分析し、問題提起を行い、様々な人と意見・情報交換をする中で、多様な理解、解釈の存在を確認し、参加者がお互いに影響しあっていくことである。また、行動を起こすとは、規範や慣習の本質について考え、いいものは受け継ぎさらなる洗練に努め、よくないものは変えていくという試みを指す。このような試みは、表 1 でも示したように教室、学年、学校、教科、地域、地方公共団体、国、世界といった様々なレベルで可能であり、それぞれのレベルで勉強会を行ったり、ワークショップに参加したりといった形での参加が可能である。また、研究面においても、哲学、文学、歴史、人類学、社会学、心理学、言語学、医学、教育学など幅広い学問分野で理論構築、量的研究、統計調査、エスノグラフィー、実践研究など様々な方法論を用いて研究を行うことが可能である。

　さらに、それぞれのレベル間、実践と研究の繋がりなど縦と横の連携も重

表1 （日本語教師を含む）外国語教師の社会参加の実践の可能性

様々なレベル	具体例	
教室レベル	学習者との連携	勉強会を行うワークショップ、研究会に参加する
学年レベル	父兄・ホストファミリー、同僚との連携	
学校レベル	父兄・ホストファミリー、同僚との連携	
教科レベル	同僚との連携	
地域レベル	地域コミュニティーとの連携	
地方公共団体レベル	教育委員会、ボランティア団体などとの連帯	
国レベル	言語政策、教育政策、指導要領、スタンダーズ作成などに関わる	
世界レベル	世界規模の民間団体やSIG（興味のある事柄について知識や情報を交換する場、special interest group）、国際学会、国際機関（ユネスコなど）に関わる	
研究分野レベル	専門（学術分野、方法論など）の学会に参加する、学会発表を行う、新しい学会を立ち上げる、論文や本を出版する	

要であり、新たなグループを立ち上げることも可能である。研究者としては、様々な読者層（専門家、研究者、一般の教師、保護者など）を対象に論文を執筆したり、学会発表を通して、自分の考えていることをできるだけ多くの人に知ってもらい、問題意識を共有する仲間を増やしていくことで協力体制を作っていくことも重要なことだろう。

　このような日本語教師を含む外国語教師の活動は、様々なレベルで社会参加に結びつく可能性がある一方で、それを取り巻く環境が社会的、政治的に制度化されているため、その枠を少しでも超えようとする時、いろいろな難しさも伴うという実状もあることも確認しておきたい。例えば、その1つの例として、本編集本プロジェクトの協働制作過程もあげられるだろう。本書は、2007年に世界各国（アメリカ、カナダ、イギリス、台湾、日本）で教育活動に携わる教育者・研究者が協働作業とて制作を開始した。しかし、それぞれの専門領域、研究分野や興味、現在おかれている教育活動や研究活動の現場の状況の違いから、いろいろな段階において意思疎通の難しさがあり、お互いの理解、同意を取るために幾度となくやりとりを繰り返し、意見

の相違やぶつかり合いを乗り越えるための交渉を続けて、今日に至った。その対話の過程においては、多大な時間と労を要し、これこそが「異文化間コミュニケーション」であることを、執筆者皆が実感した。しかし、共通の問題意識を持ち、それを変えていきたい、そして、本書を出版することで、我々も「社会参加」したいという意志があったからこそ、このようなプロジェクトを完成することができたのだと考えている。

4　日本語教育の使命

　最後に、日本語教育に携わる者として、教育の使命というものについてもう一度考えたい。教育には、これからの社会・コミュニティーを担う人材をいかに育成していくかという大切な使命がある。通常、外国語教育においては、「外国語」の部分（日本語教育の場合は「日本語」の部分）に焦点が当てられることが多いが、「教育」の部分、つまり、将来を担う人材をいかに育成していくかという課題に関しても、もっと注意が向けられる必要があると我々は考えている。ことばの規範を始め、これまでに作られてきた様々な規範を受け継ぐことは確かに重要なことである。しかし、我々の生きる社会には、環境問題、人権問題などといった大きな社会問題から、学校や職場、隣人との人間関係といったごく身近な問題まで様々な問題があり、それを解決するためには、これまでの規範や慣習をそのまま受け継ぐという姿勢だけでは解決しえないものも多い。問題の解決、そして、社会の変化・変革を可能にするのは、何か新しいものを生み出していく力であり、その新しいものを認め、受け入れていく人々である。外国語教育で創造的にことばを使いこれからの社会を担っていく人々を支援するための教育を実現するには、教師が自分の目の前にいる一人ひとりの学習者を、学習言語に対して受け身的な立場にある「外国語学習者」と捉えるのではなく、社会に参加し、様々な問題解決のための一端を担っていく一個人であると捉え直すことが必要である。そして、何よりも教師自身が学習者とともにこれからの未来を創造的に築いていこう、社会に参加していこうとする視野と姿勢を持つことが大切である。

参考文献

【和文文献】

秋田喜三郎(1977)『初等教育国語教科書発達史』文化評論出版.

アレクサンダー・アンドラハーノフ(2007)「日本語教育における「クリティカル・リテラシー」の序論―批判性・創造性の実現にむけたメディア・リテラシー論の可能性と限界」リテラシーズ研究会編『リテラシーズ 3 ―ことば・文化・社会の日本語教育へ』pp. 19–31. くろしお出版.

石黒広昭編(2004)『社会文化的アプローチの実際―学習活動の理解と変革のエスノグラフィー』北大路書房.

市嶋典子・稲田登志子・小林友美・高柳美穂(2006)「自律学習についての考察―実践(16)日本語特別クラスを通して―」『早稲田大学日本語教育実践研究』5: pp. 201–210.

梅田康子(2005)「学習者の自律性を重視した日本語教育コースにおける教師の役割―学部留学生に対する自律学習コース展開の可能性を探る―」『愛知大学語学教育研究室紀要 言語と文化』12: pp. 59–78.

遠藤薫(2005)「ネットワーク社会における小公共圏群と間メディア性の分析」橋元良明編『ネットワーク社会』pp. 74–101. ミネルヴァ書房.

小山悟(1996)「自律学習促進の一助としての自己評価」『日本語教育』88: pp. 91–103.

門倉正美(2007)「リテラシーズとしての〈視読解〉―「図解」を手始めとして」リテラシーズ研究会編『リテラシーズ 3 ―ことば・文化・社会の日本語教育へ』pp. 3–18. くろしお出版.

大久保祐子(2008)「日本語教育における母語指導に関する言説についての一考察―中国帰国者と在日ベトナム人を対象とした日本語教室の実践を事例として」佐藤慎司・ドーア根理子編『文化、ことば、教育―日本語／日本の教育の「標準」を越えて』pp. 239–266. 明石書店.

小川貴士(2006)「内包された読者と伸展するテキスト―読みのテキストを学習者が創る活動についての試論」リテラシーズ研究会編『リテラシーズ 2 ―ことば・文化・社会の日本語教育へ』pp. 71–81. くろしお出版.

外国語学習ナショナル・スタンダーズプロジェクト(1999)『21 世紀の外国語学習スタンダーズ「日本語学習スタンダーズ」』国際交流基金日本語国際センター.

久保田竜子(1996)「日本語教育における批判教育，批判的読み書き教育」『世界の日本語教育』6: pp. 35–48. 国際交流基金.

久保田竜子(2008)「日本文化を批判的に教える」佐藤慎司・ドーア根理子編(2008)『文化、ことば、教育―日本語／日本の教育の「標準」を越えて』pp. 151–173. 明石書店.

熊谷由理(2008a)「『日本語を学ぶ』ということ―日本語の教科書を批判的に読む」佐藤慎司・ドーア根理子編(2008)『文化、ことば、教育―日本語／日本の教育の「標準」を越えて』pp. 130–150. 明石書店.

熊谷由理(2008b)「日本語教室におけることばと文化の標準化過程―教師・学生間の相互行為の分析から」佐藤慎司・ドーア根理子編『文化、ことば、教育―日本語／日本の教育の「標準」を越えて』pp. 212–238. 明石書店.

熊谷由理(2009)「日本語教室でのクリティカル・リテラシーの実践へ向けて」リテラシーズ研究会編『リテラシーズ4―ことば・文化・社会の日本語教育へ』pp. 71–85. くろしお出版.

熊谷由理・深井美由紀(2009)「日本語学習における批判性・創造性の育成への試み―教科書書きかえプロジェクト」『世界の日本語教育』19: pp. 177–197. 国際交流基金.

小柳昇(2002)『ニューアプローチ中級日本語「基礎編」改訂版』日本語研究社.

酒井直樹(1996)『死産される日本語・日本人―「日本」の歴史―地勢的配置』新曜社

佐竹秀雄(2004)「日本語はどの程度「文字の言語」であるか」『月刊言語』8: pp. 30–33.

佐藤慎司(2005)「クリティカルペダゴジーと日本語教育」リテラシーズ研究会編『リテラシーズ1―ことば・文化・社会の日本語教育へ』pp. 95–102. くろしお出版.

佐藤慎司(2006)「文化概念を超える実践―5Cの再考」*Conference Proceedings, Central Association of Teachers of Japanese 18th Annual Conference.* Ann Arbor, University of Michigan.

佐藤慎司(2009a)『外国語教育における「文化能力」―批判的考察とそれを乗り越える実践』全米日本語教師会文化SIG発表原稿　シカゴ.

佐藤慎司(2009b)『マルチリテラシーズと日本語教育―世界の問題社会問題プロジェクト』日本語教育国際研究大会発表原稿　ニューサウスウェールズ大学，シドニー.

佐藤慎司・熊谷由理編(2010)『アセスメントと日本語教育―新しい評価の理論と実践』くろしお出版.

佐藤慎司・ドーア根理子編(2008)『文化、ことば、教育―日本語／日本の教育の「標準」を越えて』明石書店.

佐藤慎司・深井美由紀(2008)「日本語教育への社会文化的アプローチ―初級日本語ポッドキャスティングプロジェクト」畑佐由紀子編『外国語としての日本語教育―

多角的視野に基づく試み―』pp. 187–204. くろしお出版.
陣内正敬(2007)『外来語の社会言語学―日本語のグローカルな考え方』世界思想社.
杉本良夫・ロス・マオア(1995)『日本人論の方程式』(ちくま学芸文庫)筑摩書房.
鈴木健(2006)「クリティカル・シンキング教育の歴史」鈴木健・大井恭子・竹前文夫編『クリティカル・シンキングと教育―日本の教育を再構築する』pp. 4–21. 世界思想社.
高藤三千代(2008)「沖縄日系ディアスポラ、国語、学校―ことばの異種混沌性と単一化の民俗誌的考察」佐藤慎司・ドーア根理子編『文化、ことば、教育―日本語／日本の教育の「標準」を越えて』pp. 267–292. 明石書店.
田島信元(2003)『共同行為としての学習・発達―社会文化的アプローチの視座』金子書房.
トムソン木下千尋(2008)「海外の日本語教育における評価―自己評価の活用と学習者主導型評価の提案―」『日本語教育』136: pp. 27–37.
永野重史(2001)『発達とは何か』東京大学出版会.
西口光一(2006)「日本語教師のための状況的学習論入門」細川英雄編『ことばと文化を結ぶ日本語教育』pp. 31–48. 凡人社.
野呂香代子・山下仁編(2001)『「正しさ」への問い―批判的社会言語学の試み』三元社.
服部美貴(2002)「台湾の日本語学習者の言語学習の「確信」について―台湾大学の学習者の場合」『東京家政学院筑波女子大学紀要』6: pp. 169–183.
ハーバーマス, ユルゲン(1994［1962］)『公共性の構造転換』第2版　未來社.
バフチン, ミハエル(2001)『ミハイル・バフチンの対話の原理』法政大学出版局.
ブルデュー, ピエール・パスロン, ジャンクロード　宮島喬訳(1991)『再生産―教育・社会・文化』藤原書店.
干川剛史(2003)『公共圏とデジタル・ネットワーキング』法律文化社.
深井美由紀・佐藤慎司(2008)「教室から世界へ発信―ポッドキャストを使った社会文化的アプローチの実践」細川英雄・言葉と文化の教育を考える会編『ことばの教育を実践する・探求する―活動型日本語教育の広がり』pp. 169–183. 凡人社.
細川英雄(2002)『日本語教育は何を目指すか―言語文化活動の理論と実践』明石書店.
細川英雄編著(2002)『ことばと文化を結ぶ日本語教育』凡人社.
細川英雄(2004)『日本語教育は何をめざすか―言語文化活動の理論と実践』明石書店.
牧野成一(2003)「文化能力基準作成は可能か」『日本語教育』118: pp. 1–16.
馬淵和夫(1996)『国語史叢考』笠間書院.
三代純平(2006)「韓国外国語高校における批判的日本語教育の試み」リテラシーズ研究会編『リテラシーズ2―ことば・文化・社会の日本語教育へ』pp. 3–17. くろしお出版.
文部省(1962)文部省令第21号.

縫部義憲・水島裕雅(2005)『文化の理解と言語の教育』(講座・日本語教育学第1巻)スリーエーネットワーク．

柳澤好昭・石井恵理子監修(1998)『日本語教育重要用語1000』バベルプレス．

山下隆史(2005)「学習を見直す」西口光一編著『文化と歴史の中の学習と学習者―日本語教育における社会文化的パースペクティブ』pp. 6–29. 凡人社．

横溝紳一郎(2002)「学習者参加型評価と日本語教育」『ことばと文化を結ぶ日本語教育』pp. 172–187. 凡人社．

【英文文献】

Alderson, J. C. (1984) Reading in a Foreign Language: A Reading Problem or a Language Problem? In J. C. Alderson & A. H. Urquhart (Eds.), *Reading in a Foreign Language*, pp. 1–27. New York: Longman.

Andersen, H., K. Lund & K. Risager (2006) *Culture in Language Learning*. Aarhus: Aarhus University Press.

Apple, M. (1979) *Ideology and Curriculum* New York: Routledge.［アップル，マイケル W. 門倉正美・宮崎充保・植村高久訳(1986)『学校幻想とカリキュラム』日本エディタースクール出版部．］

Apple, M. (1993) *Official Knowledge: Democratic Education in a Conservative Age*. New York: Routledge.［アップル，マイケル　野崎与志子・井口博充・小暮修三・池田寛訳(2007)『オフィシャル・ノレッジ批判―保守復権の時代における民主主義教育』東信堂．］

Apple, M. (2001) *Educating the "Right" Way: Markets, Standards, God, and Inequality*. New York: Routledge Falmer.

Bakhtin, M. (1981) *The Dialogic Imagination: Four Essays* (C. Emerson & M. Holquist, Trans.). Austin: University of Texas Press.

Banno, E., Y. Ohno, Y. Sakane, & C. Shinagawa (1999) *Genki: An Integrated Course in Elementary Japanese*. Tokyo: The Japan Times.

Barlow, A. (2008) *Blogging America: The New Public Sphere*. Westport, Connecticut: Praeger.

Beckett, G. H., & Miller, P. C. (Eds.) (2006) Project-based second and foreign language education: Past, present, and future. Greenwich, CT: Information Age Publishing.

Beebee, T. O. (2002) The *Öffentlichkeit* of Jurgen Habermas: The Frankfurt School's Most Influenctial Concept? In J.T. Nealon & C. Irr (Eds.), *Rethinking the Frankfurt School: Alternative Legacies of Cultural Critique*, pp. 187–204. Albany: State University of New York Press.

Benson, P. (2000) Autonomy as a Learners' and Teachers' Right. In B. Sinclair, I. McGrath

& T. E. Lamb (Eds.), *Learner Autonomy, Teacher Autonomy: Future Directions*, pp. 111–117. London: Longman.

Benson, P. (2001) *Teaching and Researching Autonomy in Language Learning*. London: Longman.

Berkenkotter, C. (1984) Student Writers and their Sense of Authority Over Texts. *College Composition and Communication*, 35(3): pp. 312–319.

Bernstein, R. J. (Ed.) (1985) *Habermas and Modernity*. Cambridge, MA: The MIT Press.

Bhabha, H. (1994) *The Location of Culture*. New York: Routledge.

Bloch, J. (2007) Abdullah's Blogging: a Generation 1.5 Student Enters the Blogsphere. *Language Learning & Technology*, 11(2): pp. 128–141

Bloome, D. & J. Willett (1991) Toward a Micropolitics of Classroom Interaction. In J. Blasé (Ed.), *The Politics of Life in Schools: Power, Conflict, and Cooperation*, pp. 207–236. Newbury Park, CA: Sage.

Bourdieu, P. (1977) Cultural Reproduction and Social Reproduction. In J. Karabel & A. H. Halsey (Eds.), *Power and Ideology in Education*, pp. 487–511. New York: Oxford University Press.

Bourdieu, P. & J. C. Passeron (1977) *Reproduction in Education, Society, and Culture*. London: Sage.［ブルデュー・ピエール＆パスロン・ジャンクロード　宮島喬訳（1991）『再生産―教育・社会・文化』藤原書店.］

Bowles, S. & H. Gintis (1976) *Schooling in Capitalist America*. New York: Basic Books.［ボウルズ・S＆ギンタス・H.　宇沢弘文訳（2008）『アメリカ資本主義と学校教育―教育改革と経済制度の矛盾』岩波書店.］

Brinton, D., M. Snow, & M. Wesche (1989). Content-based second language instruction. New York: Harper & Row.

Bruner, J. (1960). *The Process of Education*. Cambridge: Harvard University Press.［ブルーナー, J.　鈴木祥蔵・佐藤三郎訳（1963）『教育の過程』岩波書店.］

Butler, J. (1993) *Bodies that Matter: On the Discursive Limits of "Sex."* New York: Routledge.

Byram, M. (1997) *Teaching and Assessing Intercultural Communicative Competence*. Clevedon: Multilingual Matters.

Byrnes, H. & H. H. Maxim (Eds.) (2004) *Advanced Foreign Language Learning: A Challenge to College Programs*. Boston: Heinle Thomson.

Calhoun, C. (1992) Introduction: Habermas and the Public Sphere. In C. Calhoun (Ed.), *Habermas and the Public Sphere*, pp. 1–48. Cambridge, MA: The MIT Press.

Calhoun, C. (1995) *Critical Social Theory*. Cambridge, MA: Blackwell.

Calvet, L-J. (1998) *Language Wars and Linguistic Politics*. Oxford: Oxford University Press.

Canale, M. & M. Swain (1980) Theoretical Bases of Communicative Approaches to Second

Language Teaching and Testing. *Applied Linguistics*, 1(1): pp. 1–47.
Castells, M. (2008) The New Public Sphere: Global Civil Society, Communication Networks, and Global Governance. *The ANNALS of the American Academy of Political and Social Science*, 616(1): pp. 78–93.
Chandler, J. (2003) The Efficacy of Various Kinds of Error Feedback for Improvement in the Accuracy and Fluency of L2 Student Writing. *Journal of Second Language Writing*, 12(3): pp. 267–296.
Chia, C. (2007) *Autonomy in Language Learning: The Use of IT and Internet Resources*. Singapore: McGraw-Hill Education.
Cope, B. & K. Kalantzis (Eds.) (2000) *Multiliteracies: Literacy Learning and the Design of Social Future*. New York: Routledge.
Cope. B. & K. Kalantzis (2009) "Multiliteracies": New Literacies, New Learning. *Pedagogies:* 4(3): pp. 164–195.
Council of Europe (2001) *Common European Framework of Reference for Languages: Learning, Teaching, Assessment*. Cambridge: Cambridge University Press.［吉島茂他・大橋理枝訳 (2004)『外国語の学習、教授、評価のためのヨーロッパ共通参照枠』(外国語教育 II)朝日出版社.］
Connor, U. & K. Asenavage (1994) Peer Response Groups in ESL Writing Classes: How Much Impact on Revision? *Journal of Second Language Writing*, 3(3): pp. 257–276.
Cotterall, S. (2000) Promoting Learner Autonomy Through Curriculum: Principles for Designing Language Courses. *ELT Journal*, 54(2): pp. 109–117.
Davies, A. (1991) *The Native Speaker in Applied Linguistics*. Edinburgh: Edinburgh University Press.
Davies, A. (2003) *The Native Speaker: Myth and Reality*. Clevedon: Multilingual Matters.
Dean, M. (1999) *Governmentality: Power and Rule in Modern Society*. London: Sage Publications
de Guerrero, M. C. M. & O. S. Villamil (1994) Social-Cognitive Dimensions of Interaction in L2 Peer Revision. *The Modern Language Journal*, 78(4): pp. 484–496.
Deutsch, M. (1967) The Disadvantaged Child and the Learning Process. In M. Deutch (Ed.), *The Disadvantaged Child: Selected Papers of Martin Deutsch and Associates*, pp. 147–162. New York: Basic Books.
Dewey, J. (1899) *School and Society*. Chicago: University of Chicago Press.［デューイ・J 宮原誠一訳(1957)『学校と社会』岩波書店.］
Dickinson, L. (2000) Autonomy and Motivation a Literature Review. *System*, 23(2): pp. 165–174.
Doerr, N. (2009a) Laughing at Mistakes: Language Politics, Counter-Hegemonic Actions,

and Bilingual Education in Aotearoa/New Zealand. *Journal of Language, Identity, and Education*, 8(2): pp. 124–143.

Doerr, N. (2009b) *Meaningful Inconsistencies: Bicultural Nationhood, Free Market, and Schooling in Aotearoa/New Zealand*. London: Berghahn Books.

Doerr, N. (2009c) Investigating "Native Speaker Effects": Toward a New Model of Analyzing "Native Speaker" Ideologies. In N. Doerr (Ed.), *The Native Speaker Concept: Ethnographic Investigations of Native Speaker Effects*, pp. 15–46. Berlin: Mouton de Gruyter.

Doerr, N. & Y. Kumagai (2009) Towards a Critical Orientation in Second Language Education. In N. Doerr (Ed.), *The Native Speaker Concept: Ethnographic Investigations of Native Speaker Effects*, pp. 299–317. Berlin: Mouton de Gruyter.

Doerr, N. & S. Sato (2011b) Governmentality, Relation of Dominance, and Language Learning: From Blog Activities in Japanese-as-a-Foreign-Language Class in the United States. In E. Dunkels, G. Franberg & C. Hallgren (Eds.), *Interactive Media Use and Youth: Learning, Knowledge Exchange and Behavior*, pp. 149–167. Hershey: IGI Global.

Dornyei, Z. (2001) *Teaching and Researching Motivation*. London: Longman.

Dornyei, Z. & A. Malderez (1997) Group Dynamics in Foreign Language Teaching. *System*, 25(1): pp. 65–81.

Ducate, L. & L. Lomicka (2005) Exploring the Blogsphere: Use of Web Logs in the Foreign Language Classroom. *Foreign Language Annuals*, 38: pp. 410–421.

Eley, G. (1992) Nations, Publics, and Political Cultures: Placing Habermas in the Nineteenth Century. In C. Calhoun (Ed.), *Habermas and the Public Sphere*, pp. 289–339. Cambridge, MA: The MIT Press.

Fairclough, N. (Ed.) (1992) *Critical Language Awareness*. London: Longmans.

Fairclough, N. (1995) *Critical Discourse Analysis*. London: Longmans.

Fathman, A. K. & E. Whalley (1990) Teacher Response to Student Writing: Focus on Form Versus Content. In B. Kroll (Ed.), *Second Language Writing: Research Insights for the Classroom*, pp. 178–190. Cambridge: Cambridge University Press.

Ferris, D. R. & J. S. Hedgcock (1998) *Teaching ESL Composition: Purpose, Process, and Practice*. Mahwah: Lawrence Erlbaum.

Field, J. (2007) Looking Outwards, Not Inwards. *ELT Journal*, 61(1): pp. 30–38.

Figura, K. & H. Jarvis (2007) Computer-based Materials: A Study of Learner Autonomy and Strategies. *System*, 35(4): pp. 448–468.

Fischer, R. (2007) How Do We Know What Students Are Actually Doing? Monitoring Students' Behavior in CALL. *Computer Assisted Language Learning*, 20(5): pp. 409–

442.

Foucault, M. (1991) Governmentality. In G. Burchell, C. Gordon & P. Miller (Eds.), *The Foucault Effect: Studies in Governmentality*, pp. 87–104. Chicago: University of Chicago Press.

Fraser, N. (1992) Rethinking the Public Sphere: A Contribution to the Critique of Actually Existing Democracy. In C. Calhoun (Ed.), *Habermas and the Public Sphere*, pp. 109–142. Cambridge, MA: The MIT Press.

Freeman, R. D. (1998) *Bilingual Education and Social Change*. Clevedon: Multilingual Matters.

Freire, P. (1970) *Pedagogy of the Oppressed*. New York: Continuum. ［フレイレ, パウロ　小沢有作他訳 (1979)『被抑圧者の教育学』亜紀書房.］

Freire, P. & D. Macedo (1987). *Literacy: Reading the Word and the World*. Westport: Bergin & Garvey.

Fukai, M., F. Nazikian & S. Sato (2008) Bringing Sociocultural Aspects into the Assessment: Peer Learning and Portfolio Using Blog. *Japanese Language and Literature*, 42(2): pp. 389–411.

Gee, J. P. (1990) *Social Linguistics and Literacies: Ideologies in Discourse*. Bristol: Taylor & Francis.

Giroux, H. A. (1983) *Theory and Resistance in Education*. London: Heinemann.

Giroux, H. A. (2001) *Theory and Resistance in Education: Towards a Pedagogy for the Opposition* (revised and expanded edition). Westport: Bergin and Garvey.

Gitlin, T. (1998) Public Sphere or Public Sphericules? In T. Liebes & J. Curran (Eds.), *Media, Ritual and Identity*, pp. 168–174. London: Routledge.

Godwin-Jones, R. (2003) Emerging Technologies, Blogs and Wikis: Environments for On-line Collaboration. *Language Learning & Technology*, 7(2): pp. 12–16.

Godwin-Jones, R. (2005) Skype and Podcasting: Disruptive Technologies for Language Learning. *Language Learning & Technology*, 9(3): pp. 9–12. <http://llt.msu.edu/vol-9num3/emerging/default.html> 2007. 1. 26

Godwin-Jones, R. (2006) Emerging Technologies, Tag Clouds in the Blogosphere: Electronic Literacy and Social Networking. *Language Learning & Technology*, 10(2): pp. 8–15.

Gordon, C. (1991) Governmental Rationality: An Introduction. In G. Burchell, C. Gordon & P. Miller (Eds.), *The Foucault Effect: Studies in Governmentality*, pp. 1–54. University of Chicago Press.

Goldstein, L. M. & S. M. Conrad (1990) Student Input and Negotiation of Meaning in ESL Writing Conference. *TESOL Quarterly*, 24(3): pp. 443–460.

Habermas, J. (1989[1962]) *The Structural Transformation of the Public Sphere: An Inquiry into a Category of Bourgeois Society* (T. Burger, Trans.). Cambridge, MA: The MIT Press.

Habermas, J. (1974[1964]) The Public Sphere: An Encyclopedia Article (S. Lennox & F. Lennox, Trans.) *New German Critique* 3: pp. 48–55.

Habermas, J. (1996[1992]) *Between Facts and Norms: Contributions to a Discourse Theory of Law and Democracy*. Cambridge, MA: The MIT Press.

Hall, J. K. (2003) *Teaching and Researching : Language and Culture*. London: Pearson.

Hatasa, K., Y. A. Hatasa & S. Makino. (2006) *Nakama 1*: *Japanese Communication, Culture, Context*. Boston: Houghton Mifflin Harcourt.

Heller, M. (2003) *Crosswords: Language, Education and Ethnicity in French Ontario*. Berlin: Mouton de Gruyter.

Hill, M. & W. Montag (Eds.) (2000) *Masses, Classes, and the Public Sphere*. London/New York: Verso.

Hinkel, E. (1999) *Culture in Second Language and Teaching*. Cambridge: Cambridge University Press.

Hirschkop, K. (2004) Justice and Drama: On Bakhtin as a Complement to Habermas. *The Sociological Review*, 52(1): pp. 49–66.

Holec, H. (1981) *Autonomy and Foreign Language Learning*. Oxford: Pergamon.

Horner, B., Lu, M-Z, Royster, J. J., & Trimbur, J. (2011). Language Difference in Writing: Toward a Translingual Approach. *College English*, 73(3), 303–321.

Hymes, D. (1972) On Communicative Competence. In J. Pride & J. Holmes (Eds.), *Sociolinguistics*, pp. 269–285. Harmondsworth: Penguin.

Huffaker, D. (2005) The Educated Blogger: Using Weblogs to Promote Literacy in the Classroom. *AACE Journal*, 13(2): pp. 91–98.

Illich, I. (1970) *Deschooling Society*. New York: Harper and Row.［イリイチ・イヴァン　東洋・小沢周三訳（1977）『脱学校の社会』東京創元社.］

Iwasaki, N. & Y. Kumagai (2008) Promoting Critical Reading in an Advanced-level Japanese course: Theory and Practice Through Reflection and Dialogues. *Japanese Language and Literature*, 42: pp. 123–156.

Janks, H. (2010) *Literacy and Power*. New York: Routledge.

Kachru, B.B. (1997) Past Imperfect: The Other Side of English in Asia. In L.E. Smith & M.L. Forman (Eds.), *World Englishes 2000*, pp. 68–89. Honolulu: University of Hawaii Press.

Kalantzis, M. & B. Cope (2008) Language Education and Multiliteracies. In S. May & N. H. Hornberger (Eds.), *Encyclopedia of Language and Education Vol. 1*, pp. 195–211. New York & Heiderberg: Springer.

Kern, R. (2000) *Literacy and Language Teaching*. New York: Oxford University Press.

Kern, R. G. (2004). Literacy and advanced foreign language learning: Rethinking the curriculum. In H. Byrnes, & H. H. Maxim (Eds.) Advanced Foreign Language Learning: A Challenge to College Programs (pp. 2–18). Boston: Heinle Thomson.

Kramsch, C. (1989) Socialization and Literacy in a Foreign Language: Learning through Interaction. *Theory into Practice*, 26(4): pp. 243–250.

Kramsch, C. (1993) *Context and Culture in Language Teaching*. Oxford: Oxford University Press.

Kramsch, C. (1997) Privilege of the Nonnative Speaker. *PMLA*, 112(3): pp. 359–369.

Kramsch, C. (1998) *Language and Culture*. Oxford: Oxford University Press.

Kramsch, C. (2006) From Communicative Competence to Symbolic Competence. *Modern Language Journal*, 90(2): pp. 249–52.

Kress, G. (2000) Multimodality. In B. Cope & M. Kalantzis (Eds.), *Multiliteracies: Literacy Learning and the Design of Social Futures*, pp. 182–202. New York: Routledge.

Kress, G. (2003) *Literacy in the New Media Age*. New York: Routledge.

Kubota, R. (2003) Critical Teaching of Japanese Culture. *Japanese Language and Literature*, 37(1): pp. 67–87.

Kubota, R. (2004) The Politics of Cultural Difference in Second Language Education. *Critical Inquiry in Language Studies*, 1(1): pp. 21–40.

Kumagai, Y. (2007) Tension in a Japanese Language Classroom: An Opportunity for Critical Literacy? *Critical Inquiry in Language Studies*, 4(2–3): pp. 85–116.

Kumagai, Y. & N. Iwasaki (2011) What It Means to Read 'Critically' in a Japanese Language Classroom: Students' Perspectives. *Critical Inquiry in Language Studies*, 8(2): pp. 125–152.

Ladson-Billings, G. (1994) *The Dreamkeepers: Successful Teachers of African American Children*. San Francisco: Jossey-Bass.

Lamb, M. (2004) "It Depends on the Students Themselves": Independent Language Learning at an Indonesian State School. *Language, Culture and Curriculum*, 17(3): pp. 229–245.

Lange, D. & M. Paige (2003) *Culture as the Core*. Greenwich: Information Age Publishing.

Lantolf, J. P. & S. L. Thorne (2006) *Sociocultural Theory and the Genesis of Second Language Development*. Oxford: Oxford University Press.

Lave, J. (1996) Teaching, as Learning, in Practice. *Mind, Culture, and Activity*, 3(3): pp. 149–164.

Lave, J. & E. Wenger (1991) *Situated Learning: Legitimate Peripheral Participation*. Cambridge: Cambridge University Press. ［レイヴ・ジーン&ウェンガー・エティエン

ヌ　佐伯胖訳(1993)『状況に埋め込まれた学習—正統的周辺参加』産業図書.]
Leki, I. (1990) Coaching from the Margins: Issue in Written Response. In B. Kroll (Ed.), *Second Language Writing: Research Insights for the Classroom*, pp. 57–68. Cambridge: Cambridge University Press.
Leki, I. (1991) The Preferences of ESL Students for Error Correction in College-level Writing Classes. *Foreign Language Annals*, 24(3): pp. 203–218.
Little, D. (1991) *Learner Autonomy 1: Definitions, Issues and Problems*. Dublin: Authentik.
Little, D. (2005) The Common European Framework and the European Language Portfolio: Involving Learners and their Judgments in the Assessment Process. *Language Testing*, 22(3): pp. 321–336.
Lo Bianco, J. (2000) Multiliteracies and Multilingualism. In B. Cope & M. Kalantzis (Eds.), *Multiliteracies: Literacy Learning and the Design of Social Future*, pp. 92–105. New York: Routledge.
Luke, A. (1995) When Basic Skills and Information Processing Just Aren't Enough: Rethinking Reading in New Times. *Teachers College Record*, 97(1): pp. 94–115.
Luke, C. L. (2006) Fostering Learner Autonomy in a Technology-Enhanced, Inquiry-Based Foreign Language Classroom. *Foreign Language Annals*, 39(1): pp. 71–86.
Mangelsdorf, K. (1992) Peer Reviews in the ESL Composition Classroom: What do the Students Think? *ELT Journal*, 46(3): pp. 274–284.
Merton, R. K. (1949) *Social Theory and Social Structure: Toward the Codification of Theory and Research*. New York: Free Press. ［マートン・ロバート　森東吾・森好夫・金沢実・中島竜太郎訳(1961)『社会理論と社会構造』みすず書房.]
McCarthy, T. (1992) Practical Discourse: On the Relation of Morality to Politics. In C. Calhoun (Ed.), *Habermas and the Public Sphere*, pp. 51–72. Cambridge, MA: MIT Press.
McCrostie, J. (2007) Examining Learner Vocabulary Notebooks. *ELT Journal*, 61(3): pp. 246–255.
McDermott, R. & H. Varenne (1995) Culture as Disability. *Anthropology and Education Quarterly*, 26(3): pp. 324–348.
McIntosh, E. (2006) From Learning Logs to Learning Blogs. *Scottish Language Review*, 13: pp. 1–10.
McNair, B. (2006) *Cultural Chaos: Journalism, News and Power in a Globalised World*. London/New York: Routledge.
Min, H. T. (2005) Training Students to Become Successful Peer Reviewers. *System*, 33(2): pp. 293–308.
Nagara, S. (1990) *Japanese for Everyone: A Functional Approach to Daily Communication*. Tokyo: Gakken.

National Standards Collaborative Project. (1996) *Standards for Foreign Language Learning in the 21st century*. Lawrence: Allen Press.

Nelson, G. & J. Murphy (1992) An L2 Writing Group: Task and Social Dimension. *Journal of Second Language Writing*, 1(3): pp. 171–193.

New London Group (1996) A Pedagogy of Multiliteracies: Designing Social Futures. *Harvard Educational Review*, 66(1): pp. 60–92.

New London Group (2000) A Pedagogy of Multiliteracies: Designing Social Futures. In B. Cope & M. Kalantzis (Eds.), *Multiliteracies: Literacy Learning and the Design of Social future*, pp. 9–37. New York: Routledge.

Nieto, S. (2004). Affirming diversity: The sociopolitical context of multicultural education (4th ed.). New York: Allyn & Bacon Publishers.

Noto, H. (1993) *Communicating in Japanese*. Tokyo: Sotokusha.

Ommagio, A. H. (2001) *Teaching Language in Context* (3rd. Ed.). Boston: Heinle & Heinle.

Parsons, T. (1937) *The Structure of Social Action: A Study in Social Theory with Special Reference to a Group of Recent European Writers*. New York: Free Press. ［パーソンズ・タルコット　稲上毅・厚東洋輔訳(1976)『社会的行為の構造』木鐸社］

Parsons, T. (1959) The School Classroom as a Social System. *Harvard Educational Review*, 29(4): pp. 297–318.

Pennycook, A. (1994) *The Cultural Politics of English as an International Language*. London: Longman.

Pennycook, A. (2000) *Critical Applied Linguistics: A Critical Introduction*. Mahwah: Lawrence Erlbaum.

Pinkman, K. (2005) Using Blogs in the Foreign Language Classroom: Encouraging learner independence. *The JALT CALL Journal*, 1(1): pp. 12–24.

Risager, K. (2006) *Language and Culture: Global Flows and Local Complexity*. Clevedon: Multilingual Matters.

Risager, K. (2007) *Language and Culture Pedagogy: From a National to a Transnational Paradigm*. Clevedon: Multilingual Matters.

Roberts, J. M. & Crossley, N. (2004) Introduction. In N. Crossley & J. M. Roberts (Eds.), *After Habermas: New Perspectives on the Public Sphere*, pp. 1–27. Oxford: Blackwell.

Sanaour, R. & S. Lapkin (1992) A Case Study of an FSL Senior Secondary Course Integrating Computer Networking. *Canadian Modern Language Journal*, 48(3): pp. 522–525.

Sato, S. (2009) Communication as an Intersubjective and Collaborative Activity: When the Native/non-native Speaker's Identity Appears in Computer-mediated Communication. In N. Doerr (Ed.), *Native Speakers Concept: Ethnographic Investigations of Native*

Speaker Effects, pp. 277–293. Berlin: Mouton de Gruyter.
Savignon, S. J. (1997) *Communicative Competence: Theory and Classroom Practice*. New York: McGraw-Hill.
Seeley, C. (2000) *A History of Writing in Japan*. New York: E.J. Brill.
Schieffelin, B. & E. Ochs (Eds.) (1986) *Language Socialization across Cultures*. New York: Cambridge University Press.
Scott, V. M. (1996) *Rethinking Foreign Language Writing*. Boston: Heinle & Heinle.
Sfard, A. (1998) On two Metaphors For Learning and the Danger of Choosing Just One. *Educational Researcher*, 27(2): pp. 4–13.
Skinner, B. F. (1953) *Science and Human Behavior*. New York: Free Press.［スキナー・B. F. 河合伊六他訳（2003）『科学と人間行動』二瓶社.］
Soh, B. L. & Y. P. Soon (1991) English by E-mail: Creating a Global Classroom Via the Medium of Computer Technology. *ELT Journal* 45: pp. 287–292.
Spratt, M., G. Humphreys & V. Chan (2002) Autonomy and Motivation: Which Comes First? *Language Teaching Research*, 6(3): pp. 245–266.
Street, B. (1995) *Social Literacies: Critical Approaches to Literacy in Development, Ethnography and Education*. New York: Longman.
Sun, Y.C. (2009) Voice Blog: An Exploratory Study of Language Learning. *Language Learning & Technology*, 13(2): pp. 88–103.
Svalberg, A. M. L. (2005) Consciousness-Raising Activities in Some Lebanese English Language Classrooms: Teacher Perceptions and Learner Engagement. *Language Awareness*, 14(2): pp. 170–190.
Tang, G. M. & T. Tithecott (1999) Peer Response in ESL Writing. *TESL Canada Journal*, 16(2): pp. 20–38.
Tohsaku, Y. (2006) *Yookoso!: An Invitation to Contemporary Japanese* (3rd. Ed.). New York: McGraw-Hill.
Tollefson, J. (1995). Power and inequality in language education. Cambridge: Cambridge University Press.
Tsugami, A. (2001) *Mixed Use of the Three Japanese Writing Systems: From the 17th Century to the Present*. Unpublished Doctoral Dissertation, Teachers College, Columbia University.
Vandergrift, L. (2005) Relationships among Motivation Orientations, Metacognitive Awareness and Proficiency in L2 Listening. *Applied Linguistics*, 26(1): pp. 70–89.
Varenne, H. & R. McDermott. (1999) *Successful Failure: The School America Builds*. Boulder: Westview Press.
Vickers, C. H. & E. Ene (2006) Grammatical Accuracy and Learner Autonomy in

Advanced Writing. *ELT Journal*, 60(2): pp. 109–116.

Villamil, O. S. & M. C. M. de Guerrero (1996) Peer Revision in the L2 Classroom: Social-Cognitive Activities, Mediating Strategies, and Aspects of Social Behavior. *Journal of Second Language Writing*, 5(1): pp. 51–75.

Volosinov, V. N. (1973) *Marxism and Philosophy of Language* (L. Matejka, & I. R. Titunik, Trans.). Cambridge, MA: Harvard University Press.［ミハイル・バフチン　桑野隆訳（1989）『マルクス主義と言語哲学─言語学における社会学的方法の基本的問題』未来社.］

Vygotsky, L. S. (1962) *Thought and Language*. Cambridge, MA: MIT Press.［ヴィゴツキー・L. S. 柴田義松訳（2001）『新訳版　思考と言語』新読書社.］

Vygotsky, L. S. (1978) *Mind in Society*. Cambridge, MA: Harvard University Press.

Wallace, C. (2003) *Critical Reading in Language Education*. New York: Palgrave Macmillan.

Ward, J. (2004) Blog Assisted Language Learning (BALL): Push Button Publishing for the Pupils. *TEFL Web Journal*, 3(1). from <http://www.teflweb-j.org/v3n1/v3n1.htm> 2007. 3. 31

Wells, G. (1999) *Dialogic Inquiry: Toward a Sociocultural Practice and Theory of Education*. Cambridge: Cambridge University Press.

Wenden, A. (1991). *Learner Strategies for Leaner Autonomy*. Hemel Hempsted: Prentice Hall.

Wenger, E. (1998) *Communities of Practice: Learning, Meaning, and Identity*. Cambridge: University of Cambridge Press.

Wertsch, J. V. (1991) *Voices of the Mind: A Sociocultural Approach to Mediated Action*. Cambridge, MA: Harvard University Press.［ワーチ, ジェームス・V　田島信元・茂呂雄二他訳（2004）『心の声─媒介された行為への社会文化的アプローチ』福村出版.］

Wertsch, J. V. (1998) *Mind as Action*. Oxford: Oxford University Press.［ワーチ, ジェームス・V　佐藤公治他訳（2002）『行為としての心』北大路書房.］

Wilson, S. M. & L. C. Peterson (2002) The Anthropology of Online Communities. *Annual Review of Anthropology*, 31: pp. 449–467.

Zhang, S. (1995) Reexamining the Affective Advantage of Peer Feedback in the ESL Writing Class. *Journal of Second Language Writing*, 4(3): pp. 209–222.

Zinkgraf, M. (2003) *Assessing the Development of Critical Language Awareness in a Foreign Language Environment*. (ERIC Document Reproduction Service No. ED479811).

索引

英・数

4D　77, 78
iTunes　183
YouTube　176, 177, 257

あ

アイデンティティ　46
アクセス　110, 111, 259
当たり前　67
新たな視点　257, 271

い

「生きた」言語　xii
意思伝達　xiii
意味構築　7, 64, 242, 243
意味と言葉の選択の関係　xii
移民　39
インターネット　83, 90, 103, 104, 108, 109, 110, 111, 112, 114, 118, 120, 121, 122, 123, 124, 167, 169, 177, 189, 264, 265
インターネット公共圏　111, 123

え

英語　55
越境文学作家　xv

か

外来語　3, 10, 11, 23, 29, 30, 32, 33, 34, 35, 36, 37, 38, 39, 48, 51, 57, 60, 61
書く　5, 7, 67
学習管理　208
学習者中心　208, 230
学習者の主体性、自律性　v
学習者の創造性　257, 271
学習者の能動性　43, 57, 178, 179, 180, 194
学習という概念　v
学習理論　45, 49, 178, 179
画像の意味と役割　255
課題の閉鎖性　256
カタカナ　3, 8, 10, 11, 14, 19, 21, 22, 23, 25, 26, 27, 28, 29, 30, 31, 32, 33, 35, 36, 38, 47, 48, 52, 53, 54, 55, 56, 57, 61, 62, 63, 64, 66, 68
カタカナ・プロジェクト　xviii
カタカナ使用　12, 14, 49, 57, 60, 64, 65
韓国語　35, 36
漢字　25, 27, 28, 31

き

擬音語　19, 23, 26, 33, 50, 51, 62
記述的　77, 78
既存のデザイン　242
擬態語　23, 51, 62
機能主義　44
規範　3, 8, 48, 57, 60, 61, 64, 65, 69
規範と創造性のバランス　xiv
規範の恣意性　49, 65, 68
規範の恣意性・信憑性　xiv
教育の使命　287
教科書　5, 8, 19, 21, 30, 35, 37, 38, 39, 57, 62, 82, 175, 189, 211
教室コミュニティー　59, 69, 75, 87, 165, 267
教師の介入　268, 273, 274
教師の指示　254

教師の役割　xvii
教師や教科書がもつ役割や力　iv
協働　7, 8, 49, 68
近代化　32

く

クリティカル　18
クリティカル・リテラシー　4, 6, 7, 8, 49, 59
クリティカルな視点　xiv
グループプロジェクト　ix
グローバル化　242
グローバルな公共圏　107, 110

け

言語教育の「統治」のレジーム　129, 156
言語知識　195, 207, 255
言説的　77, 78
権力関係　20, 129, 139, 168, 171

こ

公共圏　103, 104, 105, 106, 107, 108, 110
公共圏の単一性　107
構成主義的アプローチ　209
行動主義　45, 49
個人差　178, 231, 238, 269
個人プロジェクト　ix
ことばの創造的使用　64
ことばの多様性　iv
ことばの練習　6
コミュニケーション　257
コミュニケーションできる喜び　168
コミュニケーションにおけることばの役割　269
コミュニケーション能力　76, 181, 222, 241
コミュニケーションの多層性　x
コミュニケーションを重視する外国語教育　iii

コミュニティー　46, 59, 75, 80, 81, 87, 88, 163, 164, 167, 171, 172, 275
コミュニティー・社会との関わり　273, 274
コミュニティーへの参加／形成　82

さ

差異化　23, 25, 26, 30, 33, 35, 38, 39, 64
差異化のポリティクス　60
再生産理論　45
再デザインされたもの　242

し

視覚的イメージ　243
視覚的情報　7, 257, 269
資源　164
自己管理　127, 128, 208, 211, 212, 214, 218, 219, 222, 227, 228, 238
自己実現　ix, 67, 172, 179, 209, 262, 266
自己相互評価　82, 83, 86, 180, 181, 182, 218, 239, 262, 267, 268, 272, 274
自己表現　66, 180, 241, 244, 266
視聴者　181, 182, 247, 263, 266, 271, 273, 275
実践共同体　81, 127, 138, 156, 158, 171, 178, 179, 180, 181, 261, 271
実践と研究の繋がりなど縦と横の連携　285
自分と他者の変容　181
市民　103, 104, 105, 123
自明の事柄　168, 172
社会　vii
社会化された慣習　6
社会参加　vii
社会参加への一歩　284
社会参加をめざす日本語教育　vii
社会文化的アプローチ　43, 47, 56, 60, 177, 179, 180, 181, 209, 261, 262, 271

社会文化的アプローチに則った学習観　v
社会文化的実践　57, 68
社会文化的な活動　177, 179, 210
社会文化理論　178
借用語　19, 25, 30, 33, 35, 36, 38, 40
ジャンル　247
周囲との関係性　46
自由な参加　121
主体性　4, 194, 208
ジュディス＝バトラー　129
〈小〉公共圏群　109, 110
生涯学習　171
状況に埋め込まれた　178
情報交換の場という「統治」のレジーム　148
将来へのビジョン　283
自律学習　195, 207, 208, 221, 231, 232, 238, 239, 274
自律性　4, 194, 195, 207, 208, 209, 210, 211, 212, 218, 230, 231, 234, 274

す

推敲過程　218, 219

せ

世論　105

そ

相互交流　176, 177, 178, 179, 182
相互自己評価　xvii
創作作文　43, 47, 49, 57, 64, 68
創造性　60
創造的言語活動　57
創造的言語使用　241
創造的使用　71

た

対象視聴者　247
第二言語話者性　122
対話　xix, 4, 23, 46, 47, 88, 176, 179, 262
他者理解　xiii
多層的なコミュニケーション　195, 258, 270
立場（subject position）　87
立場の平等性　103
多様性　64, 77, 78, 79, 80, 107, 138
多様性に対する理解　x
多様な理解や解釈　xiv
男性　106

ち

力関係　6, 66
知識　v
知識・情報の解釈と検証　179, 180, 262
知識の獲得　177, 179
知識の伝達　178
中国語　19, 25, 34, 35, 36
中産階級　105, 106

つ

伝えたいことの発信　179, 180, 262
つながり　120, 122, 123

て

テキスト　3, 5, 6, 7, 61, 62, 67, 242, 243
テクノロジー　169, 207, 210, 234, 235, 238, 242, 270
テクノロジーの利便性　171
デザイン　241, 242, 243, 256
デザインの過程　242, 243
デザイン要素　241, 242, 255, 256, 257, 258, 265, 269, 270, 271, 273, 275
伝達　251

と

同化　39
統治のレジーム　128
トランスリンガル・アプローチ　xv

な

内容重視の言語教育（Content-Based Language Learning）　viii
内容理解　5, 6
ナショナルスタンダーズ　79

に

日本語学習者　120, 121, 122, 139, 142, 147, 155, 157, 164, 189, 244, 248, 250
日本語教育におけるイデオロギー　64
日本語教師・研究者の社会参加　285
日本事情　80
「日本人の話す正しい日本語」という概念　iii
ニュー・リテラシー・スタディーズ　6

ね

ネイティブ・スピーカー　66, 88, 129, 130, 138, 142, 155, 189
ネットワークづくり　285

の

能動性　60
能動的、積極的な人間を育成　275
能動的な情報の利用者・制作者　xv

は

ハーバーマス　103, 105, 106, 107, 122, 123
ハイムズ　76
パウロ・フレイレ　7

発信　68, 83, 84, 114, 118, 123, 124, 155, 162, 163, 164, 179, 181, 182, 184, 222, 225, 232, 236, 238, 256, 262, 265, 272, 274
バランス　57, 170

ひ

ヒエラルキー　6
ビジュアルリテラシー　66
批判的言語教育　6
批判的考察　71
批判的思考　6, 67
批判的視野　71
批判的に考える　85, 162
批判的読み書き教育　4
批判的理性　105, 106
評価　69, 70
評価方法　70, 161, 169, 170, 212
表記の規範　47, 49
表現／共有　165
ひらがな　23, 27, 28

ふ

フーコー　90, 128
振り返り　165, 166, 181, 261
フレイレ　67
ブログ　68, 69, 83, 84, 176, 177, 182, 183, 257, 269, 271, 272, 273
ブログ・プロジェクト　xviii
文化　76, 77, 78, 80, 82, 88
文化の違い　256
文法　5, 46, 75, 76, 86, 87, 130, 131, 135, 155, 170, 175, 189, 212, 216, 226, 227, 232, 238, 242, 268, 270, 271
文脈　x

ほ

方言　147, 148, 154, 156

母語話者と非母語話者の権力関係　168
ポッドキャスト　241, 255
ポッドキャスト・プロジェクト　xviii

ま

マスメディア　7
学び合い　164
マルチモーダルリテラシー　194, 241, 243, 257, 258, 270
マルチモード　x, 241, 257, 258, 269
マルチリテラシーズ　xi, 242
マルチリテラシーズ理論　241
間をつなぐ　121

み

未熟さ　255
未熟者　156, 168
ミッチェル＝ディーン　157
民主主義　103, 105, 106

め

メタ知識　63, 123
メッセージの伝達　255
メディア　103, 108, 110, 121, 122, 184, 211, 237, 238, 262, 264, 274
メディアリテラシー　264

も

モード　243, 247, 248, 250, 252, 254
文字の選択　9, 48, 63
問題解決　164, 235
問題発見解決　4, 179
問題発見解決学習　262

よ

ヨーロッパ共通参照枠　79

読む　5, 7, 67

り

理性　103, 108
流動性　iv, 68, 109, 118

れ

レイヴとウェンガー　81, 178

執筆者紹介(五十音順　*編者)

岩﨑典子(いわさき　のりこ)　ロンドン大学アジア・アフリカ研究学院
Style shifts among Japanese learners before and after study abroad: Becoming active social agents in Japanese. *Applied Linguistics*, 31 (1): pp. 45–71. (2010).

熊谷由理(くまがい　ゆり)　スミス大学*
『アセスメントと日本語教育―新しい評価の理論と実践』(佐藤慎司との共編　くろしお出版　2010).

佐藤慎司(さとう　しんじ)　コロンビア大学(2011年7月よりプリンストン大学)*
『文化、ことば、教育』(ドーア根理子との共編　明石書店　2008).

ドーア根理子(どーあ　ねりこ)　ラマポカレッジ
Meaningful Inconsistencies: Bicultural Nationhood, Free Market, and Schooling in Aotearoa/New Zealand. (Berghahn Books 2009).

中澤一亮(なかざわ　かずあき)　元智大学
An Empirical Analysis on How Learners Interact in Wiki in a Graduate Level Online Course. *Interactive Learning Environments (ILE)*, 18(3): pp. 233–244. (Wen-Hao Huangとの共著　2010).

深井美由紀(ふかい　みゆき)　京都アメリカ大学コンソーシアム
「ポートフォリオアセスメント―ブログを用いたポートフォリオ」佐藤慎司・熊谷由理編『アセスメントと日本語教育―新しい評価の理論と実践』pp. 97–124.（くろしお出版　2010).

本林響子(もとばやし　きょうこ)　トロント大学オンタリオ教育研究所
Writing in two languages: An exploratory case study of autobiographic writings by Japanese-English bilingual students. *The Japan Journal of Multilingualism and Multiculturalism*, 15(1): pp. 1–17. (2009).

社会参加をめざす日本語教育
社会に関わる、つながる、働きかける

発行	2011年8月5日 初版1刷
定価	3800円+税
編者	© 佐藤慎司・熊谷由理
発行者	松本 功
装丁者	渡部 文
印刷製本所	三美印刷株式会社
発行所	株式会社 ひつじ書房
	〒112-0011 東京都文京区千石2-1-2 大和ビル2階
	Tel.03-5319-4916 Fax.03-5319-4917
	郵便振替 00120-8-142852
	toiawase@hituzi.co.jp　http://www.hituzi.co.jp
	ISBN978-4-89476-538-2

造本には充分注意しておりますが、落丁・乱丁などがございましたら、小社かお買上げ書店にておとりかえいたします。ご意見、ご感想など、小社までお寄せ下されば幸いです。

シリーズ言語学と言語教育　23
学習者オートノミー　日本語教育と外国語教育の未来のために
青木直子・中田賀之編　定価 4,800 円＋税

時代の変化に対応した新しい形の言語学習を可能にするものとして、外国語教育や日本語教育の関係者の間で、学習者オートノミーへの関心が高まっている。本書は、学習者オートノミーの研究と実践のエッセンスを紹介することを目的として編まれた論文集で、アンリ・オレック、デビッド・リトル、フィル・ベンソンら学習者オートノミー研究の第一人者が執筆者に名を連ねている。学習者オートノミーに関して日本語で読める初めての本格的な書。

シリーズ言語学と言語教育　24
日本語教育のためのプログラム評価
札野寛子著　定価 6,600 円＋税

社会的使命を担う日本語教育活動では、プログラム評価はその責任の一端であるとの思いで取り組んだ実践的な研究。プログラム評価の歴史的発展経緯や理論的な背景、過去の外国語教育での評価事例を踏まえ、日本語教育プログラムを想定した評価像を描き出す。また、評価を専門としない者でも実践できる「12 ステップ」など具体的な方策を紹介。このステップに則って行なった日本語教育プログラムの評価事例を検証し、今後の評価の在り方を論ずる。

マルチリンガル教育への招待　言語資源としての外国人・日本人年少者
中島和子編著　定価 3,200 円＋税

将来のマルチリンガルな日本の可能性を踏まえて、年少者の言語教育、特にマイノリティー言語を母語とする外国人児童生徒の日本語教育、母語・継承語教育がどうあるべきか、カナダ、アメリカ、日本の実践例を踏まえて、カミンズ提唱の2言語共有説に関する実証的研究（中島・生田・桶谷 2006）を中心に、現場教師、大学（院）生、ボランティアのために具体的に書き下ろしたもの。生活言語・学習言語の評価に関する情報も含む。共同執筆者：生田裕子、桶谷仁美